一双儿女，两个清华

——谈谈我的家庭教育

邱立勇 著

中国书籍出版社
China Book Press

邱晓飞和邱东黎姐弟俩

邱晓飞和邱东黎姐弟俩

前　言

　　孩子是家庭的未来，每一个孩子身上都会寄托着家长无限的希望。如何把孩子培养成人成才，是每一位家长都应该思考且绕不开的课题。我曾经把两个孩子养大成人，因此能切实感知家长在孩子心中的重要地位和影响，能深刻理解家庭教育对孩子成长的巨大意义。

　　2002年，我的女儿邱晓飞被清华大学电子系录取。2010年，我的儿子邱东黎又考入了清华大学自动化系。这在我们枣强这个不大的县城引起了轰动，一时间我家的电话铃声不断，熟人、朋友见面也都是祝贺声。言谈中，除了羡慕、赞叹之外，不少人还真心实意地想从我这里得到点培养孩子的经验。有几个同事也多次劝我说，写本关于教育孩子的书吧。后来我一想也对，如果能把教育孩子成长的经过梳理、总结出来，不论经验或教训，和大家交流交流，对大家哪怕只是一点点儿启发，也是对他人、对社会做的好事。在这种思想支配下，我便萌生了写这本书的冲动。

　　提到俩清华，您也许会认为我只谈指导孩子学习的经验，在这方面我确实做了很多工作，并且也是本书的重要内容，但也有很多内容谈到了对孩子其他方面品质和能力的培养，谈到了教育方法，谈到了家长自身的修养。我认为培养孩子具有良好的品质，独立的能力，科学的思维，对孩子的学习不可或缺。

　　我想要说明的是，尽管在目前应试教育的高考模式下，高校录取基本上是以分取人，凸显了分数的重要，但是，还有比分数更重要的是思想、品质、能力、方法等隐性的、目前高考录取体制还难照顾到的东西。一个国家、一所学校、一个家庭培养和评判人才的标准，应该是德、智、体、美、劳全面发展，素质整体提高。这是我在培养两个孩子成长过程中秉持的教育理念，也是这本书的主体脉络。

我在本书中所引用的事例除广为人知的名人名事、哲理故事、媒体报道的事例之外，基本上是我们家和我耳闻目睹的身边活生生的例子，可能故事本身并不曲折动人，但它却是真实的、鲜活的。我并不想刻意去细化拉长每一个故事，努力打造故事的唯美性、可读性，因为生活中的教育常常是一句话、一个动作、一个眼神就够了。我的指导思想就是想用真实的故事，告诉大家一个实实在在的教育道理，阐明一种我认可的教育观点，介绍一下我采用的教育方法。

在教育儿女的过程中，既有我自认为做得很好的方面，也有做得不到位，甚至是错误的地方；身边的事例既有成功的，也有失败的，我都如实地写在了本书中。另外，本书探讨的个别话题不是我的家庭教育涉及的内容，可是我认为很重要，也就写了进来，还包括我对家庭教育工作的一些思考和建议。总之，对的错的，成的败的，经历的、想到的，我都整理呈现给读者，希望读者在教育孩子的过程中遇到类似的情况能有所借鉴，多走捷径，少走弯路。果能如此，我的愿望就满足了。

目 录

前言 ………………………………………………………………… 1

第一章　培养孩子的社会生活能力 ……………………………… 1

　　培养孩子节俭的生活方式 ………………………………… 1
　　培养孩子热爱劳动的习惯 ………………………………… 5
　　培养孩子自我管理的能力 ………………………………… 10
　　培养孩子认知社会的能力 ………………………………… 14
　　培养孩子独立思考问题的能力 …………………………… 18
　　培养孩子的表现欲 ………………………………………… 24
　　教育孩子自强自立 ………………………………………… 30
　　教育孩子不娇不纵 ………………………………………… 33
　　培养孩子树立终生奋斗的观念 …………………………… 37

第二章　培养孩子良好的品德 …………………………………… 42

　　引导孩子向善 ……………………………………………… 42
　　培养孩子诚实 ……………………………………………… 44
　　培养孩子乐观 ……………………………………………… 51
　　培养孩子坚强 ……………………………………………… 54
　　培养孩子勇敢 ……………………………………………… 59
　　教育孩子学会感恩 ………………………………………… 63
　　教育孩子学会宽容 ………………………………………… 68
　　培养孩子的团队精神 ……………………………………… 76

培养孩子树立远大理想 …………………………………… 80
教育孩子树立正确的人生观与世界观 …………………… 87

第三章　家庭教育的方法 …………………………………… 94

重视早期教育 ……………………………………………… 94
孩子需要表扬 ……………………………………………… 99
怎样奖励孩子 ……………………………………………… 103
批评的方法 ………………………………………………… 107
怎样对孩子严格教育 ……………………………………… 113
培养孩子的成就动机 ……………………………………… 119
引导孩子交友 ……………………………………………… 125
因法讲法 …………………………………………………… 131
家长需要和学校沟通 ……………………………………… 138
我的红白脸观 ……………………………………………… 145
预防和消除孩子的逆反心理 ……………………………… 152
抓反复　有耐心 …………………………………………… 159

第四章　培养孩子学习知识的能力 ………………………… 164

培养孩子的学习兴趣 ……………………………………… 164
呵护好孩子的求知欲 ……………………………………… 172
培养孩子的想象力 ………………………………………… 176
持续、简洁、有效的教育口号 …………………………… 184
家庭辅导的方法 …………………………………………… 189
纠正儿子拖拉的毛病 ……………………………………… 199
纠正孩子不踏实的毛病 …………………………………… 203
如何面对孩子的弱科 ……………………………………… 209
帮助孩子解决作文难 ……………………………………… 213
学习是孩子自己的事 ……………………………………… 217
不必让孩子"头悬梁"、"锥刺股" ……………………… 220

智力因素和非智力因素的关系……………………………… 228

打好进入高中第一仗………………………………………… 235

家长的期望值要合理………………………………………… 240

附：两名优秀学生的学习经验材料………………………… 245

　　附一：张同学的学习经验材料………………………… 246

　　附二：邱同学的学习经验材料………………………… 249

第五章　加强父母自身的修养……………………………… 252

父母要有责任心……………………………………………… 252

创设和睦的家庭氛围………………………………………… 258

要有把控孩子心态的能力…………………………………… 266

面对孩子的问题要有解决的办法…………………………… 271

父母的表率作用……………………………………………… 275

后记……………………………………………………………… 281

第一章　培养孩子的社会生活能力

温暖的巢穴不能炼硬鸟儿的翅膀，广阔的蓝天才能成就雄鹰的梦想。
是良马，让它会奋蹄；是雄鹰，让它能振翅！
人是社会的人，如果爱您的孩子，就要培养孩子良好的生活习惯和能力。

培养孩子节俭的生活方式

中国改革开放三十年的成果在经济领域最为世人瞩目。看看国家，GDP总量名列世界第二。看看小家，早已脱了贫，过上了富裕的生活。更有很多家庭，衣、食、住、行比起了奢侈，讲起了排场。经济生活的富足其实倒是给家庭教育出了个难题：培养孩子一种什么样的消费观？

一个人有什么样的消费观没有先天性，它是在后天家庭的教育和熏陶中逐渐形成和固定化了的观念和习惯。在它的形成过程中，学校环境、社会环境、大众传媒、时代观念等都有一定的影响作用，但起主要和决定性作用的还依然是家庭教育。

在这个问题上，有许多家长的观点是"再苦不能苦孩子"。不论贫富，先保证孩子。富家给孩子的"零花钱"就足以让孩子感觉到"我家有花不完的钱"；穷家也不告诉孩子钱来得艰辛，只让孩子感觉"伸手就有钱"。还有那从穷日子过来的家长认为，"穷日子我们过怕了，绝不能让孩子再受穷"。

到很多寄宿制中小学的食堂去看看，您可能就会看到学生们如下的情景：带壳的鸡蛋滚落到地上理都不理，回头重买；闹着玩儿拿馒头打仗；一个饼卷吃了一半吃饱了，剩下的一半随意一丢……我是穷日子过来的人，触目真是惊心。

我没有研究过学生生活方式与学业成绩的关系，因两个孩子都在清华读书，我曾在清华大学两个食堂吃过几次饭，留心看过吃饭的人群，的确没有发现一例前面提到的种种浪费现象。

孟子说："富岁子弟多赖（懒），凶岁子弟多暴。"我认识一个玻璃钢企业的老板，由于他从事个体经营较早，当时生意做起来相对比较容易，很早手里就积蓄了一笔财富。可惜的是，有了钱以后家庭的生活却没了思想的指导和约束。儿子可以随便要钱，花钱的去向他也从不过问。儿子拿着钱给同学买礼物，请同学吃饭，高高在上。渐渐地，他儿子身边便聚集了一帮"朋友"来揩油。时间一长，这一帮"小朋友"就有了"帮派"的味道。才读小学四五年级，他们就向弱势的同学勒索物品，欺负从乡下来县城读书的学生，谁若不顺从，就成了他们攻击的对象。甚至逼得有的学生干脆转学或退学了事。我朋友的一个儿子就是因为经不起他们的威胁、利诱，加入了他们的"小团伙"，还自以为有了"安全感"。读中学时，这个"小团伙"惹是生非便习以为常了，读书学习似乎是与他们毫无关联的事。勉强初中毕业后，他们的着落成了家长们头疼的问题。现在的就业形势，凭他们的操行水准，凭他们的知识底码，上哪里去找满足他们心愿的工作？没多久，这家的儿子便因盗窃跟公安局结了缘。

当初这家的儿子乱花钱时曾有人劝过这位老板，您猜他说什么，"现在会花，将来就会挣，花钱是挣钱的动力。"多么荒谬，多么糊涂！

再富不能富孩子。多余的"富"对孩子的学习绝对是一种干扰，甚至为孩子的为所欲为提供了物质保障。无尽的钱会把孩子"烧"得迷失方向。

在这个问题上，我的家教要求基本上掌握了三个原则：适度、节俭、不攀比。

我们是工薪家庭，在现代社会绝对不敢谈富裕，不过供养孩子长大成人还是有保障的。根据我们的经济条件，无论孩子在家还是在外读高中、读大学，我们都告诉孩子：为了确保身体好，首先要保证吃饱穿暖。其次，过一段时间，可以改善一下生活。遇到新鲜的，没吃过的，可以买点尝尝鲜儿。儿子在家时爱吃烤鸭，我们就十天或半月给他买一只吃。芒果、火龙果刚在我们枣强县城上市，他愿尝尝，我们就给他买点儿解解馋。我觉得孩子的要求很人性、很正常，完全应该给予关照，只要孩子明白凡事大体有个"度"就可以了。

在培养孩子节俭方面，我们首先如实把家庭情况向他们介绍，让他们知道，父母的工资要养育他们成长，要用来敬养爷爷奶奶、姥爷姥姥，要支付一家的生活费用，要支付应酬费用，要存钱供他们将来读大学，还需存钱应对意外困难。当孩子了解了父母工作的艰辛，知道辛辛苦苦挣来的钱还有这么多用途，如果再有乱花钱的欲望，心理就会受到控制，浪费行为就受到了思想上的约束。

我们还用一些典型的人和事教育孩子节俭。人人敬仰的诸葛亮在给皇帝的奏书中谈到自己的家庭经济情况时说："臣初奉先帝资仰于官，不自治生。今成都有桑八百株，薄田十五顷，子弟衣食，自有余饶。至于臣在外任，无别调度，随身衣食，悉仰于官，不别治生产，以长尺寸。老臣死之日，不使内有余帛，外有盈财，以负陛下。"诸葛亮生活的俭朴令人景仰。他还认为："淫慢则不能励精，险躁则不能冶性。"生活太安逸、太舒适了，容易分散精力，立不了大志。

我们家客厅里挂有某市书法协会主席书写的诸葛亮名言："夫君子之行，静以修身，俭以养德，非淡泊无以明志，非宁静无以致远。"我们常常以此来警示孩子：养成勤俭节约的美德，树立人生远大理想。

我还给孩子讲南京路上好八连的传统：新三年、旧三年、缝缝补补又三年。

我记得是在军事博物馆，领着孩子参观周总理留下的打补丁的衬衣，给孩子讲周总理的丰功伟绩。

这些宝贵的精神财富我相信会让孩子受益终生。

当孩子遭遇吃穿富余的孩子而产生生活落差时怎么办？我们就教育孩子不攀比，即使比也知道应该比什么。我同乡的一个儿子和我儿子同龄，他家很富裕。一次儿子回家告诉我说："小浩（化名）他妈给他买了一双名牌鞋，花了500元。"这时孩子才读五年级，我问儿子："你也想穿吗？"

儿子知道我们的家庭条件，自然就回答："不想。"

可我想，他不要求买未必就等于不羡慕，于是我又问："东黎，你们两个谁学习好？"

一问到学习，儿子立刻有了精神："我学习好！"

"老师表扬谁？同学们羡慕谁呀？"

"当然还是我呀！"

我又趁热打铁进一步引导："东黎，你再想想，一个学生穿不穿名牌重要吗？"

儿子完全释然。

凡·高睡的是小木床，穿的是裂了口的皮鞋，穷得连妻子都没娶上。安徒生是位鞋匠的儿子，他就生活在小阁楼里。虽然他们生活都不富足，出身也不高贵，但他们的绘画和童话的光芒却照亮了全人类。

弟子规讲："唯德学，唯才艺，不如人，当自励。若衣服，若饮食，不如人，勿生戚。"

上帝从来都不看轻卑微。一个人无法选择自己的出身，但完全可以通过努力奋斗选择未来。

我给孩子讲的这些道理，慢慢就渗透到了孩子心灵的深处。

有一次，我同事女儿的姥姥给她换了文具盒，原来的文具盒其实还挺好的。正巧赶上东黎的文具盒很破了，我同事的女儿就把淘汰的文具盒送给了东黎。儿子悄悄告诉我："爸爸，我一定要好好学习，超过我这个姐姐（我同事的女儿）！"

我儿子从小学到高中毕业，就穿过有数的几件妈妈给他买的新衣服，其他的基本上是校服，再就是拾姐姐、亲戚朋友的孩子穿过的衣服。我告诉儿子："毛主席的新布鞋总是让警卫员穿一阵他再穿，毛主席这么伟大的人物都可以穿别人穿过的鞋，咱有什么不可以的？"儿子因此感觉到，捡别人衣服穿不但不丢人，而且还是一种美德呢，很荣耀。一直到后来在清华大学读书，儿子都还时常穿他姥姥给他手工做的布鞋。

我女儿两周岁的时候，一次她妈妈领她上街去玩儿，看见卖香蕉的，妈妈知道女儿爱吃香蕉，就问摊主："多少钱一斤？"

卖香蕉的说："两块三"。

女儿赶紧对妈妈说："这么贵，咱不买了。"

惊得卖香蕉的人连声称赞："这闺女太懂事了！这闺女太懂事了！"

儿子三周岁的时候跟他妈妈在院里玩儿。我家院里种了一棵葡萄树，当时葡萄才长成型，还很小、很青。儿子就问："妈妈，葡萄什么时候熟啊？"

妈妈告诉他："再有三个月就会长得很多、很红，那时让你吃个够。"

儿子说："妈妈，咱不吃，都卖了换钱。"

只要教育对了头，孩子就会知道克制自己，知道为家庭着想，有些事很感人。

再给大家说一说我们对孩子零花钱问题的处理。我们家有一个储钱铁盒，里面放的都是平时积攒的零钱，元、角、分都有，最大面额的是一元。全家谁都可以往里面放钱，谁也都可以不用申请从里面取钱，对孩子完全开放。因为特别零散，这么多年我们谁也没数过有多少，我估计应在几十至百元吧。孩子如果想买零食吃随便拿。我们对孩子公开了，孩子反而更不乱花钱。

记得女儿小的时候用过两次买过冰糕，并且还都告诉了我们。

儿子有一次馋了，就拿自己常喝的牛奶（当时让他每天喝一袋牛奶）换了别的同学的零食。我们知道后教育儿子：第一，不能不喝牛奶，这是为你身体好。第二，不能偷着去做，如果馋了可以到储蓄罐随便拿零钱去买，不用申请，也不用不好意思，大人不笑话，偷着做事反而更不是好孩子。

至今，我看见家里的储钱盒，还仍然觉得它是我们一家人信任、和睦的见证。

德国家庭的富裕程度要比我们国家高很多，但德国的家长能领着孩子到旧货市场买卖玩具、图书、旱冰鞋、衣服等，还可以讨价还价，我们又有什么不可以？关键是我们做家长的思想和心态。

我们要教育孩子懂得金钱的本质和它代表的意义，让孩子明白金钱来之不易，教育孩子学会积累和珍惜。

培养孩子热爱劳动的习惯

劳动是人类的第一需要。我们世界上最美好的东西，都是由劳动、由人的灵巧的手创造出来的。

人既是劳动的前提，也是劳动的结果。就主要方面看，人的素质是劳动的产物，历史的产物；即使是生理的素质，也无不受后天劳动的影响，并通过劳动而得到改善。

劳动重要，劳动光荣。可惜，现在很多家长忽视了这么重要的观点。他们对孩子全方位"包养"，孩子过着"饭来张口，衣来伸手"的"优越"生活。我上学时被批判的"手不提篮，肩不挑担"、"四体不勤，五谷不分"，如今却成了太普遍的现象。

现在的经济条件好了。就单个家庭的生活状况来讲，早就有很多家庭衣食无忧，劳动不再是维持生存的基本需求，根本无需孩子参加劳动，尤其现在各家孩子又少，家长出于宠爱，更不用孩子拿一针一线。

看到现在孩子们的幸福生活，真是既羡慕又忧虑。我羡慕现在的孩子们要吃的有吃的，要穿的有穿的，"年少不知愁滋味"。想我小时候，人们大部分生存在贫困线以下，缺衣少食。砍草、拾柴、捡粪之类的劳动，是我们农村孩子的必修课。家长不因生活所迫让我们辍学已是我们的万幸了。劳动对儿时的我们既是光荣，也是无奈。现在孩子们的生活与我儿时比，绝对是天天过节，日日过年，甚至比过年过节还要好许多倍。单依物质条件讲，他们真好似生活在蜜罐里、天堂里。

羡慕之余，还有一忧。由于生活条件大大改善，各家需要孩子们从事的传统意义上的劳动已经少之又少了，仅有的一点儿也就是些少许的家务活。如果家长连家务也不让孩子插手，孩子缺乏劳动锻炼，不经历意志磨炼，这样下去，很容易就会滋长惰性，养成依赖的习惯。将来他们长大成人后，稚嫩的肩膀恐怕就很难担当起社会的重任。

在湖南省华容县，可能有人不知道谁是县委书记，绝对没有人不知道那个13岁考上重点大学读本科，17岁考上中科院的硕博连读研究生，被誉为"东方神童"的魏同学。

他妈妈认为，孩子只有专心读书，将来才会有出息。她包揽了全部家务，包括给儿子洗衣服、端饭、洗澡、洗脸。魏同学读高中的时候，他妈妈还亲自给他喂饭。后来读湘潭大学时，他妈妈也一直跟在儿子身边"陪读"，照顾儿子的饮食起居。

到北京读书后，魏同学没有了母亲照顾，竟无法安排自己的生活和学习。

有一年冬天,他竟然穿着单衣,趿拉着拖鞋到天安门逛了一圈,引得周围游客像看怪物一样盯着他看。2003年8月,读了三年研究生的魏同学,被中科院以不能适应研究生学习为由,劝其退学。

生活给这对母子开了个非常残酷的玩笑。他妈妈说:"现在只要我出去,仿佛大家都在嘲笑我。"其伤心、痛苦可想而知。

后来魏母反思自己教育的失败时,在自家的墙壁上写了一首打油诗:"好苗错移栽,未成栋梁材。土地贫缺肥,园丁无能耐。已将好苗误,疾首痛心怀。"

魏同学这么高的天分,如果他妈妈从小培养他勤劳的习惯和生活自理的能力,他的前途该是多么光明啊!

据说魏同学后来又考上了研究生,还结婚生子,也热爱劳动了。我衷心祝福这对母子今后的生活幸福、快乐。

我初中时的一个同学,因做皮毛生意发了财,家境相当宽裕。他有一个儿子是家里的"独苗"、"心肝宝贝",在家油瓶倒了都不让扶。平时很少吃家常饭,只买些饼干、方便面、膨化食品等零食吃。结果,孩子身体发育出现了异常,今年19岁的他社会生活的认知水平也就大致相当于十三四岁的孩子,平时也只和十三四岁的孩子在一起玩儿。高中毕业了,打工没人要,自己做生意心眼不够活,我的这个同学忧愁中更多是无奈。

卢梭说:"在人的生活中,最主要的是劳动训练。没有劳动,就不可能有正常人的生活。"培养孩子树立劳动的观念,养成热爱劳动、积极劳动的习惯,是在培养孩子生活和生存的能力。让孩子身不动、膀不摇,实在不是真正爱孩子,这样的孩子长大后一旦离开家长,或许都没有独立生存的能力。想想您的身边,可能就不乏这样的例子。做父母的,为了孩子的未来,一定要把眼光放长远一些。

关于怎样培养孩子的劳动观点和劳动习惯,我给家长们提几条建议。

一、家长劳动时要快乐

在这一点儿上,我爱人做得很好。她做家务从不靠别人,做饭、洗衣服等总是高高兴兴,孩子从妈妈脸上看不到愁绪,感觉不到家务是一种负担。妈妈快乐劳动的习惯很好地传染给了孩子。

记得我女儿读六年级的时候，那年冬天很冷，可女儿很早就起来打开土暖气炉做全家人的饭，她边做饭边唱歌。吃完饭，再把饭锅放在炉子上，封好炉子后又唱着歌儿出门上学去了，这时大人还没起来。天天如此，一直到女儿读完初中到市里去读高中。她在家的那几年，年年如此。作为父母，有这么懂事的女儿，我们打心眼里感到幸福和自豪。

我女儿的这段故事好几年后还一直被她小学、初中的老师当作典型教材教育一届又一届的学生。我的邻居也多用我女儿的故事教育自己的孩子。

二、对孩子的劳动成果要及时肯定和表扬

我儿子读初一那一年寒假，有一天上午，我爱人问儿子："东黎，今天中午咱们打算吃饺子，不过我和你爸有事出门，我给你把面和好，你自己剁馅儿、调馅儿、包饺子行吗？"

儿子以前经常煮粥、炒菜，可从没做过包饺子之类复杂的饭，没想儿子却笑着说："行，你们走吧！"

妈妈原本是跟儿子闹着玩儿的，没想到儿子满口应承了下来。我们一想也行，和出面和馅儿，让孩子练练，培养他做家务的热情，培养他的成就感。他妈妈就给他和好了面，然后把调馅儿的材料和配比、包饺子各道工序的要领给他讲了讲，我们就出门了。

中午回家来，儿子真的就给了我们一个大大的惊喜：他自己剁馅儿、调馅儿、擀皮儿包好的两盖垫儿饺子已整整齐齐摆在了厨房。我们真是齐声夸赞："东黎真了不起！"接着，儿子又在妈妈的指导下，学着煮饺子。尽管饺子包得个儿稍显大点儿，形状也不是那么精巧，但对第一次包饺子的儿子来说已相当不容易了。我们一家人边吃、边品、边研讨，其乐融融。儿子也在一家人幸福的笑声中，在爸爸妈妈的赞美声中，享受了自己劳动的成果，享受了劳动带来的快乐。

三、不给金钱奖励

有的家长为了鼓励孩子好好劳动，常常是赏些"小费"作为奖励。我个人就很不认同金钱奖励（包括奖励学习）的方法。我给孩子灌输的思想是：你应该有同情心，因为爸爸妈妈工作很辛苦，你要替爸爸妈妈分担家务；你应该有责任感，因为你也是家庭中的一员，家务活的一部分就是为了你能更好地学习和生活，你既有劳动的权利，也有劳动的义务；你应该有生活的能力，因为你迟早要离开爸爸妈妈，独自承担社会责任，小时候的锻炼就是为了将来更好地适应社会，担当更大的责任。

孩子小的时候，我常常给他们讲小蜜蜂、小蚂蚁勤劳的故事，寄居蟹懒惰的故事等。这既向孩子宣传了科普知识，又让孩子领悟了勤劳是一种美德，好逸恶劳是一种耻辱。

我的孩子在家洗碗、做饭，在外参加劳动都觉得是一件很正常的事了。

我儿子初中毕业后的暑期，在我们枣强中学的后勤处像一般工人一样整整干了一个多月的零活。高中毕业后帮忙卖烧烤、做家教。女儿高中毕业后做家教。他们都把在外劳动的收入全部交给妈妈，从没有想过自己再留下点作零花。

我觉得对孩子做家务的劳动给予金钱奖励，会让孩子感觉到家务劳动不是他（或她）分内的事，他（或她）是在帮家长做。这样会弱化孩子应有的一份责任心，甚至可能还要扭曲孩子的价值观。

培养孩子劳动观念的方法还有很多，比如和孩子一起做家务，教孩子一些劳动技巧，安排孩子做力所能及的家务，安排孩子做有兴趣的家务，支持孩子参加公益活动等。您可以有选择地尝试着做做。

陶行知说："滴自己的汗，吃自己的饭，自己的事自己干；靠天、靠地、靠父母，不算是好汉。"估计没有家长不愿把自己的孩子培养成好汉。

有一个原则您要掌握：对孩子的劳动要多鼓励，多肯定，多指导，不挑剔。

最后，我再送给您两个故事。

1979年当选英国首相的撒切尔夫人，由于在任期间与我国领导人共同解决了香港问题而为我们中国人熟知。她因政绩显要，曾于1988年被评为世界政坛十大风云人物，是世界著名的女政治家、外交家，在外交界被誉为"铁娘子"。

从小父亲就对她的家教很严，让她帮忙做家务，十岁时就在杂货店站柜台。她父亲认为，他给孩子安排的都是力所能及的事情。所以，不允许女儿说"我干不了"、"太难了"之类的话，借此培养她独立的能力。

东汉著名的学者陈蕃，小时候自己读书的院子杂草丛生，物品凌乱。他父亲的朋友薛勤见状就问他："你怎么不把家里打扫干净啊？"

陈蕃理直气壮地说："我的手是用来扫天下的！"

薛勤在感叹这个孩子少有大志之余，劝他道："连一间房子都不扫，怎么能够打扫天下？"

陈蕃一听，脸立刻就红了。

从此，他养成了勤劳、整洁的好习惯。

培养孩子自我管理的能力

儿子小的时候还有一个问题：明显的自我管理能力欠缺。后来我和很多家长谈起来，发现诸多家庭的孩子都有这个通病，尤其在小男孩身上体现得更明显。比如，看电视没节制；电脑不让玩儿去别人家偷着玩儿；做作业一边做一边玩儿；在规定的时间内完不成任务；书房、卧室凌乱；时间没计划性等。

我查阅了一些资料，知道这是因为孩子还小，大脑还处在发育的过程中，尚未成熟，神经活动的兴奋与抑制还没有达到平衡，受外界信息刺激时，大脑皮层兴奋强且容易扩散，自制力有限。他们幼小的时候对于一些事情的远期影响后果还没有很强的认知能力，意志力也很弱，所以在孩子身上出现一些自我管理能力差的现象也可以理解。

尽管可以理解，但却不能放任不管。如果放任孩子自由散漫，做事没次序、没效率，遇到各种各样的诱惑没有抵抗力，长大以后是一定成不了有用之才的。所以，做家长的还是应该从小就注意培养孩子的自我管理能力。我的做法有以下几点。

一、培养孩子的责任意识，孩子自己能做的事就要求他们自己做

比如收拾玩具。儿子玩玩具时，常常是满屋子的积木、汽车、枪械，如同刚发生过一场激烈战斗后的战场一样，一片狼藉。等他玩高兴后，我们就给他准备了一个小箱子，让他自己拾起来放回原处。像这种他完全能自理的事就让他自理，我们绝不包办。还有穿衣服、叠被子、收拾书包等。如果他做不好，一开始我们他指导着该怎么做，他会做而不做或做不好，我们就开始批评了，并且责令他必须自己去做，还要做好。

平时孩子们的学习用品，我也是让他们自己准备，培养他们养成自我管理的习惯。到孩子们中考、高考时，考试用的准考证、尺板、2B铅笔、橡皮等零星用品都是他们自己准备的。按理，家长应该再细心帮孩子检查一下，以免出错，可孩子已经形成了自我管理习惯，早就自己准备齐全，检查好放在一个专用袋里了，根本就不让我们插手。因此，他们离开家出多远的门，我们也根本用不着操心。

有的家长不这样做，他们认为家里大人多，孩子少，并且孩子还小，这么一点活儿，哪用得着孩子？尤其遇到溺爱孩子的家长，更是用不着孩子做拿一根针的活，自己都包办了。

家长多做点活儿倒没什么，只是怕日久天长，孩子逐渐养成了依赖性，缺失了独立性，没有了责任心。最后走向社会，遇到困难绕着走，缺少责任感和担当的勇气。

二、制订计划，有序做事

我们做事的时候需要理一理，理出一个头绪，做起来步骤清晰，心中有数。比如，孩子过假期的时候，我就要求孩子列一个计划表，每天几点起床、几点玩儿、几点学琴、几点学武术、几点做作业（包括作业内容、进度）、几点休息，诸多事宜一条一条写清楚，我审核后要求孩子按计划执行。

按计划做事的好处是，孩子自己知道哪天应该干什么，哪一会儿应该干什么，不用家长多管。久而久之，孩子自己就学会了管理自己。

三、有耐心，少训斥，多督促

孩子跟孩子也不一样，有的勤快、自律性强，遇到这样的孩子家长就省心，就可能感觉比较省力。遇到散漫、自律性差点儿的孩子，家长就必须多动些心思，多花些力气。我女儿基本上是属于前一类的，而我儿子基本上就属于后一类的。

到哪座山，砍哪里柴。家长教育孩子也是如此，遇上什么孩子说什么事，因材施教。俗话说："江山易改，本性难移。"每个人都有先天带来的性格，各有明显不同。那么，人的这些性格是不是可以改变它，使之变得符合教育者或自己的心愿呢？据我的观察，要彻底变换一个人的秉性是很困难的，但是通过教育或者经历某些重大事件触动，或者潜移默化的影响，对受教育者发挥作用，再加上受教育者对社会生活的认知程度慢慢增强，能主动地进行自控性抑制与调节，有些秉性的不足还是完全可以得到弥补和修正的。从家庭教育的角度讲，就需要家长在调教孩子时要多一些耐心。

我和儿子一块制定了计划，儿子在执行中常常打折扣。比如，答应做的家务没做，应该做作业的时间偷着玩儿去了。怎么办？一开始我还着急，有时还打儿子两巴掌，后来一想不该，自己的教育有些过分，有些天真。你看各单位出台这规定、那制度，不就是怕有人不按工作要求去做吗？可是，即使有了这些规章制度，也不是人人都遵守得那么好。成人尚且如此，何况年少的孩子。想通了，就对孩子多了一分宽容，多了一些耐心。

儿子出现不按计划做作业，不按承诺做事的情况，一般我就检查他这个时段的活动情况，询问他应该做什么？该做的事为什么没做？品质好的孩子应该怎样做？儿子自知理亏，基本上也能把应该做的事抓紧时间做了。

有一次我上班出门时，让儿子扫楼梯，儿子答应了。可我下班回来后，楼梯依旧没扫。我问儿子："东黎，怎么没扫楼梯呀？"

儿子回答说："忘了。"

我知道儿子是不愿干，因为一来扫楼梯有尘土，脏；二来是公共楼梯，不是我们一家的。我告诉儿子："嫌脏，你可以想办法，比如先用喷壶喷一遍水就好了。再有，要学会越是公共的事，越要抢着去做。因为将来你长大了，做的事越大，对社会的贡献也越大，就越不能只考虑自己受益多少。你想想杂交水稻之父袁隆平，他培养出来的杂交水稻增产稻米都以亿公斤计，他自己能吃多少粒？爱迪生发明了电灯，给人类带来了光明，他自己能享用几丝光亮？你立志将来当科学家，科学家的科研成果都是为全民族、全人类作贡献的，你从小就应该有这样博大的胸怀，将来才能成大器。一个连公共楼梯都不愿打扫的人，将来难扫天下。"

"还有，你只要答应过的事，就一定要好好地去做，不论计划好的学习还是临时约定的其他事，说好的不去做，时间长了会形成失信于人的印象。古语就讲'人无信则不立'。在秦朝末年,有一个叫季布的人,只要他答应过的事情,不论有多大困难,都要想方设法去办到。在他的家乡楚地流传着'得黄金千两,不如得季布一诺'的话。季布一诺千金的品德让人千古颂扬。"

随着孩子慢慢长大懂理,他们的自我管理能力也会逐渐增强,只不过孩子的成长需要一个过程。在这个过程中,家长的教育也要有一个持续的过程,不要想一劳永逸。

四、充分信任孩子

培养孩子自我管理的能力关键在于"自制",而不是"他治",所以,着力点应该放在孩子自我约束意识和能力的养成上。我的经验是,对孩子给予充分信任很重要。信任孩子,孩子就能感觉到自己的人格、能力被尊重,如果做不好,就会对不起家长的信任,有损自己的荣誉。因此,孩子就会努力去管理好自己。

儿子爱看电视、爱玩电脑。怎么引导孩子既会合理利用,又不沉迷其中呢?首先,我不视之如"虎"、如"祸",而是开一个适当的"口子",指导孩子接触。我的孩子小的时候,让他们看看动画片、科教片。长大后,让他们看看科教片、主题严肃的历史片、新闻等,不允许孩子看生活连续剧、无聊戏说之类的电视节目。有的连续剧又臭又长,明明一句话就可以讲明白的事,它三集都纠缠不清,再加上戏不够了,爱情再来凑等。很多连续剧让孩子看,费时费神,还没什么正经收获。戏说之类的电视剧我不让孩子看,更是怕一些瞎编乱造的内容在孩子的头脑中形成了"历史定式",与真正的历史相混淆。

玩电脑限时。我给儿子规定,每周玩一次电脑,一次玩 20~30 分钟。我们不在家时,儿子自己有时偷着看一会儿电视或玩一会儿电脑,有时也到别人家玩一会儿电脑。因为情况不是多么严重,我知道后也不随即点破。过一段时间,我把儿子叫到跟前,认真地告诉他:"东黎,爸爸妈妈限制你看电视、玩电脑是为了你的眼睛好,为了你的学习好。我们出门时完全可以把电视、电脑的信号线带走,但那是对你的不信任,你要对得起爸爸妈妈的信任,要有自制力。你将来会面对很多诱惑,如果没有自制力是不行的。就如同汽车一般,再有名的汽车没有刹车也会撞墙,也会翻沟的。我希望你能懂事。你再想偷看电视、再想偷玩电脑时,就想想我讲的这些道理。"

儿子很懂事地点点头。

到后来，儿子就很少有这种自己管不住自己的情况了。

有些孩子出门上大学，家长给孩子要花费清单，严格控制孩子在外的花费。我对这种做法不认同。我认为放任和不信任都有失偏颇。放任容易导致孩子不体谅生活的不易，容易造成孩子浪费、不能自理、不会生活；不信任容易拉开孩子跟家长的感情距离，造成互不信任，甚至形成隔膜。您想想，如果孩子想骗您，最简单的，多报个菜价或活动项目就行了，您怎么核查？

我的做法是送给孩子一个原则：咱们是劳动家庭，咱家的钱够你们花，但没有一分钱是多余的。你们在外学习，先要保证吃饱穿暖，保证身体好，学会自己照顾自己。其他方面，该支出的支出，能节约的就不要浪费。

孩子小时候在家，零钱对他们公开，不限制；上中学、大学后，要钱就给钱，不审查。我们信任孩子，孩子也回报给了我们一个放心。

培养孩子认知社会的能力

培养学生爱家乡、爱祖国、爱社会主义的思想情感，是学校教育中的培养目标之一。教科书的内容，教师的教育内容也是为培养目标服务的，这是教育的方向性问题，我们的家庭教育也不应该背离这个大方向。教育孩子爱家、爱祖国、爱社会主义，就需要让孩子知道我们的家乡、我们的祖国、我们的社会主义为什么可爱。要让孩子了解民族的历史，让孩子了解他们生活的社会的真实，既应该让他们看到阴影，更应该让他们看到阳光。只有这样，他们才能对社会的发展美景充满希望。同时，也能让他们作为未来社会的主人，感到自己肩负着使我们的社会更美好的责任。

现在的情况是，学校的思想教育内容还涵盖不了社会内容的全部，有些社会问题即使有所涉猎，也缺乏实事求是的深度剖析。这样就会容易造成一个问题：学生在校园内接受的思想教育都是比较正统的教育，因而他们的头脑中对社会的印象相对来讲比较单一，比较理想化。可一旦他们放假回家，或者等他们中学或大学毕业走向社会后，他们接触到的社会真实远比他们在课本上读到的或老师向他们描述的要复杂很多。如果他们认识不了这种差异，就会严重削弱和淡化学校教育的积极效果,对社会产生困惑,有的还会产生失望、迷茫、无助等情绪。

二十多年前,我认识的一个朋友的孩子考上了某名牌大学。这孩子从小就很聪明,小学时还曾跳过级。后来,听说这孩子大学毕业后跳河自杀了。据说就是因为这孩子的思想认识没有和社会接好轨。

在对孩子的思想教育方面,家庭教育有学校教育无可比拟的优势。比如,话题宽泛,可以随意涉猎;对人、对事的分析评价可以更中肯。我觉得家庭在教育孩子学会用正确的方法看待人和事,引导孩子更加成熟地走向社会方面,能发挥独特的、重要的作用。

孩子小的时候,他们的认知能力差,在他们的评价中,只有好和坏、美和丑。看电视电影,能分清的是"好人"和"坏人"。我们的教育也主要是引导着孩子向"善"背"恶",泾渭分明。等到孩子逐渐长大,我们就要教会他们知道,很多人和事都没有贴着单一的标签,一个人、一件事、一个社会,是很多面、很复杂的。要教会他们辩证地、全面地评价人、事和社会,能依靠自己的头脑,独立地去分析、判断,得出属于自己的结论。

有一次我们正吃着午饭,一个刚调入我们枣强中学任教的党员大学生给我打电话,向我询问他的组织关系怎么转到学校来,我给他介绍了相关程序。放下电话后,儿子突然问我:"爸爸,等我够了年龄,还要入党吗?"

我问:"你怎么想的?"

儿子回答:"我还没想好呢。听说有不少当官的党员都贪污、腐败,根本不是在为人民谋利益。一想到这些,我要加入党组织的积极性就不高了。"

我们谈这个话题的时候是2009年的暑假,当时儿子16周岁半。我突然感觉到儿子长大了,他已经开始注意观察一些社会现象,探究和思考一些思想、政治问题了。思想是客观现实反映在人的头脑中,人经过大脑的逻辑思维后形成的对客观事物的一种判断。正确的、积极的思想对一个人的发展就会产生积极的引领作用;错误的、消极的思想,就会对人的发展产生消极的导向作用。思想问题不同于生活小节问题,马虎不得。我于是放下饭碗同儿子认真谈了起来。

我告诉儿子:"你听到的一些党员的问题,确确实实存在着,有的还很严重，但他们不能代表党员队伍的主流，更不能代表党员的全部。"

我问儿子："你知道党员入党时都要对着党旗宣誓吗？"

儿子说："不知道。"

我说："党员入党时都必须面向党旗宣誓，其中内容就有'积极工作，为共产主义奋斗终生，随时准备为党和人民牺牲一切'的内容。党就是由工人阶级中的先进分子组成的，马克思、恩格斯在《共产党宣言》中把共产党员的先进性称之为胜过其余无产阶级群众的地方，列宁、毛泽东也称共产党员为'特殊材料制成的人'。党组织中，绝大部分党员是保持这种先进性的，你看到的只是部分，只是极少数，不能以极少数代替大多数。以偏代全、以偏概全，会犯盲人摸象的错误。"

儿子说："爸爸，你谈谈党有什么先进性吧。"

我说："从鸦片战争到新中国成立，百年中国，百年屈辱：八国联军进中国，火烧圆明园；日本帝国主义全面侵略中国，南京大屠杀；一系列不平等条约……是中国共产党带领全国人民推翻了帝国主义、封建主义和官僚资本主义三座大山的压迫，无数优秀共产党员抛头颅、洒热血才换来了咱们今天的幸福生活呀。"

儿子说："爸爸，革命战争年代共产党和共产党员的先进性我能懂，你说说现在先进在什么地方？"

我回答说："就说现在生活的时代吧，中国改革开放三十年，经济总量平均以每年约两位数增长，这么大的国家，这么快的发展速度，持续发展时间这么长，世界上没有任何一个国家、一个政党取得过这样伟大的成绩，这种发展奇迹就是在共产党的领导下取得的。百年前，八国联军进中国，现在就是十八国联军也不敢进中国呀。中国有了今天的繁荣、富裕和强大离不开中国共产党的领导。"

我接着给儿子又讲："新形势下也涌现出了大批共产党员的先进典型，1998年抗洪抢险、2003年抗击非典、2008年汶川抗震救灾，每当急难危险的时刻，都有共产党员冲在最前线，还有任长霞、宋鱼水、甘远志等数不清的优秀共产党员的先进事迹也非常感人，就是咱们学校的老师党员也是呕心沥血、教书育人，向社会输送了一批又一批的优秀人才呀。"

我提了几个老师的名子，问儿子："你认识这些老师吗？"

儿子回答："认识。"

"他们都怎么样？"

"这些老师都很敬业，在同学们中口碑也都不错，有的老师还教过我呢。"

"是啊，他们都是共产党员。"

我接着告诉儿子："新时期不需要大多数人再像战争年代扛起刀枪上前线，轰轰烈烈，但各行各业的共产党员们辛勤工作，默默奉献，实践着党的宗旨，他们在影响、带动着身边的人们共同建设着咱们美好的社会。他们虽然没有抛头颅、洒热血，但一样也很伟大。"

我帮儿子分析："你看到、听到的一些问题，有些是改革带来的问题，有些是开放带来的问题，当然也有党自身管理的问题，但我们不能把所有的问题都推给党。比如贪污、腐败问题，古今中外都有，我们不能都说是共产党的问题吧？并且，党现在也清楚这些问题，已经和正在解决着。"

我教给儿子说："看人、看事、看社会都要学会全面地分析，看全面、看主要方面、看主流。'人无完人。'一个集体、一个组织也是如此，我们正是在不断改进中发展着。"

儿子听完后，真诚地说："爸爸，听了您今天的分析，我就觉得看人、看事明白了一个大道理，思想觉悟也有了很大提高。"

儿子又问我："我还有一个问题，一个人要为社会作贡献，是不是党员不都一样吗？"

"不一样，"我对儿子说，"刚才给你介绍了入党誓词的部分内容，你还可以看看《中国共产党章程》就会知道，一个合格党员应该是一个有理想、有信仰的人。日常生活和工作中，他也会自觉地把自己同普通群众区别开来，时刻提醒自己应该牢记党的宗旨，保持在人民众群中的先进性。一个有先进思想做指导的人就会带着更大的热情、更努力的态度投入到他所从事的工作中，这样的人应该更有成绩，对社会应该更有贡献。"

吃了一顿午饭，我给儿子上了一堂党课。

儿子读清华后，大学里争先向上的氛围非常好。两个月后，儿子打电话告诉我："爸爸，我向党组织递交《入党申请书》了。"

我把奥斯特洛夫斯基的名言送给了儿子——"人,最宝贵的是生命。生命对于每个人只有一次。这仅有的一次生命应当怎样度过呢?每当他回忆往事的时候,能够不为虚度年华而悔恨,不因碌碌无为而羞耻;在他临死的时候,他能够说:'我的整个生命和全部精力,都已经献给了世界上最壮丽的事业——为人类解放而进行的斗争。'"

2011年春节,我的外甥女告诉我说,东黎在他的QQ留言中有很多情绪激昂、立志报国、为共产主义奋斗的豪言壮语。听她念了几条,我很欣慰:儿子有前进的动力,不用我操心了。一个青年人,就应该有志向、有热血、有作为。

后来,在和别人谈起这段教育故事时,有人问我:"你真是这么教育的吗?怎么觉得思想政治意味这么浓啊?"

我回答说:"真这么教育的。你只要到街上看看精神空虚的青年,到电视法治栏目中看看无事生非的孩子,就知道我的教育有没有必要了。"

商品时代,经济社会,物质、金钱很重要,但绝不是生活的唯一,物欲不能横流。我希望家长们给您的孩子一个积极向上的思想观念,引导孩子正确认识社会,多看主流,多看积极因素,展现给孩子一个美好的人生。这对孩子的思想和人生观、价值观的形成都很重要。

消极、落后的思想容易让人戴着有色眼镜看社会、看待人和事,这样的人容易偏激,容易颓废。

培养孩子独立思考问题的能力

有一个笑话讲:大街上一个人打喷嚏打不出来,想冲着太阳让阳光刺激一下,于是他就把头仰了起来。这时旁边一个人以为他看天上什么东西,也把头仰了起来。陆陆续续又有第二个、第三个……不少人纷纷朝天空仰视起来。有人问:"你们看什么呢?"结果,谁也不知道看什么。

这个笑话提示我们一个不能盲目从众的道理。

心理学讲,从众是在群体压力下,个体在认识、判断、信念与行为等方面自愿与群体中多数人保持一致的现象。从众,俗称"随大流",表现为个体的意见与行为和群体中多数人相符合。看电视有时也能见到这种情形：答题者遇到选择项选择不清时，台下观众纷纷给出不同答案，台上答题者不是分析哪种答案更有道理，而是采用简单的少数服从多数的原则，答上大多数人给出的选项。

具体到个人，个体需要以从众方式，在较大程度上使自己迅速适应未知世界，与社会主导倾向保持一致，这样，就能让个体更好地适应社会生活。不过，从众毕竟是一种被动地接受群体影响的方式。如果凡事从众，缺乏独立思考，也会使自己失去主动性和缺乏个性。因此，我们不反对从众，但反对盲从。

为什么会产生盲从现象呢？从客观因素来讲，受到外界人群行为的影响，而自己在知觉、判断、认识上表现出更符合公众舆论或多数人的行为方式。从主观上讲，与个人的自我评价、自信心、相关知识水平、思考习惯密切相关。一般来讲，一个人自我评价越高、自信心越强、相关知识越丰富、习惯思考问题的独立性越强，盲从现象越少发生；反之，就越容易发生。

生活中，各种现象纷繁复杂，不同思想、不同观念正误并存。我们如果不能对孩子加强正确的教育和引导，让孩子学会独立分析和判断，孩子就可能产生错误认识，形成错误观念，做出错误选择，走偏人生方向。

国务院总理温家宝"五四"青年节前夕同首都青年代表在中南海座谈时，就希望青年"要自立"。他希望青年要善于独立思考，从年轻时就培养独立思考的习惯和能力，学会判断事物的真伪。靠思考了解事情真相，做出正确判断。

我们对孩子进行独立思考问题的能力和习惯训练的做法有以下几点。

一、对孩子从小进行自主性训练

孩子小时让他们睡小床，稍大时，让他们睡单间。

孩子自己的事情尽量让孩子自己做主。让他们自己洗手绢，自己收拾书包，自己整理房间等。学习上也是自己的任务自己完成。孩子遇到困难时，比如同学们之间的关系调整，我就先问孩子的想法。

孩子小时拼图、垒积木，在拼积的过程中遇到难题，我就把原图样递给孩子，提示孩子自己找规律，找诀窍。

后来孩子上高中，择校、分班我都十分尊重孩子的意见，听他们讲出选择的依据。然后，我再讲出我的道理，大人与孩子充分沟通，做出决定。孩子参与了讨论，对选择能充分理解，所以，学习起来不存在不安心的问题。

后来儿子上大学了。他给我打电话，问我可不可以参加武术班，可不可以买电脑。我告诉儿子："外面的事情你做主，我需要的就是你给我一个该怎么做的理由。"

自主训练可让孩子减少对别人的依赖思想，遇事自己想办法。

二、保护孩子挑战权威的意识

女儿大约是在读五年级或六年级的时候（具体时间记不清了），有一次，拿出他们数学作业上的拔高练习题对妈妈说："妈，我觉得老师给我们讲的这个题（具体题也记不清了）思路好像不如我想的好。"

她妈妈看了女儿的练习题后问："你怎么想的？"

女儿谈了自己的想法。

她妈妈说："你的思路很好，不过某某知识点理解还不透，你再想一想。"

女儿在她妈妈的点拨下成功解决了这道难题，很有成就感。

女儿问我："爸爸，我可以告诉老师吗？"

我鼓励她说："没有问题，老师对待学生，就像家长对待孩子，会喜欢自己的学生善于思考，更喜欢自己的学生超过自己。"

接着，我又给她讲了我读中学时的一个小故事：有一次我的物理老师给我们上课时讲到了"右手定则"，老师讲的电流方向跟书上讲的不一样，我随即站了起来："老师，我觉得不是这个方向。"

老师说："你可以到讲台上来说说吗？"

我到了讲台上按照书上标出的姿势，伸出右手，解释了电流、磁场的方向。老师一想，确实是他自己讲错了，当场进行了纠正。

事后，物理老师对我一直很好。

在我的鼓励下，女儿跟老师谈了自己的解题思路。这位老师也很伟大，她让我女儿上讲台给同学们仔细讲了这道题，然后在全班表扬了我女儿："邱晓飞同学积极开动脑筋思考问题，是我们每一个同学学习的榜样，希望同学们在今后的学习中像邱晓飞同学那样，自己多动脑筋、多想办法，学好咱们的数学。"

在家长的意识中还要注意,不要以为孩子越乖、越听话就一定越好,要培养孩子的自主精神。如果只以是否"听话"作为评判孩子优劣的标准,那是缺乏民主精神的封建时代的遗风。在这种思想指导下进行的家庭教育,限制了孩子独立思考的空间,限制了孩子敢于质疑的精神,束缚了孩子创新的思想,很容易使孩子养成看别人眼色行事,对领导唯唯诺诺的性格习惯。

儿子爱"抬杠",我从不认为儿子是对我们的不敬,我倒认为他既然要"抬杠",就一定有"抬杠"的理由,整理理由的过程就是他独立思想、敢于批判的过程。所以,我总是要认真听他讲理由,从来没有斥责过:"别说了,听我说"之类的话。他说错了我们可以分析、争论,我甚至也对他进行严厉地批评,但从不剥夺儿子说话的权利、独立思考的权利。

三、家里的事情鼓励孩子参与并提出自己的意见

不要认为家里的事是"大人操心的事,小孩子别管,该干什么干什么去。"不让他们"管",他们就没有责任意识,思考问题也少,成熟得也较晚。

在我们家,小到添件衣服、添件家用电器,大到买个大件,如摩托、汽车,甚至买新房,我们都经常让孩子发表意见。不论他们的意见正确与否,他们参与的过程,就是要回答为什么的过程,就是独立思考问题的过程。

儿女们上大学选专业、女儿就业找工作,我积极参与其中,但只是提我的分析意见,仅此而已。意见不统一时,绝不像有的家庭父母与子女翻脸,闹得不可开交。我们是把各种意见放在一起,让他们自己对比分析,他们自己的命运应该让他们自己做主。谁不能主宰自己的命运,谁就是命运的奴隶。

2008年年底的一天,我爱人跟女儿在电话中聊起了女儿工作的事情。这时,女儿参加工作两年多,她与单位签的合同期限是三年。她妈妈的意见是说,合同快到期了,让她考虑考虑是否还有意愿上网投投简历,找一份待遇更好的工作。女儿就向妈妈汇报她的工作情况。

这时,在一旁的儿子对妈妈说:"妈,你把电话给我。"

他从妈妈手里把电话接过来后问他姐姐:"姐姐,你觉得现在的这份工作称心吗?"

姐姐告诉他称心。

一双儿女，两个清华

他又问："你对你的单位满意吗？"

姐姐告诉他，自己在单位关系处得很好，领导管理也很人性化，单位执行国家政策也很规范。

他告诉姐姐："这就够了，只要你对工作满意，在单位顺心，工资多点儿少点儿不用去管。就在这个单位干，别考虑换工作了。"

我女儿真没再考虑换工作，合同到期后又续签了合同。

在这件事上，儿子给了我一个不大不小的惊喜：他已经能独立思考严肃的问题，遇到大事能够有自己独立的见解了。

事后，我对儿子能独立思考问题，敢于发表意见的做法给予了积极的肯定和鼓励。

四、日常生活中，注意对孩子盲从问题的纠正

儿子刚入高一的时候，学校给他们这一届学生定制了校服，刚要发放，出了问题。同学们纷纷提意见，有的班还以集体签名的方式向学校递交了意见书。年级部主任告诉我说东黎也在意见书上签了名。

回家后我问儿子："东黎，听说你在给学校递交的反对买校服的意见书上签了名，是吗？"

儿子回答："签了。"

我问："是你组织的吗？"

儿子回答："不是。"

我问："同学们为什么要反对穿校服啊？"

儿子理直气壮地说："同学们认为，学校为学生定制的校服贵，是在赚学生的钱；校服质量不好；学生自己都有穿的衣服，不用学校操心；穿不穿校服对学生无所谓。"

我对儿子说："咱们一一分析同学们的理由吧。同学们说的都有根据吗？"

儿子说："有的是同学们猜的。"

我对儿子说："猜想怎么能做依据？我了解学校定制校服的事。第一，定购校服是公开招的标，有好几家服装厂参加了投标，提前定好的样式、质量、样品封存，哪个厂的价格低就用哪个厂的，才55元人民币（我记得是大概价）一套，可以让同学们派代表到市场随便转，同样尺寸、质量的衣服，哪有这么便宜的？学校为同学们着想，派了十几个人参与公开招标，你们却误解学校。第二，校服质量不能与几百元的品牌服装比，学生能穿几年不坏，不就挺好的吗？第三，学生自己原来的衣服和校服交换着穿穿也算不上什么浪费呀？"

接着我又给儿子讲了统一穿校服的好处："每个学生不分贫富，都穿一样的衣服，都有尊严，都平等；可防止同学间的攀比心理；穿上校服是学生身份，学生自我约束，自己应文明礼貌；统一穿校服，集体活动时整齐如一，能培养学生的团队精神和集体荣誉感；学生穿校服还便于学校的安全管理，甄别社会闲杂人员进校。"

我给儿子讲了这诸多情况和理由后问儿子："东黎，你说校服该不该穿？"

儿子没了前面的底气，不好意思地说："我听同学们一议论，没多想就签了名。"

我深切地告诉儿子："不论别人说什么，自己有思想、有分析，比如你们猜学校赚钱就与事实完全不符，还辜负了别人的好意，将来到社会上说话、办事没根据是绝不可以的。"

我一看儿子想通了，语气也轻松了起来："东黎，我再给你讲个笑话吧。说有爷孙俩骑着一头毛驴外出，有人看见了就说：'俩人都骑在驴上，也不心疼驴。'爷爷一听自己赶紧下来了。又有人说：'孙子骑驴，让爷爷下来走，也不知道尊敬爷爷。'孙子一听赶紧下来了，让爷爷骑上。又有人说：'爷爷骑驴不知道爱护孙子。'爷爷一听赶紧又下了驴，也下来走。这时又有人嘲笑说：'爷孙俩放着驴不骑，下来走，这不是傻吗？'爷孙俩一听没办法了，干脆把驴一捆，两个人抬着驴走起路来。"

我讲完这个笑话，一家人轻松笑了起来。我对儿子说："光听别人瞎议论，自己不独立思考，就要闹笑话、办错事。"

后来，年级部主任在学校广播中给同学们讲了学校购置校服的过程和统一穿校服的道理后，问题很顺利就解决了。

讲完我教育孩子遇事要独立思考的故事，再给您奉上很多人都知道的消息：日本福岛核危机发生后，很多中国人都在抢食盐。据网络消息，3月16日北京六里桥大超市买盐队伍排了将近400米；江苏某房地产商赠看房客户每人两袋食盐；有人抢完了食盐抢咸菜、虾皮、酱油等。还有媒体消息说：有人几十斤、成百斤往家里买盐，不知几年能吃完。

同样的现象在发生核危机的日本却没出现，东京食盐市场供应平稳。

中国的抢盐风潮一时成了国际笑话。

造成问题出现的重要原因就是：我们的国民从小独立思考问题的教育严重缺失，遇事不能有独立的思考和分析，产生盲从。

不知我们的家长有没有参与抢盐的，如果有，请把教训讲给孩子听，让下一代学会独立思考。

培养孩子的表现欲

一天，河北省张家口赤城县一个偏僻小山村的篮球场上来了一辆小汽车，车上下来三个人，其中有一个头戴贝雷帽、身穿 T 恤衫的中年男子，他们是来挑电影演员的。他们的出现引来了好多前来看热闹的村民。中年男子看中了一个姓魏的小姑娘，让她唱唱歌。小姑娘红着脸一个劲儿地往后躲。站在她身后的另一个女孩儿急了，大声说："怕什么？你唱，你唱！"

中年男子一看她说话很冲，就问她："你敢唱吗？"

女孩小脸一扬，往前跨了一步："有什么不敢！"

"那好，你唱一个。"

"我们的祖国是花园，花园的花朵真鲜艳。"她一边唱歌还一边摆动腰肢，引得周围人哄堂大笑——因为她唱得实在不好听，不但唱走了调，还唱到一半时忘了后面的词。

出乎意料的是，中年男子却抬手一指："好，就是你了！"

这个在人堆里勇敢往前跨了一步的十三岁姑娘，十分幸运地被那个中年男子——著名导演张艺谋选中。两个星期后，她就进剧组担当了影片《一个都不能少》中的女主角。几乎在一夜之间，这个朴实的农村女孩就成了名人。

后来她的好友问她："如果没有这部电影，你现在会怎么样？"

小姑娘这样回答："我会在老家养猪、结婚、生孩子、做家庭妇女。"

不要企盼什么救世主，小姑娘勇敢地向前迈了一步，就改变了自己的一生——上大学、出国、当导演。

表现欲是孩子因自我意识萌发而产生的一种积极的、宝贵的心理品质，当孩子这种心理需要得到满足时，便会产生一种自豪感。这种自豪感会推动孩子更有兴趣去学习新知识、探索新问题，从而获得新的提高。

父母要正确对待和保护孩子的表现欲，要根据孩子的不同特点，对孩子进行训练和培养，让孩子在不断地自我表现中发展自己、完善自己。我这样培养孩子的表现欲。

一、培养孩子的自信心

当孩子希望表现时，勇气很重要，自信也是有力支撑，当他觉得"我能行"时，表现欲就会大增。

儿女们读小学时，有数学问题都去问妈妈，因为妈妈就教小学数学。妈妈给孩子讲完有难度的题后，就悄悄告诉他们："再去问问你爸爸。"孩子拿过来一问，很多时候我还真的不会。我不会但不是不了了之，而是表现出很渴望知道答案的样子："快给我讲讲。"于是，孩子就当起了小老师，教我怎么思考，直到把我讲明白。之后，我常常"惊讶"地说："你怎么这么厉害呀？"儿女们听后那神情真显自豪，自觉就像一个知识渊博的"先生"。

孩子尝到了"甜头"，有了拔高题或者课外的智力题常常拿回家来"考爸爸"。儿女们读小学的时候都有一个口头禅："咱考考爸爸呀！"

我也不甘拜下风，努力破解他们的难题。解不了的时候，他们就当老师，如果解开了，他们就带回更难的再来"难"我。"考爸爸"居然成了我们家一个欢乐的节目。"考爸爸"考出来的是儿女们逐渐增长的自信和能力。

女儿读高中时，学校选拔播音员，女儿报了名。她把情况告诉我后，我给女儿讲了我十五岁时的一个故事：那年，咱们老家各家各户都安装上了小喇叭。学校在学生中挑选播音员去村里小广播站播音，我当时是班长，老师就把我叫到了办公室，给我讲了挑播音员的情况。然后老师问我："立勇，你看让谁当播音员合适呀？"我想了想，向老师推荐了两名同学。老师还真就采纳了我的意见，让那两名同学当了播音员。

回家后我给你奶奶说了这事。你奶奶问："你推荐自己了吗？"

我说："没好意思。"

你奶奶说:"你怎么没说'老师,你看我试试行吗?'"

其实,当时我心里也特别想当播音员的,只是没那么自信,也有点儿不好意思,因此也就没有自荐,结果没如愿。那个后悔呀,多少年过去了,对这件事我都念念不忘。

二、呵护孩子表现的积极性

儿子读四年级时,老师提英语问题,儿子都积极举手回答,儿子的同桌说他出风头,儿子回家告诉了妈妈,妈妈告诉儿子说:"他是不会才这么说的,你要积极回答老师的问题。如果你答错了,可以改正,这样就巩固了知识。"

记得儿子读五年级的时候,语文老师有一次问学生:"我们知道古时候打仗,让士兵冲锋的时候击鼓,如果让士兵撤退该怎么办呢?"

儿子随口回答:"敲锣!"

学生们哄堂大笑。

老师批评同学们说:"你们笑什么笑!邱东黎回答对了,你们都不知道,还笑!都好好学习去吧!"

儿子回家说了这件事后,我们对儿子给予了肯定和表扬:平时学得多,用时表现出众,了不起!

儿子读高一的第一个学期,学校开家长会,班主任李老师把我也邀请了去。在他们班内举行的家长会上,家长、学生纷纷上台发言,气氛很热烈。我儿子也兴冲冲地走上了讲台,仅说了一句:"学习,其实是一件很轻松的事情……"就卡壳了,好一会儿也没想起再说什么来。于是,在同学们善意的掌声中走下了讲台。

儿子回到座位上红着脸看我,我回给儿子一个从心底发出的安慰的笑。

回家后,我笑着安慰儿子说:"不要紧,谁上台也会有紧张感的。"同时,我又表扬儿子说:"别看有人说得好,他们是拿着稿念,你是脱稿演讲。"

我给儿子指导技巧:"你开始脱稿演讲没经验,可先写几条简单提纲,遇到遗忘的情况,看看提纲就能想起来了。以后上台次数多了,有了经验,心理一稳定,就不会出现忘词的情况了。"

儿子没因演讲"失败"而自卑、怯懦,我教给儿子方法,鼓起了儿子自信的风帆。后来儿子积极参加班会等公众场合的演讲锻炼,到高三时,已经能够从容地在众人面前讲话了。

2010年6月6日，儿子终于又迎来了一次展示自己、大放光彩的机会：在几千人参加的高考誓师大会上，儿子作为应考学生代表发言。这天的会议开始时间定的是早晨七点，不知什么原因，老师前一天通知东黎开会的时间是七点半。我们一家人七点正要吃饭时，老师突然打来电话："让东黎赶快赶过来，会议开始了。"我儿子一听急急忙忙洗了把脸，也顾不得吃饭了，急急忙忙向召开誓师大会的大操场跑去。他跑到主席台不到一分钟，还没喘匀气就轮到了他发言。儿子并没慌张，沉稳地走向了话筒。字正腔圆、抑扬顿挫、情绪饱满、声音洪亮，儿子流畅的脱稿发言完毕后，全场顿时爆起了热烈的掌声。会后好几个学校领导和老师告诉我说："东黎太厉害了，真是个好材料。"

三、不让孩子"坐后排"

有一个教授上课时问学生："世界上第一高峰是哪座山？"

学生们马上回答："珠穆朗玛峰。"

教授又追问："世界第二高峰呢？"

这下学生们傻了。

教授再问："第一个进入太空的人是谁？"

这下没有人敢回答了，学生们不是不知道加加林，痛苦的是不知道第二个人是谁。教授告诉同学们：屈居第二与默默无闻毫无区别！

教授又给同学们讲了他的一项试验。十二年前，他曾要求自己的学生毫无顺序地进入宽敞的礼堂随便找座位坐，反复几次后，教授发现有的学生总爱坐在前面，有的则盲目随意，还有的学生特别钟情于后面的位置。教授分别记下了他们的名字。十年后，教授对他们的调查结果显示：爱坐前排的学生，成功的比例高出其他两类学生很多。

我在参加会议的时候也多次观察发现，积极上进的人多靠前坐；思想、工作不积极的多往后躲。两者之间虽没必然联系，但比率较大。

"坐前排"是一种积极的人生态度，它能激发人敢于表现、勇创一流的精神。我常给孩子讲前后排的现象，要求孩子思想要积极，工作要积极，遇到事情不躲，遇到困难不退，什么事都要争一流，坚决向先进看齐。学习更是如此，老师提问题时，一定要积极思考，抢着回答。儿女们都做得很好。

一双儿女，两个清华

女儿读初中时，英语老师让同学们在课堂上试着用英语同她对话。女儿说同学们都怕说不好，不敢站起来跟老师对话。

我问女儿："你呢？"

女儿说："我站起来了。"

我问："说得怎么样？"

女儿说："还能对得下来。"

我夸赞女儿："你真棒！"

到女儿读初三能与老师用英语流畅地交流时，已经有一部分同学听不懂她们说的是什么意思了。

儿子读小学时有一次回家也告诉我，他们班上老师提问题，有的同学不举手回答。我就问儿子："你回答吗？"

儿子说："我回答。"

"这就对啦，"我告诉儿子说，"不回答老师的提问，老师就不知道同学们懂不懂，结果有的问题就被掩盖了。时间一久，问题积累，对后面的学习就会造成影响。"

儿女们一直到高中毕业，他们都是与老师互动的积极合作者。

四、给孩子搭建表演的舞台

要想让孩子有表现欲，只停留在孩子的心理层面还不够，家长要根据孩子的特点，多给孩子创造一些机会，让他们施展"才能"，他们就会越表现越自信；越自信，表现欲也就越强。

女儿小时候爱唱歌，我们一家人时常就围成一圈，然后鼓掌欢迎"邱晓飞唱一个。"女儿还就大模大样往中间一站唱起来，并且还常有带表演的情况。

有时邻居们到我家串门，女儿的歌声也成了更让人高兴的"迎宾曲"。女儿的小舅舅结婚时，她甜美的儿歌也成了婚庆大典上靓丽的喜庆节目。

有一次，我带女儿坐公共汽车回家，女儿站在车厢前面的空场给乘客们唱了两首歌，全车乘客都"哗哗"为我女儿鼓起了掌。售票员更是喜形于色。她抚摸着我女儿的头对我女儿说："谢谢你小朋友，你的歌声为咱们这一车相互陌生旅客的旅途带来了快乐。按你的个儿，应该收你半价车费，为了感谢你，免啦！"旅客们也纷纷喊道："好！""对喽！"

儿子的强项是数学、认字，我就让他在做题识字上多"表现"。儿子与同龄的孩子在一起时，我有意识地给他们出题，让他们比赛算数、比赛识字，儿子是"常胜将军"。

儿子还不足三周岁的时候，有一次跟他同龄的小表姐在一起玩儿，我给他们出了一道题：7＋2＝？

儿子竟说："还不到十的题，太简单了。"

我一听，非常兴奋，马上就说："咱们做个比十还多的题，七加五等于多少？"

儿子想了想："十二。"

竟然也算对了。我们一大家人当时都在场，可高兴啦，我把东黎着实夸了一番。

"太简单了。"这句话成了我后来激励儿子不辜负天分，该好好学习的典型教育素材。

看到儿子从小很聪明，有机会我就在人前"显摆"他。一来，我确实发自内心高兴、自豪；二来主要是让儿子有"表现"的机会。

儿子三周岁多的时候，已经认了不少字。奶奶家堂屋挂着一副篆体的对联，儿子竟也记住了。去我家串门的邻居们有的不相信。这一天，四五个人围着我儿子考他：先让他顺着念，他很顺畅地就念下来了。再让他倒着念，他念得也很熟。于是，他们又挑着让他念，他们不相信这么点儿的小孩子会认得这么复杂的字，结果他一样没问题。一下子，他们服了。

儿子四周岁多点儿的时候，一个周末，我带他去我原来的工作单位玩儿。我的一个原来的同事听说我儿子认识的字多，顺手拿过办公桌上的一个信封，指着底下一行字对我儿子说："东黎，念念。"

我儿子就指着一字一字地念了起来："衡—水—地—X（区）—教—育—委—员—会。"除去"地区"的"区"字不认识，其他都认识。我的那位同事一脸疑惑："是不是你见过这个信封呀？"随手他又从办公桌上拿过来一张报纸对我儿子说："东黎，你再给我读一段报纸。"儿子又一字一字地给他读了一段。除去个别较难的字，其他虽然不懂意思，但也基本读了下来。我的那位同事叹服地说："东黎太厉害了，比你那上二年级的姐姐（指的是我这位同事的女儿）都强。"

我儿子从小就有"小名气"，无论是在奶奶家、姥姥家还是去我的单位，见了我的儿子，常常有人说："东黎，过来，考考你。"不但"考考"，有的还义务给"教教"。有一次我单位的一个老师竟教我儿子学乘法了，这时我儿子还不足五岁半，还没上学呢。

给孩子创造机会让他们"表现"，是对他们的鼓励和促进。我们给孩子的机会，"表现"出了他们的荣誉感，"表现"出了他们的自信，"表现"出了他们进一步学习的积极性和创造力。

最后，我再给家长们提两个需要注意的问题。

第一，不要压抑孩子的表现欲

有一次我去一个同学家串门，他的孩子在我们跟前又蹦又跳。孩子妈妈说："一边去，'人来疯'！"孩子一下没了精神。

这时候要正确分析：孩子如果胡闹，要劝导，背后要教育；如果是孩子的表现欲望，可以根据孩子的特点引导孩子说："来，给你叔叔唱个歌（或跳个舞、或算个数、或画个画）怎么样？"总之，压抑或无情地打击孩子肯定是错的。

第二，不要认为孩子这也不行，那也不行，要找孩子的闪光点，让孩子尽情"表现"

教育孩子自强自立

一个寒冷的冬天，美国南加州沃尔逊镇上来了一群逃难者。善良朴实的沃尔逊人热情款待了他们。人们发现，其中一个年轻人与众不同：尽管他脸色苍白，骨瘦如柴，此时也饥肠辘辘，很需要眼前沃尔逊人的食物，可是他却依然选择了拒绝。因为他没有帮主人干活，不愿不劳而获，白吃别人的食物。主人无奈，只好让他干完了一份活后才给他食物。后来，主人还把女儿许配了他。主人告诉女儿："别看他现在什么也没有，可他将来一定百分之百会成为富翁，因为他有尊严。"二十年后，这个年轻人——哈默，成了美国的石油大王。

社会的发展、科技的进步，极大地丰富了人们的物质生活，但同时也给我们带来了巨大的竞争压力。在竞争日趋激烈的社会，一个人只有自强自立，具备自我生存的能力，才能在与他人的合作关系中得到平等公正的对待，才能保持自身的独立性，才能远离依附，也才能赢得自己的尊严。一个不自强的人，连自立都谈不上，就只有看别人的脸色吃饭，也挣脱不了人身依附的精神枷锁，哪能奢望得到别人尊重？

我们要教育孩子，在现代社会生存，首要的是要有自强自立的意识与动机。自强自立是人从事某种活动，并朝着一定的方向前进的动力。哲学上讲，外因是变化的条件，内因是变化的根据，外因只有通过内因才能起作用。一个人只有认识了自强自立的意义，产生了强烈的自强自立的动机，他才会产生内部驱动力，而这种内部驱动力，这种自发的积极性具有无穷的向上、向前的能量，它会推动一个人永远向着更高、更远的目标前进。

我常给孩子举我读高中时的例子：那时还没恢复高考，很多家长认为读书也没有什么意思，于是就走后门、送礼巴结，让孩子去了当时的公社、县城的综合厂、农场、供销社、化肥厂、砖瓦厂等地方当了临时工，一个月一般挣30元，还觉得很风光。仅我同班的同学到高中毕业时就走了十多个人。可是很快形势发生了巨大变化，改制了。这些人绝大部分又都回到了老家，也没见有什么大的起色。自己没本事，靠别人，永远没出息。

我给孩子分析形势：现在就业很难，你们如果不好好学习，将来一旦考不上大学或者考上很不理想的大学，就业会很困难，爸爸妈妈是老师，那时给你们帮不上忙。你们要想有出路，不论是安身立命，还是想对社会有所贡献，现在都要好好学习，多学知识，多长本领，将来能考个好大学，就能给自己的人生搭建一个较高的发展平台。一来能解决生存问题，二来能有所发展，三来能对他人有所帮助，能对社会有所贡献。

我常教育孩子说，爸爸妈妈上学时想学还不让学呢，天天劳动，学工、学农、学兵，批判资产阶级，书没念了几页。你们赶上了好时光，恢复了考试制度，这个制度不论人们指责它有多少弊端，但它最根本、最值得拥护的一条理由就是给了底层没钱、没权、没门路的家庭的子弟一个平等上进的机会。你们一定要努力学习，用优异的成绩给自己的未来打造一片广阔的天地。

还因为我不是个"好爸爸"，我就教育鼓励孩子：为了家庭的荣誉，人家有个好爸爸，我家要有个好孩子；别人家靠爸爸争光，我们家就靠孩子争气。

也还是因为我不是个"好爸爸"，将来帮不了孩子，所以我就只有教育孩子，现在一定要努力学习，将来也一定要努力工作。你们可以没有权，也可以没有钱，但一定要有用。没有用的人难谈自立，更难谈赢得尊重。

平时，孩子自己的事，能自己做的，一定要让他们自己做，别舍不得。未成年前，是孩子的人生观、价值观和各种习惯形成的重要时期，家长放手得越晚，孩子的自强自立意识和能力就越弱。请您千万别把孩子想象得太脆弱了，很多困难是因为您的溺爱把难度放大了，只要您一放手，孩子是完全可以自己解决的，并且因为有了解决困难的成功体验，还会大大增加他今后战胜更大困难的自信心。想想您和您身边成功人士的经验，挫折和坎坷未尝不是人生的一笔宝贵财富。

我的一个邻居在跟我讨论这个话题时说："我们受苦可受够了，绝不能让我的儿子再受苦。我们要多攒钱，给儿子置好家业，儿子就不用再奔波了。"

我问："有了孙子以后你还想照顾孙子吗？"

她说："当然了，我一定要去看孙子啦。"

我给她粗略算了一笔账：你们从上班到儿子长大结婚——需要7年（自己结婚到儿子上学）+6年（小学）+3年（初中）+3年（高中）+4年（大学本科）+3年（硕士研究生）=26年。如果每年省吃俭用能攒下2万元，26年什么意外也没有，也仅能攒50万元。这点钱以目前的市场价看，莫说一线城市，在二线城市都买不到房，在三线城市也只可勉强买处小房。假如再为孙子服务7年，你基本上就60岁了，一生的好时光就都给儿孙了。

可怜天下父母心啊！

我还告诉我的邻居，我结婚，父母辛辛苦苦给我在老家盖的房早就跟不上形势了。我小时候村里有个千元户，也是个家境非常好的人家，现在千元能做什么事？世事的变化天翻地覆。最重要的还是教育孩子自己长本事，家长只是扶一扶、帮一把就可以了。其关键在于引导和督促。

我给我的这位邻居讲了一个日本姥爷的故事。有一个日本的姥爷领着外孙去爬山，快到山顶时，姥爷先爬了上去。外孙太累了，就把手伸给了姥爷，姥爷并不伸手去接。姥爷给外孙讲的道理是，你身后就是百丈悬崖，不自己努力你就会粉身碎骨。人生也是如此，任何时候你都不要指望依靠别人。这就是一个日本姥爷的教育观念。没办法，外孙咬着牙自己爬了上去。假如这样的事发生在咱们国家，或许中国姥爷就要被唾沫淹死了。可再看看十年二十年后长大的孩子，教育效果的优劣就见分晓了。

再给您讲一个我身边的例子，提醒您一定要重视培养孩子自强自立的精神和能力。

我的一个老同事几年前就退休了，月工资两千多元，以我们这一带的消费水平，他的收入养活他们老两口还是完全可以的。可是熟人们经常见他俩捡废品，都觉得很纳闷，就问他们："工资吃得完吗？干吗还要去捡废品呀？"我的这位老同事叹息说："别提了，有什么办法呀。"有爱打听事的人细一问才知道根由。原来老两口还有个儿子，三十多岁了，没有正当职业，给别人去打工，吃不得苦，自己做过几次小买卖，也赚不了钱，于是在家赋闲。缺吃少喝的时候，一家人就去父母家蹭吃蹭喝，没钱花了就向父母伸手。是名副其实的"啃老族"。您想想，二千多块钱供养这么多人，那肯定是再需要捡废品来补贴了。当然，捡废品也不是低贱行业，只不过那不是咱们这里讨论的话题了。

赶快培养您孩子自强自立。别心疼，别不放心。您说他行，他就一定行！

自立者，天助之。

教育孩子不娇不纵

法国思想家卢梭说："把那么多的关怀与爱给了孩子，就等于把同样多的灾难与危险积累在孩子的身上，使其成年后经受不住任何痛苦与打击，其结果是让孩子变得非常脆弱。"

有这样一个故事：说有两位老人，他们没儿没女，可心地非常善良，即使对小动物也非常喜爱。一天，一只腿受了伤的大雁落在他们家中，老两口非常心疼，赶紧找来药为大雁包扎好伤口，又找来大雁爱吃的食物精心喂养它。在老两口细心地饲养和关怀下，慢慢地，大雁的腿伤完全康复了。到了大雁上天的时候，可是老两口割舍不了对大雁的感情，尤其一想到遥远的天空还不知道有多少风雨和艰险，就更舍不得让大雁离开了。大雁呢，一想到老人的善良，一想到在这里生活的安逸与舒适,也不愿走了。于是,他们就像一家人般亲亲热热继续生活在一起。

可惜这种无忧无虑的日子过了没几年,两位老人就相继去世了。当初那只幸运的大雁此时已没有力量扇动翅膀了。更重要的,它也没有了飞天的欲望和勇气了。结局可想而知,这只大雁很快就饿死了。

故事讲到这里,我们就该静下心来理智地评价两位老人了。他们善良,内心也充满了爱,正是有了他们和像他们一样的人的善和爱,我们的生活才变得美好。但是我们还应该说,他们只懂得最本能、最朴素的爱,但不懂得理智的爱、科学的爱、艺术的爱,不懂得更深沉、更高远的爱。他们的爱,反而成了对孩子的伤害。

这个故事给我们的启示是:对于孩子,生活中的失望、挫折、失败、泪水,甚至痛苦,不失为一种财富,是成长中必需的另一面。我们不妨收起"慈善"的心,把爱的一半藏起来。

我们家给予子女的地位是,让他们感觉到自己不是家庭的中心,但的确是家庭可爱的一员;让他们既懂得民主、平等、尊严,也要懂得孝敬、服从和责任;让他们感到自己被宠爱,但也一样要学会感动与感恩、自立与自强。

孩子来到我们家庭时,全家人总是对小生命的来临报以热烈的欢迎。精心呵护,仔细喂养,抱他们玩儿,逗他们笑,要吃的赶紧给吃的,要喝的赶紧给喝的,舍不得让孩子哭一声。尤其是我女儿,她是我们大家庭里她同辈中的第一个,简直像天使般被接待:爷爷奶奶、姥爷姥姥、姑姑姨妈、叔叔舅舅,争着抱,抢着伺候,买吃的、买穿的、买玩具更不在话下。她姨妈在衡水上学,有一段时间没见着外甥女想得哭。我举一个例子大家就知道他们对我女儿多么娇宠了:我女儿长大没用我倒过一次土布袋(在我们这一带,以前养小孩有一个习惯,孩子小时被放进一个布口袋中,里面装进上等的沙土,这样方便省事)。

我的子女在这样的环境中生长,可以说是为所欲为。我和我爱人都是老师,当然明白溺爱给孩子和家庭的未来带来的危险。于是,我们就尽可能地减少了孩子在老家跟双方老人长时间生活的次数和时间,我们尽可能自己带,哪怕雇用保姆。

孩子们被老人娇宠惯了,每当离开老人跟我们一块生活时,都不适应。

一次女儿说要买饼干吃,妈妈没给买,她马上就躺在小院的地上打滚,边滚边哭。刚一周岁的年纪就懂得怎样挑战家长。她看到妈妈在这边就往这边滚,在那边就往那边滚,尽可能让大人充分听到她的哭声,尽可能让大人了解她的"委屈",最终目的就是让大人软化立场,向她屈服。在这场拼智力、拼耐心、拼勇气的斗争中,她妈妈赢了,孩子滚到这边她就站到那边,孩子滚到那边她就站到这边,反正是也不打,也不骂,也不急,也不答应。过了一会儿,女儿看看没什么希望了,哭的劲头不足了。这时,我们的一位同事就过去把她抱了起来,给了她台阶下,略微一哄也就让她止住了哭声。等她"委屈"劲儿过去,气氛缓和过来之后,我们告诉她,向家长要好吃的不是好孩子,大人给买就吃,大人不给买,好孩子不能要。女儿点了点头。

儿子有一次刚从老家回来跟我们吃午饭,吃的是面条,他刚两岁,使筷子不会,就要用手抓。他妈妈告诉他说,手脏,吃饭不能用手抓。没想到他这一不顺心可上了"脾气"翻了脸,端起碗在桌子上"咣"、"咣"砸了起来。他妈妈一看就批评了他一句,这下更不得了了,他当即"哇"、"哇"地哭了起来。那哭声之大,仿佛全世界再没有比他更"冤"的人了。我们又如法炮制,最终也教育得他点了头。

面对孩子无理的哭闹,我们坚决地收起了"慈悲"心肠,用事实告诉孩子,父母很爱他们,他们能从父母这里得到温暖、关怀和依靠,但他们不是家庭的中心,不可以对家长提出无理的要求。

司马光说:"为人母者,不患不慈,患于知爱而不知教也。"有的家长放不下所谓的"慈悲",对孩子有求必应。要知道,孩子的欲望是无法永远满足的。小时满足了他们的吃、玩、用,还得让他们浪费。西瓜可以吃一口扔一块,苹果可以吃一口扔一个,饮料喝一口扔一罐,布玩具玩腻了可以用剪刀剪掉。等到他们逐渐长大了,这种欲望会进一步膨胀。上学时,向家长要钱买吃穿、买烟抽、买酒喝、泡网吧。走上社会后,大事做不来,小事又不做,好逸恶劳,赖在父母身上迟迟不能独立。更有甚者,因从小惯就了以"自我"为中心,根本就不懂怜惜父母的劳动,奴役着父母满足自己的享受。更不要说走上违法犯罪道路了。我们可能都见过有的孩子在家吃"独食";见过有的孩子四体不勤，事事懒做；见过有的家长端着碗追着孩子吃饭；见过有的家长包揽孩子的生活，剥夺孩子独立的权利；见过有的家长很"护犊子"……法制和家庭之类电视、网络、报纸等媒体报道的，这样的例子也屡见不鲜、不胜枚举。

我在培养孩子时还有一个与很多溺爱孩子的家长不同的细节，那就是从不用叠词跟孩子交流。比如称呼孩子"飞飞"、"黎黎"，比如让孩子吃饭时对孩子说："吃饭饭"，比如让孩子骑车子时对孩子说："骑车车"等。我总觉得用叠词跟孩子交流会让孩子产生一种自己还很小的感觉，进而可能影响孩子长大得慢，自强自立得晚。

不溺爱并不是不爱孩子，只是爱的方式和目的不同。家长要时时关心孩子的冷暖，想他们所想，急他们所急，和他们同苦乐，让他们感受到父母是他们的朋友、亲人，很爱他们。同时，也要让他们学会爱，教他们学会关心长辈。比如父母回家了，告诉他们，父母很累，让他们搬个凳子、倒杯水。家里有人病了，告诉他们要问候或领着去看医生，让他们学会关心，学会牵挂。要让孩子明白被爱和爱都一样幸福。

我们尽可能用道理、故事等孩子易接受的方式引导、教育他们，比如孔融让梨、张良圯桥进履、孟宗泣竹等圣贤故事，告诉孩子要尊敬长辈、孝敬老人。

英国教育家洛克就非常反对溺爱。他说："我觉得一般人教养子女有个重大的错误，就是对这一点（指溺爱）没有及时加以充分注意；精神在最纤弱、最容易支配的时候没有习于遵守约束，服从理智。""父母在孩子小的时候，疼爱他们，把他们的本性弄坏了，他们自己在泉水的源头投下了毒药，日后亲自喝到那苦水，却又感到奇怪。"

马卡连柯说得更明白："最可怕的事情就是用父母的幸福来栽培儿童。一味抱着慈悲心肠为儿女牺牲一切的父母可以说是最坏的教育者。"

当然，不溺爱孩子并不等于要虐待孩子。在家庭中，应该给孩子民主、平等和尊严。我们家有了什么好吃的，都是平均分成几等份，一人一份。我和我爱人不对孩子一脸严肃，让孩子感到恐惧，不敢跟大人交流。孩子说错话，办错事，我们不嘲笑、不挖苦，以免让孩子自卑。让孩子们感觉到他们在家庭不可以任性，但可以获得平等和尊严，能舒畅地说笑。

我从事的是高中教育，见惯、听多了初高中孩子吃不得苦、不求上进、厌学、逃学等情况。很多孩子的问题究其根源就出在了儿时家庭的溺爱上。古语谓之"慈母败子"，此言不谬也。

其实人生就只有两杯水，一杯是苦水，一杯是甜水。只不过是人们喝的顺序不同。希望家长们在孩子儿时给他们一杯苦水，让他们经受一些挫折和磨炼，等到长大成人，他们便可以不畏艰难，努力奋斗。为家庭，为社会，也为他们自己献上一杯如蜜般的甜水。

印度学前教育的主要任务中，第四条的内容是：训练儿童照顾自己的能力，并形成良好的习惯。这项内容对我们家庭的学前教育有很重要的提示意义。

培养孩子树立终生奋斗的观念

大约是我十四五岁的时候，一天中午，天特别热，我从地里砍了一筐草背着回家。走到离家不足百米的时候，感觉又饿、又渴、又热，就走到一棵大树下坐着喘了口气。可等了一会儿站起来想再背起筐回家，背了好几次也没背起来，就感觉那筐草如巨石一般沉，浑身实在没一点儿力气了。没办法，我回家喊来父亲，让父亲背回了家。

父亲看到我疲惫的样子，就安慰我说："儿子，再坚持一年，等明年咱们家不缺钱（我小时候，我们家劳动力少，挣的工分少，年终算账有的年份会欠生产队钱）了，咱们就不用这么累了。"那一年我就咬着牙干，盼着明年以后的好日子来。

可是第二年依旧要过苦日子。当时很失望。

再后来又有生活、工作中这样那样的负担。

逐渐地我明白了：人生原本就是要不断地克服困难，并在不断克服困难中前进和提升的。奋斗，是人一生永远的主题。

由这件事我想到，我们教育孩子时，不让他们从小就有一劳永逸的思想，有人生路上喘口气、歇歇脚的懒惰意识。我们不但要培养孩子学习的兴趣、求

一双儿女，两个清华

知的欲望，还要培养他们勤奋、竞争、向上的心态，向孩子灌输终生学习、终生奋斗的观念，让他们懂得这是人生持续进步的必经之路，培养他们长大以后接受终身教育、永远积极向上的愿望与能力。

儿子上小学的时候，有时完不成作业，懒于动手，还不知道什么叫勤奋。有一次我带着儿子回老家，在村里碰见一个比我大两岁的我儿时的同伴正在北墙底下晒太阳。按街坊排辈儿，他比我小一辈儿。当时，跟他打了个招呼我们就回家了。

到家后我问儿子："东黎，你长大以后愿意像你的这个××哥哥一样吗？"

儿子赶紧摇头："我可不愿像他这个傻样！"

我这个儿时的同伴怎么个"傻"样呢？您看看他的狼狈相就知道了：一头乱发，脸不知道多少天没洗，衣服像从破烂堆中捡来的，脏兮兮，眼睛呆滞，毫无生气。

我告诉儿子："你××哥哥小时候他的爹娘就让他上了几天学，后来在生产队干活，爹娘总是教他投机取巧，见重活就躲，专挑轻活干。长大了又懒又不诚实。因此，人们也不愿理他，他也没娶上媳妇。爹娘死后自己一个人混，也不愿下地干活，越混越懒，越懒越穷，越活越没劲。现在成了吃村里救济的贫困户。"

我问儿子："你的××哥哥这样天天歇着晒太阳、吃救济，是不是挺轻松自在的呀？"

儿子说："我可不愿像他那样轻松自在。"

我对儿子说："你如果不爱学习、做作业嫌累、劳动不勤快，长大了就会变成他那种没人爱搭理、人见人烦的傻样子。"

这件事以后的很长一段时间，儿子表现得都比较勤快。

孩子们到了十几岁的年龄，对人生有一定的认识能力后，我就注意开始向他们灌输竞争的思想了。

一次，我在老家领着儿子转着玩儿，看见邻居家猪圈里一头母猪正躺在地上给自己的十几只小猪喂奶。我们发现其中有一只小猪又瘦又弱，在其他小猪外围"吱、吱、吱"地直叫唤，这边、那边，到处挤，就是挤不进去。我问儿子："东黎，你说那只小猪为什么吃不上奶呀？"

儿子回答说:"这个知道,我在电视节目'动物世界'中看小狮子等小动物也有吃不上食物的。主要是它们从小就太弱了,争不过比它们壮的兄弟姐妹,有的后来还饿死了。"

我突然问儿子:"你说它们的死该不该怨妈妈?"

儿子似答非答:"优胜劣汰,自然规律吧,太可怜了。"

我对儿子说:"这种情形虽然有些残酷,缺少了人文关怀,但也得承认它的合理性、进步性。竞争不承认眼泪。一个人不能自甘堕落,不能等人同情、等人怜悯。"

我又心情矛盾地告诫儿子:"无论什么时候都要努力做强者,但要记住,人与动物不同的是,强者不能欺凌弱者,还必须学会关心、关爱,学会善良。"

女儿读高一时,学校选拔播音员到市广播电台播送反映他们学校生活的节目。女儿征求我的意见,我鼓励女儿积极参加选拔比赛。最终,她被选中到市广播电台播了音。我们一家都听了她的节目,给了她充分肯定。

儿子读初中时,因为学习成绩在全校排前几名,思想上有点儿骄傲,学习态度上有些松懈。我教育儿子:"人与人比较,比下更要比上,你看张同学、苏同学、许同学、邱同学,她们总考第一,学习起来仍不马虎,反过来讲,正是这种永远向上、永远进取的精神,才成就了她们的优秀。"

儿子刚读大一,参加了团支书竞选,结果落选,只竞选上了宣传委员。我知道情况后鼓励儿子:"没竞选上团支书不要紧,总结自己有什么差距,下次再选。落选不代表失败,只要敢于参加竞争就是英雄。"

儿子有一次去我们学校玩儿,看到了我的一个同事工作比较清闲,就问我:"爸爸,那个叔叔怎么能这么悠闲呀?"

我告诉儿子说:"东黎,等你大了参加工作以后就知道了,很多公家的单位都有这种闲人,干什么,什么不行,领导不重用,群众背后戳脊梁骨,吃一辈子闲饭。看似沾了社会的光,可永远也成不了才。俗话说:'人往高处走,水往低处流。'现在的社会是一个竞争的社会,人越往高处走,对水平和能力的要求越高,竞争越激烈。往高处走,追求更美好的生活,每个人都会这么想,这几乎是本能的心态,关键是怎样才能走得更高,怎样才能在未来的竞争中占据优势。"

我教育儿子:"你现在上中学,将来读大学,正是长知识、学本领的最好时期,一定要利用这段宝贵的黄金时期打好基础,为将来的发展搭建更高的平台。将来你走向社会后就会看到,越往高处竞争越激烈,人的进取心越强。相应的,竞争越激烈,人也才能越优秀,对社会的贡献可能也就越大。你如果怕竞争,现在就可以退出。读完初中,完成国家规定的九年义务教育,不再读高中,回老家让你奶奶给你买几只羊,到沙河边一放。或者跟着建筑队搬搬砖、和和泥,每天三饱一个倒,不用操心,不用竞争,怎么样?"

儿子直冲我笑。我知道儿子不想后退,但我要用后退没出息的设想鞭策儿子,催其上进。

我又给儿子辩证地讲怎么跟别人比较:"跟自己前面的比,要比出差距、比出方向、比出动力;跟自己后面的比,要比出自己的成绩,比出自己的信心,但一定不能比出自满、比出惰性。如果一个人只向后比优势,不往前看,那他就一直可以向后。现在的社会,做乞丐都会有饭吃。"

我们家有一本《成语典故故事》,我让儿子读了上面这么一个故事:古时候齐国有一个叫曲辕的地方,那里的土地庙里有一棵高大的栎树,它的高大约有一百尺,比旁边的小山还高出八十多尺,树下能遮蔽数千头牛,前来观看这棵树的人像赶集似的那么多。但这棵树的材质只是散木,做船要沉掉,做棺材很快会烂掉,做器具很快会坏掉,做门的话里面的油脂会溢出来,做柱子的话则要被虫子蛀掉。这种木材做什么都没有用,所以这棵树的寿命才这么长。

读完故事后,我和儿子就讨论这个故事蕴含的哲理:一个人来到世界上,就应该有所作为,有所贡献。如果干什么,什么不行,放在什么地方,什么地方没用,一天到晚只为自己吃饭穿衣,只为增加寿命而活着,那活多大年龄也只是一个生命符号,没什么实际意义了。

接着我又顺理进一步教育儿子:一个人如果有积极向上的追求,要想为社会作出较大的贡献,只靠一次、一时、一段的努力还是不够的。在一个时期内,一个人通过学习和努力,可能达到了他这个时期的预定目标。但是,由于主客观条件的限制,人不可能在某一时期内学完人生所需要的全部知识和技能,人生的每一个节点都只是一个加油站而不是终点站。人的一生就是一个不断学习、不断奋斗的过程,要活到老学到老、奋斗到老,终生学习、终生奋斗，以学习为荣、以奋斗为乐。这种观念从青少年时期就要牢固树立起来。

终生奋斗的观念会激励和支持着一个人充分发挥自己的潜能，不断获取发展所需要的知识与技能，并在以后的工作环境中有信心、有创造性和愉快地应用它们。

终生奋斗，不仅仅是一种理念，更是一种生活方式，一种生活习惯。

第二章 培养孩子良好的品德

贝多芬说:"使人幸福的是德性而非金钱。"
在孩子的心灵中,从小播下美德的种子,收获将会伴随孩子的一生。

引导孩子向善

对于一个人的个性发展而言,没有什么比爱和善良更重要的了,这是孩子将来亲和社会的基础和前提。

据报载:2010年底,在福州,一位85岁的老人孤身外出,摔倒在人行道上,围观者无人出手相救,直到老人生命终结。

读了这则故事我感到脊背发凉,心底发寒。发生这样的事反映了我们社会的道德教育、善行教育的缺失,很值得我们整个社会反思!

整个社会这样宏大的教育工程,我们一介平民管不了,但我们可以从教育自己的孩子做起。家庭是社会的细胞,我们的家庭教育搞好了,对整个社会无疑也是巨大的贡献。

家庭是引导孩子向善的最重要基地,我们要让孩子从小就能感受爱、理解爱、学会爱。让他们能深刻感悟对他人施以善行,为社会奉以爱心是人生最高境界的幸福,并因之使自己即使平凡却也变得伟大。

孩子从读小学开始,每遇为灾区捐款之类的事,尽管学校不强迫,完全可以自愿,但无论捐多捐少,我都鼓励孩子积极参加每一次献爱心的活动。"只要人人都献出一点爱,世界将变成美好的人间。"

1991年暑假,我带着女儿去北京串亲戚。有一次,我们过地下通道时,一个看上去年纪在70岁左右的老太太正坐在通道入口处行乞。老人一脸褶皱,满头蓬乱的白发，面前放着一只破烂的搪瓷茶缸。路人有扔零钱的，她就不住地给人作揖点头。我们从她面前经过时，女儿牵着我的手，脚步迟疑起来。我一看女儿直盯着那位老人，眼神中分明充满了怜悯。于是，我就赶紧从口袋中掏出了五角钱交给了女儿，女儿拿着这五角钱很认真地放到了行乞老人跟前的搪瓷茶缸里。

出了地下通道，我低头看女儿，她的脸上写满了轻松和快乐。在成年人看来不大的一件小事，在女儿眼中却是一个伟大的壮举。微不足道的五角钱，延续和发展了女儿天生的同情心，培养了她的社会责任感。

几年后，我们一家在电视上看到了揭露北京街头假行乞的节目：有个青年假装残疾坐在街头行乞，有人给他零钱，有人给他面包等食物。等到夜晚人稀时，他就把钱物收拾好离开。有一次，这个假乞丐走到一个桥头，趁人不注意还把好心人送给他的面包等食物扔到了桥下。这一幕被一个细心的北京市民拍了个正着。

看完这个节目，我们全家就讨论起了应该怎样对待假乞丐的问题。由北京街头的假行乞谈到了多年前媒体报道的，武汉街头有人残忍地把拐骗来的小孩弄残，放在街头行乞，为他们赚钱。还有的大人让孩子把行乞当成职业，自己在家收钱等现象。话题自然也就转到了以后如何面对行乞的问题。女儿说："以后我遇到行乞的，只要我看着可怜的我还会给，我无法辨别真假，我也不愿相信是假的，给人一份帮助，我的心就不会感到愧疚，我就是做了一件善事。"

我真感动于女儿发自心底的，人性中最基本、最伟大的善良。

同情弱者，珍爱幼小生命，都是培养孩子善行的好方法。

看见小朋友摔倒的时候，我一定让我的孩子上前扶起；看见小朋友哭的时候，我一定让我的孩子上前去哄哄。

我们家住平房时养过小猫、小兔、鸽子，我都让孩子一同参与喂养。最典型的是我儿子小的时候，我们家养了一只羊。儿子天天放学回家就学着放羊，给羊找草。白天牵出去拴好，晚上牵回家入圈。儿子成了羊的"小主人"，羊跟儿子关系很亲密。后来这只羊早出晚归就不用缰绳了，我儿子前边走，它就后边跟。那年冬天，这只羊还生了两只小羊。寒冬时节，天气非常冷，儿子就到处拾柴，回家给大羊小羊烤火，精心照料。

我看到一则资料上说：研究发现，饲养小动物，容易培养孩子的同情心，丰富孩子的感情。我不知道这之间的关联度有多大，但我能从孩子饲养小动物的过程中，看到孩子倾注了关怀，学会了付出。一个没有爱、没有同情心的人，就是一个冷漠的人、一个冷血的人、一个与社会脱节的人，这样的人也不会去热爱社会，不会去为社会作奉献。

我还常用杜甫"安得广厦千万间，大庇天下寒士俱欢颜，风雨不动安如山！呜呼，何时眼前突兀见此屋，吾庐独破受冻死亦足"的大爱心胸教育孩子。我告诫儿女，将来你们长大后，如果没有能力，就努力过好自己的生活；如果有能力，就一定要保留一份善心，想到社会上还有不幸的人，还有需要关心的人，去关心他们。

一件微不足道的小事都可能对孩子产生深远的影响，教育孩子，要做到"绝恶于萌芽，起教于微妙"。

《伊索寓言》里讲了这样一个故事：有一个小孩从学校偷回了石板。母亲说："儿子，你真能干。"后来，他偷了别人的大衣，母亲说："这件大衣真是太好了。"小孩长大成人后因偷窃罪被判死刑，母亲捶胸顿足地痛哭起来。小伙子临行前对监斩官说："我想和母亲说句悄悄话。"监斩官允许了。小伙子一口咬下了母亲的耳朵，并说："当初我偷石板时你如果打我一顿，我怎么会落到今天被杀头的地步呀？"

刘备临死前，对儿子不放心，给儿子写了一封信教育他："勿以恶小而为之，勿以善小而不为。"

孔圣人讲："仁者爱人。"引导孩子向善，家长还应注意不要粗鲁，不让孩子沾染骂人等不文明陋习，一定要让孩子远离暴力游戏。

向善教育，赋予了一个生物意义上的生命以社会属性，"善"是人性最高贵的品质之一。"育，养子使之作善也"。

培养孩子诚实

诚实是指一个人言行跟自己的思想要一致，襟怀坦白。诚实也被视为做人的准则，它是培养孩子健康人生的基础，对孩子的心理发展起着重要作用。

在我们的生活中，智慧打不开的心锁，诚实常常就是万能钥匙。诚实不是智慧，但是，她却能放射出比智慧更耀眼的光彩。

谈到这个话题，有的家长可能有不尽相同的看法，或者准确地说，有一种矛盾心理：一方面，也希望自己的孩子将来做个诚实、正直、言而有信的人；另一方面，觉得如果把孩子培养成说老实话、办老实事、做老实人的"三老"，又怕孩子将来吃亏。家长的这份担心似乎不无道理。举个谈对象的例子吧。三十年前，如果媒人对姑娘说，给她介绍的小伙子"老实"、"本分"，姑娘就会觉得小伙子忠诚可靠，心里就会觉得踏实。如今谁再告诉姑娘，给她介绍的对象"老实"、"本分"，十有八九会被姑娘理解成"愚蠢"、"不机灵"。

社会发展了，大环境变得复杂了，做人诚实是不是吃亏，该不该诚实，是一句话难以说清楚的问题。我个人的观点，对于孩子的培养，还应该从社会的主流认识着眼，从人性的基本层面抓起，在他们纯洁、幼小的心灵中，植入真、善、美的种子。至于将来如何面对纷繁复杂的社会生活，家长可以再随着孩子年龄的增长，依据孩子各年龄段的认知能力，适时对他们进行正确、全面的分析、引导和教育。但教育的方向依然还应该把诚实看做是做人必须具有的基本而又高贵的品质。

我对孩子的诚实教育先从我的一个并不成功的例子谈起吧。

儿子读初三时，有一次周六下午，我邻居的孩子三点左右就回家了，他迟迟不见回来。我去学校找，学校已空无一人，他又没手机，我心里非常着急却又无计可施。直到五点多他才回家，我急切地问儿子："东黎，放了学你没有回家，干什么去了？"

儿子答道："我去张同学家玩扑克去了。"

我一看儿子说话有些发虚，再一看他的眼睛细眯着，又有些发红，立刻感到儿子是在说谎，就又马上补问了一句："真的吗？"

儿子说："真的。"

我对儿子说："走，你带我去张同学家。"

儿子无奈地跟我往外走，还没走出楼梯口，他一看掩盖不住了，便对我说："爸爸，我和张同学去他奶奶家玩电脑了。"我扭头把儿子拽回家，拳打脚踢狠揍了起来。

我爱人心疼儿子,赶紧把我拦了下来,不然儿子肯定还得多挨几下。爱人把儿子带到另一个房间对儿子进行开导、安慰。

过了一会儿,儿子到我面前向我承认错误:"爸爸,是我不对,您别生气了。"

我一看儿子认了错,再加上本来也心疼他,很快也就没了气,说话的语气也平和了许多:"东黎,你说说怎么不对呀?"

儿子说:"我没按时回家,让爸爸妈妈担心,还去玩电脑。"

我帮儿子分析说:"我帮你说说你怎么不对吧。第一,我让你远离电脑你没听。以前咱们在电视上看到一位少年上网成瘾,以致于厌学、旷课、逃学,最后偷家里的钱多次离家出走,急得妈妈带着他求救心理专家的事,你还记得吗?"

儿子说:"记得。"

我说:"青少年沉溺于网络游戏,有的忘记了吃饭和休息,猝死网吧;还有的受网络毒害走上偷盗、抢劫、杀人等暴力犯罪的道路。青少年年龄小,分辨是非能力差,自控能力差,经常上网很容易上瘾,一旦成瘾就像吸毒一样是很难戒除的。所以,有人也称之为精神鸦片。2004年我去衡水参加职称评审,在我们住的宾馆旁边有一家网吧,我亲眼看到那些初中孩子放了学以后,有骑自行车的、有跑步的,风一般奔向网吧,有的连车子也顾不得锁,书包也顾不得背,进网吧就抢座位去了。你想想,这样的学生还能学习好吗?时间长了能不出问题吗?"

"第二,你没注意保护眼睛。你的眼睛已经近视,身体发育时期不注意保护,近视的发展速度会很快的。你今天连续两三个小时在电脑前,眼睛都瞅红了,这对眼睛的伤害是很大的。我的一个同学高度近视导致视网膜脱落,什么都看不见了。你将来还要读高中、读大学、考研究生,即使参加工作以后也会一辈子常用眼,如果不把眼睛保护好那是不可想象的事。人接受的外界信息85%以上来自眼睛,眼睛毁了,不但无法工作,甚至生活都不能自理,那你就成废人了。"

"第三,你不按时回家,又没给爸爸妈妈打电话,大人会担心你出问题。

有的孩子打架，有的孩子上网吧，现在街上车也很多，还怕你被碰着，你没回家害得我到处找你。爸爸妈妈对你很惦念、很关爱，你却没意识到自己的责任。"

"第四，你最不该的就是对爸爸撒谎，这是做人的品质问题、原则性问题，不可以原谅，必须改正。"

我这次的教育肯定是收到了成效。至于该怎样评价体罚的方式，那是另外讨论的话题，回头咱们还是接着谈怎样对孩子进行诚实教育。

我们分析一下孩子说谎的成因。

1. 希望从说谎中得到好处。有一天中午，我家晒了点儿粮食，午休后我想把粮食收起来，碰到邻居家的一个孩子对我说："叔叔，我怕粮食被鸡吃，今天中午给你守着呢。"其实我明明看见她刚从家里走出来，可又不忍心点破，就连声说了两句："谢谢你，谢谢你！"这个孩子无中生有，就想落个空头人情。

还有一件事让我至今不忘。有一年我从衡水坐公共汽车回枣强，一位妇女带着她约有十一二岁的外甥上了车。汽车驶出衡水城区后开始售票，当售票员走到孩子面前时，没想到孩子说："我没钱。"

售票员问："你家大人呢？"

孩子说："就我自己。"

售票员在车上问这是谁的孩子，这个小男孩的姨妈在一旁装得跟其他人一样，若无其事。售票员也总不能把孩子扔在半路上吧。没办法，只好免了孩子的票。

2. 办了错事怕受惩罚而极力掩盖，属于一种被动"自卫"的办法。比如我儿子偷玩电脑回家说谎的事。

3. 家长的榜样误导。大人的世界远比孩子的世界要复杂得多，大人无论是善意、无意还是恶意的谎言，如果不注意，孩子耳濡目染，最终会深受其害。

我有一个亲戚的亲戚，这人的母亲就属于那种满嘴跑火车，十句话九句半有假的人。她生有一儿一女，现在孩子都大了。女儿前几年告诉母亲说自己在北京打工呢，结果被人看见在邢台跟别人同居生了孩子过日子呢。儿子前不久谈了个对象，也对女朋友极力掩盖自己是农村穷孩子，家庭也仅仅是一个小养猪户的真实身份。真不知这段关系还能维持多久。即使眼前能瞒住女朋友，终归纸里包不住火，一旦真相大白，两人婚后还能幸福得了吗？在母亲的"示范教育"下，自己一家子先成了谁跟谁也没实话，谁也不敢相信谁的一"家"。

4. 家长对孩子期望值过高。我的一个朋友望子成龙心切。孩子上初中他就托后门、找关系，给孩子找"好"学校，假期给孩子请老师补习。他给儿子制定进步目标，每次考试超几个同学，到中考能考班里多少名，年级多少名等，其实他这完全是一厢情愿。他既不了解孩子的基础，也不了解孩子的思想状况，只在那里一味提希望。逼得儿子没办法了，一到考试就"头疼"弃考，有时就求一起上学的邻居家的孩子回家说学校没考试。家长过高的期望值变成了孩子沉重的"包袱"，不得已靠说谎临时解脱。结果，中考时满分600分的试题，这孩子只考了260多分。

5. 吹嘘、爱虚荣。有的孩子爱虚荣，怕别人说自己不行，吹牛说，自己成绩如何行，家里如何好等等。我有一个老乡就这样，从小爱吹，自己做了点皮毛加工小生意，估计一年也就挣两万左右的加工钱，可他见人总吹，哪一年挣了十几万，哪一年又挣了十几万，客户还欠他二十多万，仿佛早就是百万富翁。他本家的一个兄弟实在听不下去了，就当着好几个人的面对他说："哥，我打算盖房，先拿给我五万吧。"大伙都暗笑，他也只剩下尴尬的份儿了。

针对说谎的成因，家长可采取以下的教育方法引导培养孩子诚实。

1. 家长要树好榜样。与邻里交往，与亲朋走动，要实实在在。人前人后，不当面一套、背后一套。曾子杀猪的故事，是对家长进行教育的好榜样。

2. 满足孩子的合理要求。我发现儿子拿我们每天给他喝的牛奶去学校跟同学换零食吃后，就觉得孩子看见别的同学有零食吃而自己馋了，我没想到这一点儿。于是对儿子说："爸爸妈妈每天给你喝的牛奶是为了让你强壮身体的，不能不喝。如果想吃零食、吃冰糕的时候可以从咱们家储蓄罐自己拿钱，不用请示，爸爸妈妈不反对，也不笑话你。只是买零食的时候注意别买过咸、过甜的。还有，别买油炸、膨化食品，那些东西不利于健康。"

儿子偷着玩电脑挨了揍以后我也反思，以前对孩子要求太严了。电脑是现代化产物，不能也不应该禁止孩子接触，解决问题就需要像大禹治水，引堵结合，以引为主。于是，我就允许儿子每周可以玩20～30分钟电脑。但也跟儿子约定：第一，要守时，要学会自律，学会克制自己的欲望。第二，玩的内容要健康。儿子高高兴兴地完全同意。后来三年的事实证明，这个以引为主，满足孩子合理需求的方法，总体上说，教育效果还是让我满意的。

3. 要让孩子敢于说实话。那次儿子偷玩电脑后，我就教育儿子："有什么要求要直接提出来，合理的，家长会尽力满足；不合理的，就要尽力克制自己。说错话、办错事，无论是在家还是在外面，都要敢于担当，勇于承认，绝不能遮遮掩掩。有了错主动承认了，结果也未必像你想象的那么坏。比如你偷玩电脑了，回家后主动承认，爸爸也不那么生气，你也不至于挨揍了。"

我给儿子讲列宁小时候打碎姑妈家的花瓶后勇于承认错误的故事。列宁从此以后再也没说过谎，他的这种高贵品质赢得了人民的尊敬和支持。

经历那次教育，我就再没有发现儿子有错误不承认的事了。

学校老师给我反映过几次他的问题，我询问儿子，他认为是对的，就说出他这么做的理由，比如参与给学校写信签名不要校服的事。知道错了就老老实实承认错误。

有一次老师告诉我说，东黎上生物自习课时看的好像不是生物书。我就问儿子："东黎，生物自习课时，你在读什么书呀？"

儿子说："我看《红楼梦》了。"

我一看儿子主动承认了，只简单地告诉儿子："要学会合理安排时间。"

儿子回答："知道了爸爸。"

问题就这样顺利解决了。

儿子后来就逐渐懂得了，诚实能更好地解决问题，说谎没有必要。

4. 孩子说实话要表扬。女儿十一岁那年，有一天，我的一个表姐打电话说要过来看我母亲，母亲和我爱人就忙着准备午饭。大约过了一个多小时，我表姐和我女儿一块进了家门。我母亲一边高兴地出来迎接，一边说："我孙女去接她表姑去啦。"

谁都没想到，女儿说了一句："我买醋去了。"

大家一怔，随即又都开心地笑了起来。

我表姐走后，女儿一脸迷惑地问："爸爸，我那会儿说错了吗？你们怎么都笑啊？"

我想孩子还小，还是不应该为了那所谓的"会说话"而牺牲了孩子诚实的品质，于是就对女儿说："你没说错，刚才你妈妈让你去小卖部买醋，奶奶不知道，还以为你去外面等你表姑去了呢。"

随后我又对女儿说："怎么回事就怎么说，挺好，有你这么诚实的好孩子我们都很高兴。"

5. 给孩子讲不诚实的危害。英国教育家洛克说："撒谎是掩盖任何不良行动的一种极简便、极便宜的方法。"可是，"撒谎是一种极坏的品质，是许多恶德的根源和庇护者。"

我给孩子讲过一个我刚参加工作时经历的一件事：学校为了筹办歌咏比赛，让我跟一个年龄大的老师去德州买乐器。我们到德州后，按照采购清单很顺利就完成了采购任务。第二天返回学校后去向领导汇报，领导听完汇报后跟着又问了一句："二胡有好的吗？"

"看了，没有！"这位老师随口就回答了一句。

我心里一咯噔：明明商场有卖的，只是因为采购清单上没有，我们也就没有问，何必跟领导说谎呢？这位老师是怕领导说他办事不力，还是领导爱好二胡（我也从没见过这位领导拉过），他没想到，怕领导埋怨？其中原因我也不便问，所以一直也就没有问过，这个谜团至今我也没解开。只是从那以后，这位老师在我心中的形象大打折扣。我想他能对领导随口就是谎话，对别人也难免不会这样的。

我对孩子讲了这么一个道理：你看一件很简单的事就拉开了人与人之间本应很亲密的距离，在人的心中埋下了不信任的种子。我告诫孩子，永远不要试图从说谎中得到益处。有时为了一个谎言而需要一系列的谎言来圆谎，累不累？更重要的，谎言毕竟不是真实，一旦掩盖不住，该是怎样的尴尬和难堪？一个人如果在人群中形成不诚实的印象，那他的信誉和人格都会受损害，这样的人将会不被尊重。也没有人愿意和一个不诚实、不讲信誉的人做朋友，其付出的代价将是非常巨大的。

我给孩子翻译了孔圣人的教诲："人而无信，不知其可也。"——一个人如果没有诚信，那就不知道他还有什么可取之处了。

真希望咱们的家庭、学校、社会都能进行诚实守信教育，别让咱们的社会陷入"诚信危机。"

培养孩子乐观

肯定地讲，每位家长都会希望自己的孩子乐观向上。乐观是一种良好的性格品质，也是一种积极向上的生活态度。心理学认为，心情对人的生活、工作、学习和健康都有重要的影响：积极乐观的心情会提高人的活动效率，增强克服困难的信心，有益于健康；消极悲观的心情会降低人的活动效率，使人消沉，长期的焦虑也会有损人的健康。

我们以学习为例，上过学的人都应该有这样的体验：心情好的时候，记得多、记得快、记得牢；心情不好的时候记忆效率低，尤其是在背大段文章时表现得尤为明显，有的时候背了半天也一无所获。人心情好的时候思维敏捷、判断准确；心情不好的时候思路打不开，判断能力减弱，这一特点在做数学、物理练习题时感觉尤其明显。

另外，心理学研究还认为，心情对人的创造力也有影响。心情好的时候容易出现灵感，容易迸发创造性思维的火花；心情不好的时候思维迟缓，难有创新。

怎样培养孩子乐观的性格呢？我给家长们提几个建议。

一、凡事多看好的方面，多做积极的解读

我们学校的崔校长讲过一个很典型的哲理小故事：说有一个老太太天天发愁。她有两个儿子，大儿子做雨伞生意，小儿子做晒盐生意。天气晴朗的时候，老太太就为大儿子雨伞不好卖忧愁；遇上阴雨天，老太太又为小儿子的盐没法晒忧愁。因此老太太天天发愁。后来有人建议老太太改变一下思维方式，晴天的时候想小儿子晒盐方便，阴雨天的时候想大儿子雨伞多卖。老太太思维方式一调整，果然天天快乐起来了。事情本身并没改变，只是换了一下思考问题的角度，心情就豁然开朗起来。

这个小故事让我也受益匪浅。用辩证的观点看问题，事物总具有两面性。

遇事多看积极的一面、于我们有利的一面，少看或不看消极的一面、于我们不利的一面，用快乐的心情面对生活。

女儿小的时候有一天晚饭后洗碗，只听"啪"的一声，一个碗被失手滑落到地上摔碎了。女儿一来受了惊吓，二来又觉得是自己做事失误，一时愣在了那里。我一看这个情况就忙说："哈，俺飞干活还会带伴奏哇。我早就想摔的碗还没来得及摔呢，让你给摔了，谢谢你啦！"这时，女儿早没了摔碗时的惊恐，和我高高兴兴一块玩了起来。如果我当时批评女儿不小心，或者只是安慰女儿"不要紧，别在意"。即使挫伤不了女儿做家务的积极性，也肯定没有这种处理方式的效果好：既巧妙保护了女儿做家务的积极性，又培养了父女间的亲情，让女儿转惊恐为快乐。

二、告诉孩子，世上还是好人多

我看到一则资料上介绍，有的国家从小就对孩子进行危险教育，这篇文章的作者也呼吁国内的学校和家庭也要对孩子从小进行这方面的系列规范教育，让孩子从小就学会识假防骗，以免上当。我对这个呼吁就不太认可。如果说对孩子进行必要的安全防范教育，比如不要吃陌生人的食物，不要跟陌生人走等等，还可以理解。再若进行更细致、更深刻的防范教育，比如不要跟陌生人说话等等，就显得过分了。

我总觉得，不能对人都预先进行"坏人"假设，不能让孩子感觉是生活在一个"坏人"遍地、危险丛生的世界里。孩子年龄小，还不会进行复杂的辨别思维，这方面的教育过多，他们的心理恐怕就难以阳光起来。心理不阳光的孩子长大后也容易出问题。

20世纪80年代我教过的一个女学生，高中快毕业时突然因"精神病"退学了。现在回忆起来，当时她应该是抑郁症。这个学生以前爱挑理，看谁都不顺眼。后来发展到同学们只要有两个人在一起说话，她就认为是在说自己的"坏话"。到最后，产生了幻觉，总觉得有人在议论自己。

在单位上班，我也见过心里不阳光的人。看见有人在一起小声说话，他就会问他认为跟自己关系比较好的人："你们说什么呢？你们说我了吗？"生活得多累！我还是喜欢孩子们唱："我们的祖国是花园，花园里花朵真鲜艳，哇哈哈，哇哈哈，每个人脸上都笑开颜……"一个阳光的孩子该多么快乐、多么幸福！

三、教育孩子有宽广的胸怀

范仲淹"先天下之忧而忧，后天下之乐而乐！"杜甫"安得广厦千万间，大庇天下寒士俱欢颜！"他们先天下而后自己，顾念天下而心中无我，何等的胸怀！何等的伟大！令人景仰。反观我们的身边，常见心胸狭窄之人，这类人见不得别人好，见不得别人比自己强，哪怕是自己的兄弟、朋友。谁若超过自己，他们就气呼呼，恨不得全世界的人都不如自己。

在孩子们中也有这种情况。2003届的一个学生，平时学习成绩挺不错的，就是爱嫉妒、心胸不够宽。同学们谁要问她作业，绝不告诉，她怕影响自己。考试排队，她的名次前面有人，那可不行，她一定要超过去。谁保证只许她考好，别人就不能考好啊？到高三时，她的名次前常有很多人，于是她就急得上火，后来睡不好觉，再后来失眠、头疼，最后半年都无法坚持正常上课，以至于父母不得不每天接送回家。高考时，这位同学只勉强考上了一所省内的大学，远远没达到她的期望值。她还要复读，父母知道孩子的情况，怕她第二年考不理想出大问题，就力劝她上了大学。

我女儿就是一个很乐于助人的孩子。她从上初一到高中毕业，就比老师还忙。一下课同学们不管男生、女生，就呼啦啦围上一大群问作业，她就像老师一样逐一给同学们耐心讲解。我曾经问过女儿这样的问题："你总给同学们讲题，会耽误自己的学习吗？"

女儿说："不会，同学们问问题和我讲解的过程，本身就是复习巩固的过程。再有，同学们从不同角度去问，对我的思路也有启发作用。还有，搞好了同学关系，我心情也舒畅。我在帮助同学的同时，也提高了自己。"

女儿在给她之后的高中生介绍自己的做法时，其中就谈到，心胸宽广，乐于帮助成绩落后的同学是很重要的一条学习经验。

四、积极进取，勇于面对挑战

要注意培养孩子一种积极进取、永不服输的精神，鼓励孩子勇于面对失败，从失败中找机会，抓住机会求进步。现在学生面对的主要挑战就在学习上，而检测学生成绩的手段主要还停留在考试上。很难有学生做到每次考试都不失误，每次考试成绩都理想。有很多同学因为不能正确面对考试，考没了自信心，考没了进取心，考没了学习的兴趣，考没了生活的快乐。

我的女儿和儿子也都有考试成绩起伏的情况。遇到孩子考砸了的时候，我不是批评他们，而是让他们认真分析试卷，给我写原因总结。我不对他们进行名次要求，而是从高一开始就进行分数管理，哪一科得分，得在哪个方面，怎么继续做得更好；哪一科失分，失在哪个方面，要实事求是地把原因找出来，然后我再提出改进的措施，提醒孩子在以后的学习和考试中力求避免再犯此类错误。

每到高三，常有学生找我谈心，还有的邀我去班里讲。其中学生们提出了一个问题：通过平时考试发现自己还有很多不足，以至于没有了自信心，情绪受到严重影响，做题常写错正负号、忘开方、写错题等。我告诉同学们要换个角度想问题，考前发现不足不是坏事，是好事，是值得庆幸的事，这时的不足我们完全可以弥补。比如客观题你可以对应知识点，回归课本，理解透基础知识，再通过训练把基础夯实。主观题你可以理清思路，再找一部分同类题进行相应训练，总结出做题的方法与技巧。如果平时考试中这些问题被掩盖，在高考时才被发现，那时的损失就没法挽回了。

有的老师给我反馈说，您讲得挺好，有不少同学由以前的怕考、避考，变成了现在的盼考、乐考。情绪上也由恐慌、压抑变得自信、乐观起来了。他们准备高考的劲头十足。

另外，培养孩子乐观的心态，还可以尝试培养孩子广泛的兴趣，多亲近孩子，多给孩子成功的体验，培育孩子拥有健康的身体等，也会收到很好的效果。

培养孩子坚强

任何人都不可能永远一帆风顺，在人的一生中，总会遇到大大小小的挫折和失败，总会要面对这样或那样的困难甚至苦难。做家长的可能帮孩子一时，却不能帮孩子一世。一定要告诉孩子这样一个道理：上帝没有给我们安上翅膀，我们就要学会用坚强飞翔。

我在对孩子进行坚强意志的培养时主要从以下几个方面着手。

一、让孩子对困难和痛苦有心理预知

女儿和儿子就读的小学离我们家都有四五里路，我和爱人都上班，有时顾不了按点接他们，我对两个孩子都嘱咐过：你放学后，如果爸爸妈妈到时候来不到约定的地点，你就按着怎样怎样的路线自己回家，由于路远走起来会很累，如果累了可以歇会儿再走，也可以停在一个地方等爸爸妈妈，记住别走错了路线就行。孩子才五六岁，走这么远确实也很累，但因为他们有思想准备，再加上我的鼓励和表扬。只要有没人接的情况，孩子总是不等不靠，自己往家走，并且常有自己一直走到家的情况。

儿子小的时候经常咳嗽引发支气管炎，就有输液的情况。每次输液前，我都会如实告诉儿子，扎针的时候比较疼，但不要怕，一怕身上的肌肉就会收紧，扎得会更疼；如果咬着牙不害怕，肌肉放松，打针、拔针都轻松，疼痛就会减轻。为了治好病，咬咬牙一挺就会过去的。我给儿子讲，若是怕疼不输液，气管炎会转成肺炎，再严重会危及生命。儿子懂得了不疼不行，怎样才能减轻疼痛的道理，每次去输液都有充分的心理准备，十多年打了很多次针，一次也没有哭闹过。

我也见过很多孩子输液时哭闹的情况。有的家长打针前骗孩子说："扎针跟蚂蚁咬一下一样，不疼。"结果孩子一试很疼，再一见针管就"哇"、"哇"大哭，甚至一提打针就哭闹，坚决不去。还有的家长睁着眼说胡话，医生在那儿给孩子打着针，孩子明明疼得直哭，家长却对孩子说："好闺女（或儿子），不疼、不疼。"孩子只有哭得更厉害，以证明实在是疼。

不大的事，家长不对孩子如实讲清，既降低了家长在孩子心中的可信度，又错过了培养孩子坚强起来的教育机会，还给今后的工作增加了困难。

二、培养孩子的英雄精神

在男孩子的内心深处，都会有一种英雄的情结，都会有一种拥有勇敢、坚强品质的渴望。我在对儿子的培养中，用勇敢、坚强的故事影响他，也收到了一种很好的效果。

儿子第一次连续打针、输液的事，给我的印象太深刻了，以致现在想起来还历历在目。那年儿子三岁多，因为支气管炎，连续打了一个星期的青霉素，还输了一个星期的液体。在我的记忆中，我也打过一次青霉素，那是很疼的，

何况一个三周岁的孩子，又连续这么多天，要坚持下来，该需要多么顽强的毅力啊！

  为了鼓励儿子，我给他讲英雄的故事，让儿子在精神上坚强起来。我给儿子讲小英雄雨来的故事：小雨来十二岁的时候，日本鬼子来到了他们的村子，杀人放火，干尽了坏事。有一天，一个打鬼子受伤的叔叔跑到了小雨来家，说后面有鬼子追他。小雨来赶快把水缸搬开，把受伤的叔叔藏进了地洞里。刚藏好，鬼子就追进来了。他们抓住小雨来，问他把人藏在了哪里？小雨来说不知道，鬼子就毒打小雨来，还把刺刀架在小雨来的脖子上吓唬他。小雨来宁死不说，气得鬼子"嗷"、"嗷"直叫。他们把小雨来拉到村外的河边准备枪毙他，机灵的小雨来趁鬼子不注意，"扑通"一声，扎进河里游到了远处。儿子津津有味地听完了我讲的故事，对我说："爸爸，我也要做打鬼子的小英雄！"

  我夸儿子说："你真行！"

  接着，我又问儿子："东黎，小雨来不怕鬼子的刺刀，你打针的时候不怕疼行吗？"

  儿子坚定勇敢地说："行，我不怕！"

  我带着儿子到了我们的校医那儿，打针的时候儿子真就一动也不动，一声也不吭。那天正好有学校旁边村里的几位家长也领着孩子看病，他们惊讶得直赞叹："这孩子怎么这么懂事，这么坚强啊！这种孩子真是少有。"同时，他们还当场教育自己的那几个孩子向我儿子学习。

  我还给儿子讲抗日英雄赵一曼的故事。鬼子抓住赵一曼后，用皮鞭打，用竹签扎指甲缝，用电击，酷刑用遍，赵一曼都不叛变。儿子听得直攥起小拳头，仿佛自己也在坚强着。后来连续十多天打针、输液，儿子就是疼得眼里含着泪，也不叫一声。

三、对孩子克服困难的行为要及时给予表扬

  我女儿七岁半时开始自己骑小自行车上学，儿子八周岁时开始自己骑小自行车上学。我家孩子的情况不论在当时还是现在看，都不符合交通法规，不符合安全教育要求。从安全角度考虑，绝不可以提倡。但当时，我们就是这个实际情况，实在也是不得已。我对儿女骑车时需要注意安全的事项都一一交代清楚，带着他们骑了几趟，然后就放单飞了。孩子们自己骑车上学免不了顶风冒雨，他们回家不但没抱怨过一次，反而觉得很自豪。从他们口中经常听到的是："XX这么大了还让爸爸送。""XX这么高的个子，还让妈妈接"之类的话，话语中有一种掩饰不住的"我是小英雄"、"我行"的气概。

儿女们读小学、初中时，他们就读的学校到我们原来住的家那一带的路面还没有完全硬化，土质又是红土，遇有雨水，那是非常黏的，人在泥路上每前进一步都很费劲。

儿子上小学时的一天中午，放学恰巧赶上刚下过雨，路上特别泥泞，车子陷在泥里骑不动，推不走。儿子就在路边捡了根棍，一点儿一点儿抠车轮和搭泥板之间的黏泥，抠一会儿走几步，沾满了泥以后再抠一会儿。费了九牛二虎之力，总算把车子推到了家。这时他早已是满身的泥水、汗水了。我爱人看到这个样子，赶紧给儿子洗了洗，换了衣服。我问儿子怎么回的家，儿子把路上的艰难情况跟我们详细说了一遍。我们赶紧表扬儿子：真不简单，都跟大小伙子一样了。遇到困难不等不靠，不哭不闹，自己积极想办法解决，长大以后一定是块好材料。经我们一表扬，儿子更是多了几分战胜困难后的自豪和喜悦。儿子晚上放学回家后告诉我们说："老师表扬我了。"

我问儿子："老师表扬你什么啦？"

儿子回答说："下午进校后，老师问我中午怎么回的家，我向老师作了汇报，老师就在班上表扬了我坚强，还要求全班同学向我学习呢！"

我说："你没有被困难吓倒，这种坚强精神确实值得那些娇生惯养的同学学习。"

儿子说："老师还说，'有的同学不敢面对风吹雨打，害怕困难，就像温室里的幼苗。'老师让他们以后要多锻炼。"

我对儿子说："东黎，你看，老师表扬你了吧，将来你一定能长成参天大树的！"

儿子受到了老师的表扬，回家我们又一夸赞，那神情仿佛自觉也高大了起来。

四、给孩子设置一些必要的锻炼活动

家中平时的一些家务劳动，要分配给孩子一些；外出步行、郊游、爬山等，要有意给孩子设置一些带点难度的活动。

我儿子初中毕业后的假期，我和我们学校领导商量，安排我儿子在后勤处干活，抬铺板、钉标志牌、搬桌凳等，凡是儿子力所能及的体力活，我都让他去干。依我儿子自己的标准，基本上跟后勤工作的大人一样，他们干什么活，我儿子就跟着干什么活。整整一个假期，按点上下班，不喊苦、不叫累。我儿子假期干活的故事也成了我们家属院很多家长教育孩子的典型材料。

我培养儿子坚强，最典型的一个事例还是让他独自步行回奶奶家。

儿子刚满十五岁的春节前，我给他设置了一个很能磨炼意志的活动。整个活动我制定了一套我自认为比较详细、周密、安全的计划。

活动内容：步行回家跟爷爷奶奶过年，给爷爷奶奶送上一份惊喜。同时注意观察路边风景民情，然后写一篇游记。

活动目标：培养儿子敢于到陌生环境闯荡的胆量；培养儿子独立克服困难的能力，磨炼儿子的意志；养成儿子排除万难，去争取胜利的品质；培养儿子对家乡的感情；增进祖孙间的亲情。

活动方式：全程步行。

活动路线：从枣强县城到奶奶家全程自己导航找路，行程计有60多华里。

活动时间：农历腊月二十四上午8：00～下午4：30，全程八个半小时（按八华里的时速估算，加途中半小时左右的吃饭、休息时间）。

准备物品：我给儿子准备了一张枣强县地图、一部手机，儿子自己准备了牛奶、面包、火腿肠、水、指南针、运动鞋、书包，我爱人还让儿子给奶奶带了一只熏鸡。

安全措施：我印制了两张相同的枣强县地图，我和儿子每人一张，每隔一小时，我让儿子跟我联系一次，通报行进地点，我在地图上标出行进情况。我通知本家的一个弟弟，让他别出远门，东黎接近老家时若有问题他开车及时接应。我在枣强也准备好了车，一旦有问题，马上带着医生赶过去。

安全预案对儿子是保密的。第一，怕他有了退路，就没有了危机感，就会缺少了战胜困难的动力和激情。第二，怕在他的心中，缺少了荣誉感和自豪感。

最后，儿子于当天下午四点四十多艰难而又平安地走到了奶奶家。途中还学会了问路、要水喝。整个活动圆满成功。

从日后我观察的效果看，也完全实现了预期的目标。我想这次活动也一定会成为儿子人生中一笔宝贵的精神财富。

回头再补说一件事。我为儿子设计这次"长征"，还受我的一位女同事回家经历的触动：我这位女同事娘家离我们学校二十华里，有一次她骑自行车回了一趟娘家，回来后直喊腰疼、腿疼、背酸，累趴下了。她就是在蜜罐里长大的。

我想这怎么得了？现在孩子又少，将来他们长大后面临的家庭负担重，社会竞争压力大，还不知道要面对多少未知的困难。如果一个个都养成豆芽菜，没有一点坚强的意志，还能指望他们为社会和家庭负什么责？

五、家长遇事神情要平静，不要大惊小怪

孩子小的时候，难免磕磕碰碰，本没什么大不了的，有的家长像发生了什么天大的事，赶紧又吹又哄。家长这些过分的言行，会让孩子觉得自己磕碰得不轻，原本不想哭的也会哭起来。如果家长说："呀！我儿子（女儿）的头怎么这么厉害！看看把门碰坏了没有啊！""呀！我的儿子（女儿）真坚强"之类的话，孩子往往不哭不闹，学着坚强起来。

我十一二岁的时候，在家用剪子剪皮渣上的羊毛交生产队挣工分。有一次没注意，剪子一挑，挑下了我左手食指上的一块肉，当时鲜血直往外冒，我父亲赶紧用了一条毛巾给我缠扎，结果还是无济于事，血一直滴。后来医生怎么处理的我记不清了，我唯一记得清的是当时我咬着牙，一声没吱。

我把自己的这段故事讲给儿女们听，还把我手上依然留有的疤痕给他们看，对他们也很有教育作用。他们平时有个磕磕碰碰、小刀划破手之类的事，都不会有哭闹的情况。

"自古雄才多磨难，从来纨绔少伟男。"教育孩子面对挫折和苦难坚强起来，是家庭教育不该缺失的一课。

培养孩子勇敢

以我个人的好恶，我实在是喜欢敢作敢为，富有进取心和冒险精神的人。自己常常遗憾，怎么就没出生在战争年代呀？现在有时还出现幻想：如果战争来了，我就拿起枪去保家卫国。在我的潜意识中，就有一种对勇敢和冒险的渴望。

我的幻想实在是不着边际，咱们不去讨论，不过在这里倒让我想起了一个家庭教育的话题——该不该培养孩子的冒险精神。

如今家庭中的孩子少，家长千般疼、万般爱，含在口中怕化了，捧在手中怕摔了。孩子们饭来张口，衣来伸手，很难独自面对困难，很少承担一点儿风险。我总觉得，家长的过分娇惯实际上无意中剥夺了孩子面对风险迎难而上的锻炼机会，弱化了孩子与困难作斗争和挑战风险的能力。长此以往，很容易造成孩子战胜的困难信心不足，性格向自卑、懦弱方面发展，难有"明知征途有艰险，越是艰险越向前"的英雄气概，更难体验"无限风光在险峰"的人生快乐。

四十年前，我老家一个农村老太太说的一句话，让我永远记在了心中。有一天，我跟着母亲在大人们身边玩儿，她们评价起了当时一个二十多岁的小伙子。这个小伙子刚结婚，长得浓眉大眼，倒也精神。可我前面提到的这位老太太却说："这孩子生的不敢动，熟的不敢拿，哪像我的儿子敢闯敢干？我看不上。"

几十年过去了，这位老太太的儿子先是在一个集体企业当工人，后来当了业务员，再后来当了副厂长、厂长，生活得比较风光。而那位当年二十多岁被评论的新婚小伙子，如今依然只是一个死板的庄稼人。

性格影响命运。当年的这个农村老太太还真是有眼光。

在我们的生活中，如果你仔细观察就会发现这么一种现象：能力越高的人，找他办事的越多，他也越敢办事；能力越低的人，越没人找他办事，他也越不敢办事。甚至自己有点事就找人，就托关系。其实，如果自己敢于大胆去闯、去办，未必办不了，只是事情还没办，就先把办事过程中的困难无限放大了。于是，还没开始就吓得畏缩不前了。

生活中，只要去闯、去做，就会发现，许多门都是虚掩的，许多墙都是纸糊的，许多困难都是自己想象出来并主观放大的。越是敢闯，就越有经验；越有经验，就会越有自信；越自信，就越有胆量。当然，越有胆量，就越敢闯。这是一个无限发展的趋势。反之，便是一个不断弱化的趋势。

哥伦布说:"世界是勇敢者的天下。"

女儿读高二时,有一次放假回家后跟我说:"爸爸,我们班有个女同学看见一只老鼠就吓得'哇'、'哇'叫了起来。"

我问:"她怎么这么胆小啊?"

女儿说:"她自己说,平时看见只毛毛虫也会吓出声的。"

我们平时讥讽胆小的人为"胆小如鼠",你看我女儿的这位同学竟是"畏鼠如虎",甚至连个毛毛虫都成了她的"天敌"。

我女儿大学毕业后,也参加了国家公务员考试,考试成绩比分数线高二十多分,国家专利局通知她去面试。她想了想,打电话告诉我说不想去面试了。我问她理由,她说:"行政单位、事业单位、国有企业,尽管有铁饭碗保障,但我都不想选择了。第一,我不想当官,也厌烦应酬交际,整天纠缠于人事关系。第二,我不愿在吃大锅饭的单位工作。第三,我想找一个专业对口的单位。"我考虑之后同意了女儿的做法。最终,她与一家外资企业签了合同。

我常给儿子讲我小时候"大胆"的事迹:七岁时就敢独自在村外生产队的菜园里睡觉;漆黑的夜里敢独来独往几里地到外村去看电影;晚上割草归来,敢独自过坟地……

我在一个资料上看到这样一则故事:有人问阿富汗总统卡尔扎伊,大意是说,你躲过了几十次暗杀,难道就不感到害怕吗?卡尔扎伊回答说:"生死是上帝管的事,我只负责工作。"何等的气概!把个人的生死置之度外,全心投入事业,不愧一国之主。

2009年末,有一次看电视,其中有一个人物介绍的节目,说南方有一个房地产大亨特爱参加冒险运动。他在没有拦鲨网,可能有鲨鱼出没的海边,夜里独自游到离海岸五六里远的地方;世界上七座高峰,他征服了六座;据说,他还要准备独自搞一次环球远航。

我真的被他的精神感动了,被他的勇气折服了。一般人肯定会觉得不可思议:他有万贯家财,命应该比穷人更金贵,为什么要去干这种冒险的"傻事"呢?也许答案就在问题的逆向思维之中:正是因为有了超乎常人的勇气,他才比别人更成功,他才不是一般人,他才更不可能是穷人。

为了鼓励大家培养孩子的勇敢精神,我再给各位介绍一则笑话:有位水手准备出海远航。朋友问他："你祖父是怎么死的？"

"死于一次航海事故。"

"你父亲呢？"

"海上一次突如其来的风暴夺去了他的生命。"

朋友劝他："那你怎么还去远航？"

水手淡淡一笑，反问朋友："你祖父是怎么死的？"

"死在家里。"

"你父亲呢？"

"也死在家里。"

水手问："那你为什么还呆在家里呢？"

这则笑话也告诉我们，生命的意义在于敢于追求，勇于奋斗。一个人如果只是一味贪图安逸，那么，活着的过程，就是吃饭穿衣长年龄的过程，甚至可以渺小到只是一个等死的过程。

培养孩子的勇敢精神，家长平时要注意在孩子面前表现得大胆；要鼓励孩子参加一些有探索性的活动；要鼓励孩子适当参加一些有挑战性的活动；要鼓励孩子参加一些有竞争性的活动。要告诉孩子，世上的事，很少有垂手可得的成功，要敢于面对困难与挑战。

当然，家长在培养孩子勇敢精神的时候要引导孩子分清理智和盲目。比如，我的一个同学教他几岁的儿子放两响大炮仗练胆，我还是不认可的。

家长平时还要注意教给孩子一些应变的知识和技能，如雷电、黑暗、地震、鬼神等知识，防水、防火、防震等知识。

如果您的孩子天生就是那种胆大的性格，那应该是一件很值得庆幸的事，您在平时的教育引导中，注意做到放手别放眼就行了；如果您的孩子没有勇敢的性格，那就请您培养吧，想想未来，孩子必然需要这种品格。

最后，我再把自己抄录的一段话送给大家：一切伟大文明是民族活力推动的想象力冒险所成就的，也唯有喜欢冒险的人，才能理解探索者的伟大之处。只有超越过去的、为冒险的活动所鼓舞的民族，才能维系其原创力，而丧失冒险精神的民族必将导致文明的衰败。

教育孩子学会感恩

"恩"字就汉字的造字方法讲,其结构属形声字,从"因",与"心"相关。"因"字由"口""大"组成,用人之口而扩大之意。整个"恩"字的意思即是说,人之对我的点滴之恩情当涌泉相报,对曾经帮助过我的人要永存感激,铭刻在心。

秦汉时期的韩信年轻时,生活潦倒,人们都瞧不起他。有一次,一位在河边漂洗丝棉的好心老大娘看见韩信饿得挺可怜,就主动拿饭给他吃,韩信非常感激。

后来,韩信在楚汉相争中帮助刘邦消灭了项羽,完成了统一,建立了汉朝政权,名闻天下。他受封后回到家乡,首先找到给他吃过饭的漂母,赏她千金,报答她的一饭之恩。

"知恩不报非君子。""受人滴水之恩,当以涌泉相报"是我们耳熟能详的古训。知恩图报是中华民族的传统美德,同时,也是做人最起码的道德和行为准则。

曾几何时,我们对孩子太过溺爱,过多地关注了对孩子施恩,而忘记了告诉孩子要学会记住和感激他人的恩情,忘记了教育孩子要学会报答。

多年前,我记得在电视节目中看到了天津一位老人用自己多年积攒的十几万元资助了二十多位贫困大学生的故事。可这些被资助过的大学生中的大多数,直到毕业之后也没有给善良的老人来过一封信,来过一个电话,更不要说去天津看望自己的恩人了。

自古以来,知恩不报就为人们所不齿,我们不能让孩子泯灭了人性中最基本的良知。心存感恩,会让人的胸怀宽阔;心存感恩,会让周围的世界变得美好,同时也会美丽自己的人生。

我们要教育孩子"乐于把得到好处的感激呈现出来并且回馈他人"。

教育孩子感恩,首先要让孩子了解父母养育的艰辛。

我给女儿讲的故事是:你小的时候,你妈妈因为喂奶、照看你,中午和晚上都不能好好休息,其他时间还得上班,以致睡眠严重不足导致了头疼病,折磨你妈妈好几年。

你十一个月的时候因喝羊奶不消化，上吐下泻住进了县医院。医生输液时在小手上找不到血管，没办法又在头上找，疼得你"哇"、"哇"直哭。疼在你的头上，疼在了你妈妈的心上。你哭，你妈妈也陪着流眼泪。住院好几天，你妈妈一直守护在你身边。

你去市里读高中，离家远了，你妈妈总是惦记你。家里做好吃的，妈妈就念叨："俺飞也不能吃。"遇有变天的时候，你妈妈就说："俺飞不知道添衣服没？"每逢你放假回家，你妈妈就催我早早去车站接你。

…………

我给儿子讲的故事是：你未满月时，你妈妈因给你洗尿布，右手手腕落下了疼痛病。

你八个月大的时候，在老家跟着爷爷奶奶住了一段。你妈妈特别想你，每周末都回老家去陪你。有一个周末下起了雨，正赶上我去外地出差了。你妈妈思儿心切，自己一个人冒着雨，骑自行车走70多里地回了老家。你奶奶看了心疼得直流泪，你爷爷直说："东黎大了可不能不孝，东黎大了可不能不孝。"

你三岁多的时候得了支气管哮喘，打了好几天的青霉素不见好，又输了好几天的青霉素液体依然没除根。自那以后，只要有点感冒或有点受凉，就会引发哮喘。因此每年都要输液，花钱又受罪。你还有一个毛病：睡觉不老实，乱踹、乱滚、乱翻身。睡觉时盖得好好的被子，再过一会儿去看早被踹得没影儿了。你妈妈怕你夜里着凉，引起哮喘病，每天夜里不知起来多少次去看你。从你三岁多一直到读高一上半年，十多年如一日。

女儿和儿子考上大学，要离开我们远走高飞的时候，我都十分郑重告诉儿女同样的一句话："咱们这个家，你妈妈最辛苦。将来你们绝不可以不孝敬你妈妈！"

2010年8月，我们一家人在北京相聚了，这一次我又当着儿女的面，对他们进行了共同的教育："你妈妈辛辛苦苦把你们养大成人，任何时候都不允许背弃你妈妈！"我教育的孩子我知道：他们的妈妈一定会因这两个孩子而幸福后半生。

孩子小的时候我喜欢听他们唱《我的好妈妈》："我的好妈妈，下班回到家。劳动了一天多么辛苦呀！妈妈、妈妈快坐下，妈妈、妈妈快坐下，请喝一杯茶！让我亲亲你吧，让我亲亲你吧！我的好妈妈！"多么感人的反哺亲情呀！

我们家孩子假期回家后，没有一个坐等饭来张口，都是主动帮妈妈或独自下厨房，做好饭后，规规矩矩把饭端到大人跟前。

1995年我家平房安装土暖气时，我为给暖气片除锈，哈着腰整整干了一下午，导致得了腰疼病，随后七八年干活累一点儿就腰疼，有时在办公室坐一天回家也疼。儿女们一看我疼就经常给我"治病"：我在床上趴好，女儿给我捏腿、揉肩，儿子扶着墙站在我脊背上来回踩，就算作"按摩"，直到我感到不再酸疼了他们才停下。看到孩子们的孝举，我哪里还有腰疼的痛苦啊？满心都是养儿养女的无比幸福和甜蜜。有时还真就这么想：天天腰疼该多好啊！这纯是因疼得福，有这么一双好儿女，给我天堂我也不去。

我家有了好吃的，我们教育孩子从小就先问大人吃不吃，大人吃的话全家平均分；大人不吃，孩子才可以自己吃。并且绝大部分情况是全家平均分着吃。在孩子的头脑中，家里谁辈分最高，谁就越受尊重，越优先享受优惠待遇。每次我们回家探视老人，买东西少的话，最先提建议再多买的就是儿子。女儿参加工作挣钱了，不给爸爸妈妈交钱，先给奶奶姥姥。她姑姑家的一个表妹常去陪自己的姥姥，女儿说："我不在家，你替我好好伺候奶奶了，谢谢你！"然后拿出钱，给表妹作奖励。

我希望家长们一定要向孩子介绍家庭养育他们的艰辛和付出，不要对孩子溺爱。不要认为好几个大人养一个孩子，有什么辛苦可谈，不进行艰辛教育。久而久之，孩子思想深处就可能会认为吃父母的应该，喝父母的应该，思考问题以自我为中心，淡忘了自己的反哺之责。不要说现在的独生子女，即使多子女的生活困难时代，不对孩子进行艰辛教育，有的孩子也没有感恩之心。我给您举两个例子，您也许就会发现，自己的身边也有这种情况。

例子一：我老家有一户人家兄弟四个，父母都是老实的庄稼人，为了能给四个儿子成家，两位老人累弯了腰，累白了头。后来，老大不孝顺父母了。他的理由是，自己对家庭的贡献比老四大，可是分家时，他分的房旧，老四分的房新。他甚至能拿这当成"理"让长辈去评，以此作为不孝的依据。

例子二：有一家兄弟三人，姐妹三人。当这家最小的妹妹出嫁时，最大的姐姐竟在娘家哭了起来。理由是妹妹的嫁妆比她的好。

你看看，有的孩子竟能这么漠视父母辛苦操劳，甚至还有怨恨的情绪，哪里再能指望他们常怀感恩的心啊！

有人说世界上最大的悲剧或不幸，就是一个人大言不惭地说没有人给我任何东西。

教育孩子感恩，要告诉孩子别人的恩情。

母亲告诉我说，我小时候母亲抱着我去我四姥娘家玩儿，老人很喜欢我，就把她家一个刻着花的很好看的木盘拿出来，让我站在木盘里玩儿。母亲给我讲的这个故事一直让我想象了几十年，让我温馨了几十年。直到前几年我的这位老人家八十多岁去世，我一直都觉得她很亲。

我常给女儿讲叔叔给她买新衣服、大舅给她倒土布袋、小舅给她做遮阳车、姑姑给她买糖、做花裤子、姨妈想她想得哭的故事。

女儿小学毕业那年的暑假，她大舅打电话来说："小飞放暑假没事了，到北京来给我看孩子吧。"那时女儿十一岁半，她大舅家的小表妹四岁半。我们一问女儿，女儿高兴地答应了。可是没过多久，女儿就打电话回来，哭着说想家了。我赶紧带着儿子去北京陪着她们玩了一星期。我带儿子要回家的时候问女儿："飞，我打算明天回家，你留在北京还是跟我回去呀？"

女儿说："爸爸，你们回去吧，我留下来接着看表妹，我小的时候大舅喜欢我，现在我大了就给大舅看孩子。等我再想家的时候你们就再过来看我。"

教育孩子感恩，范围要广而大。告诉孩子，在这个世界上，不但有亲人养育你，你上学时还有老师，生病时还有医生，吃饭时还有农民，住房时还有工人，你还有伙伴，还有朋友，他们都是你离不开的恩人。你能幸福地生活，离不开这些人的付出，更离不开军人的牺牲、祖国的强大。感恩吧，要感谢你的亲人和朋友，要感谢这个社会，要感谢大自然，这个世界上一草一木都有恩于你。

教育孩子感恩，还可以利用一些特殊日子作平台搞一些活动。比如"三八"妇女节、"五一"劳动节、母亲节、感恩节、父母的生日等，我们当老师的还有教师节。

儿子读初二的那年，他妈妈生日的前一天，我问儿子："东黎，你妈妈明天生日,你送妈妈一份什么礼物呀?"

儿子说:"咱们给妈妈定做一个大蛋糕,行吗?"

我对儿子说:"吃的东西我准备,你自己想办法用你的方式送一份礼物怎么样?"

儿子说:"行!我想想。"

第二天他妈妈收到了儿子的一封信,儿子在信中首先祝福妈妈生日快乐,接着又表达对妈妈在家庭中付出的感恩之情。信中最后说:"妈妈,您再也不用监督我做作业了,从今以后,我一定要好好学习,用优异的成绩报答您的养育之恩。"

教育孩子感恩,还可以给孩子讲一些传统经典的知恩图报的故事、孝敬长辈的故事。比如"一饭千金"、"衔环结草"、"羔羊跪乳"、"乌鸦反哺"、"二十四孝"等,还可以讲一些现代的,甚至身边的故事,都对孩子有影响力、有感染力。

教育孩子感恩,父母的榜样作用也很重要。"教,上所施,下所效也"。

古代有一个故事:说有一个人让儿子和自己一起用筐装着爷爷,抬进深山准备遗弃。往回返时,儿子说:"把筐带回去吧!"

他说:"带筐做什么?"

儿子说:"等你老了好抬你呀!"

这个人羞愧满面,赶紧把老父亲抬了回来好好奉养。

我曾亲眼见过有的家庭闹矛盾,孩子直接责问大人:"你们怎么不管俺爷爷、奶奶呀?"

我和爱人对双方老人,如果自夸一点儿说,都十分孝敬。平时有空就回家和老人团聚,买东西都是给对方老人多买。我父亲几次生病住院,都是我一人付费。兄弟姐妹给钱,我爱人都不要。我岳父生病,我们守护在身边。

我们对老人孝,老人待我们亲,一家人和睦温馨。我们的"孝",在老家都被村人视做榜样。

我常想,我以"孝"示儿,儿断难忤逆。

不能让孩子认为接受父母养育、朋友帮助、社会关怀是"理所当然"。教育孩子感恩,要教会孩子说"谢谢。"我们可以"施恩不图报",不能允许孩子"知恩不报"。"施恩不图报"是胸怀、是挚爱;"知恩不报"是自私、是冷漠。受人点滴好处,都要让孩子说声"谢谢"。一个人能知恩、感恩,会是一个心理阳光的人,会是一个有责任心的人,会是一个积极向上的人,他会因为感恩而成为一个快乐和幸福的人!

教育孩子学会宽容

有一次,理发师给周总理刮胡须时,总理突然咳嗽了一声,刀子把脸刮破了。理发师十分紧张,不知所措。但令他惊讶的是,周总理不但没有责怪他,反而和蔼地对他说:"这并不怪你,我咳嗽前没有向你打招呼,你怎么知道我要咳嗽呢?"

人民的总理人民爱。人民之所以拥护自己的领袖,是因为在周总理的身上,凝聚了太多太多的高贵品质和美德。一件小事却折射出了周总理伟大的胸怀——宽容。

法国作家雨果有一句名言:"比陆地宽广的是海洋,比海洋宽广的是天空,比天空宽广的是人的胸怀。"如果一个人的心里能容得下山,容得下海,容得下天地,那他的眼前哪里还会有走不通的路?

宽容是一种美德。有宽容之心的人懂得理解和尊重他人,有爱人之心,有容人之量,能识大体、顾大局。宽容犹如冬日之阳光,能给他人和自己带来温暖。善待了他人,升华了自己。

宽容是一种境界。以胸怀宽厚之心面对人生,你就会感到世界在向您微笑。你的心能容得下多少人,你才能赢得多少人;你的心胸有多宽,你的世界就有多大。

宽容是一种力量。懂得宽容的人有素养、有自信,往往正是这样的人,为了人生更远大的目标而刚毅坚强、百折不挠。

遗憾的是,现在的孩子学会宽容越来越难了。很多孩子在家都是"小皇帝"、"小公主",全家上下都围着孩子转,看孩子脸色行事。孩子在这样的环境里很容易形成唯我独尊,心中只有自己,没有他人的自私、狭隘心态。而走向集体和社会后,别人不可能再把他当"小皇帝"、"小公主"奉养。因此,孩子在心理上就会产生很大的落差，在与集体和社会的融合过程中，就会遇到很大障碍。

有的家长的教育思想也很成问题，他们认为自己孩子在家里是"宝贝"，在外面也得是"宠儿"，嫩冬瓜，蹭不得。孩子受一点儿委屈，那也是绝对不能接受的事。老师批评了，找学校闹；同学惹着了，找同学闹；邻居碍着了，跟邻居闹。

我给您讲一个我们当地一所学校里的故事，您听了一定会感到惊讶。两个初中的男孩子打架了，老师处理这件事的时候就把家长请到了学校。其中一个孩子的父亲到校后，老师把他的孩子也叫到了办公室。这位家长既没让孩子讲经过，也没听老师说缘由，上来第一句话就是："儿子，谁打你了？你卸他一条胳膊去，老子花十万块钱给你摆平喽！"

愚昧、粗野！完全一副黑社会嘴脸！这哪是爱孩子？分明是把孩子往不归路上推呀？！

我们再看看一个澳大利亚家长是怎么教育孩子的。有一次，一个度假村组织了一伙孩子在球场玩球，闭场时由于工作人员的疏忽，把一个孩子忘在了球场，等人们发现少了个孩子回头再找时，孩子因为自己独自呆在球场，孤独、惊吓，哭得十分伤心，样子很凄惨。孩子的妈妈看到这个情况后，蹲下身安慰自己的孩子说："妈妈来了，不要害怕，已经没事了。那个姐姐没带走你，不是故意的，她还因为我找不到你十分紧张、十分难过呢。现在，你必须亲亲那个姐姐的脸颊，安慰她一下。"孩子懂事地踮起脚尖，亲了那位工作人员的脸颊，并轻声安慰她："不要害怕，没事了。"

多么理性、聪明而又伟大的母亲！这样教育出来的孩子长大后，心胸一定能容得下天地！

如果换成前面提到的那个孩子的父亲，暴躁、愤怒是必然的。然后，该不会真的卸下那位粗心的工作人员的一条胳膊，再把球场荡平才算了事吧？

两种教育观念两重天！

我前面举的那个孩子的父亲的例子可能是比较极端的现象，不过日常生活中，家长教育孩子在外别"吃亏"、别"受气"，遇到问题护短、护犊子的现象却是常见的。有的家长看到自己的孩子"受了气"，不帮助分析前因后果，教给孩子正确处理问题的方法,而是训斥孩子:"你长着嘴光知道吃饭呀?你怎么不骂?""你长着手是用来绣花儿的呀?你怎么不打?"

有的家长在跟我聊到这个话题的时候对我说:"说理吃亏,人恶得势。"我们应当坦率地承认,确实有这种情况。但我们培养孩子是百年大计,看问题不能只看一时一事,重要的是要为孩子的一生着想。俗语讲:"单看贼挨打,别看贼吃饭。"看看恶人东躲西藏、提心吊胆过日子的时候,看看正义张扬的时候,我们还是应该教育孩子走正路好。

其实生活中,还是那些与人为善、宽宏大度、慷慨付出的人更容易团结人,更容易获得别人的支持与帮助,也往往更容易成功。而一个暴戾的人、一个心胸狭窄的人、一个自私自利的人、一个斤斤计较的人是难被别人接受的。因此,也往往反而更难成功。

培养孩子的宽容之心,可以尝试着从以下几个方面入手。

一、教育孩子严于律己、宽以待人

儿子小时候常和我们邻居家的一个小女孩一起玩儿,那个小女孩儿大我儿子两三岁的样子。记得是在儿子五岁那年夏天的一个晚上,我和邻居几个人坐着乘凉,旁边几个孩子也围在旁边做他们的游戏。突然间,也不知怎么回事,邻居家的那个小女孩在前面跑,我儿子就在后面哭着追,边追还捡起了路边的一根木棍儿。我一看这情形,赶紧起身把儿子拦了下来:"怎么了东黎,为什么要追你姐姐呀?"

儿子喊着跟我说:"她打了我一巴掌。"

我笑着劝儿子道:"我看看打的哪儿呀?打得又不疼,我替你吹吹,算了吧。"

我本想是哄哄,孩子的事一会儿就过去了。

没想到儿子一看我拦着他,他不能"报仇"了,就跟我翻了脸:"不行!不行!我就得去打她!"

我教育儿子说:"打人是不对的。"

儿子一听更急眼了,哭着委屈地对我喊道:"凭什么她打我行,我打她就不对?不行,我就得报仇!"

旁边乘凉的邻居们看着儿子"有理有据"地反驳我,"咯咯"乱笑,有的还跟着起哄:"是!对!东黎讲的是理儿。"

我儿子一听大人们也附和着自己说,更觉得自己理直气壮了,报不了这个"仇"也就更委屈了,因而也就跟我闹得更厉害了。

当时的情况可真有点儿考验我的教育智慧。

我安慰儿子说:"姐姐打你,她也做得不对。"

儿子说:"她不对,我为什么不能打她呀?"

我顺势和蔼地问儿子说:"东黎,你是愿意向做得对的人学,还是愿意跟着做得不对的人学呀?"

听我这么一问,儿子的"理"就没有刚才那么直了。不过,怒气还未消:"她打我也不能白打呀!"

我一看我的话起作用了,就进一步开导儿子:"东黎,你长大了是个男子汉,男子汉就应该宽宏大度,不计较鸡毛蒜皮的小事儿。你是男子汉就应该比你姐姐做得好,对男子汉就要求得严,别人能错得,自己错不得。"

儿子小小的年纪竟能听懂了我的话,仿佛自己就是个"小男子汉",不再要去追那小姐姐了。

大人们接着又批评了那个女孩子,教育她要好好带着弟弟、妹妹们玩儿,不能打闹。那个女孩子经大人们一批评,知道错了,人也老实了。

儿子一看大人们给他主持了"正义",心态也就平和了许多。

二、让孩子学会理解

人,是人不是神,人人都有缺点和不足,"人无完人,金无足赤。"要让孩子在与人交往的过程中,学会正确对待、理性分析,学会理解、谅解。能理解人,就容易谅解人、宽容人,就容易沟通。

儿女们小的时候,有玩具不让其他小朋友玩儿,有好吃的不分给别人,我就会问:"别人有玩具不让你玩儿,你高兴吗?""别人有好吃的不分给你,你怎么想?"让孩子站在对方的立场上去想,思想工作就很好做了。

儿子读高一的时候,有一次年级统考。数学在最后统计分时,阅卷老师少统计了十二分,儿子回家后就把这件事告诉了我。我问儿子:"你怎么处理这件事的?"

儿子说:"我看了看排名,现在我是年级第三名,如果再加上十二分,我

一双儿女，两个清华

就是年级第一名了。"

学校统考之后，对学生的单科成绩、总分情况要有一个排名，老师要搞试卷分析，学生也要搞考试总结。最终的目的，就是要通过阶段性的考试、分析、总结，来发现在某一阶段教与学的过程中取得的成绩，还存在的问题，进而提出改进的措施，以便有所收获和提高。对学生来讲，排名还影响着他们的自尊心和自豪感，尤其是成绩突出和名次进步较多的同学，学校有时还张榜表彰，在他们来看，更是一种荣誉。儿子这个意思没好直白讲出口，可他的心思我也能读懂了。

我问儿子："你见到排名的成绩册了吗？"

儿子说："在老师那儿见到了。"

我对儿子说："你们考试完之后，学校就马上组织老师们限时阅卷，阅完卷后，信息处的工作人员要连夜加班进行信息录入和汇总，他们把排名和各种数据分析工作做好后，马上再交油印室工作人员纸质油印，然后再装订成册。你看到成绩册的时候，这一系列繁琐而艰苦的劳动都已经完成了。"

儿子又问了我一句："我要找年级部的话，年级主任会不会批评阅卷的老师啊？"

我说："肯定的。"

儿子说："我不去找了。"

为了能让儿子彻底释怀，我又劝导儿子说："平时考试的成绩和名次与高考没任何关系，要淡化它。关键的是要通过考试能总结得失、解决问题。这一点能做到，目的就达到了。"

儿子深以为然。

我发现儿子学会体谅人、理解人了，不知不觉中，儿子慢慢长大了。

三、教育孩子不斤斤计较

我在给高中的学生搞讲座的时候，提问："谁还记得儿时的玩伴得罪过自己的事情呢？请举手。"

有很少数的同学举起了手。

我接着又问举手的同学："你们当中，谁还在记恨得罪过自己的小伙伴？"

同学们都迅速地把手撤了回去，没有一只手再继续举着。

我对同学们讲:"同学们看看,没有人能再记恨儿时的玩伴。可当初,你们之间可能会为一丁点儿的利益大哭大闹,有的可能还会动干戈。可如今,那仇恨、那烦恼早已烟消云散、无影无踪了。如此一想,我们当初不是白白哭闹一场、气愤一场了吗?"

同学们都笑了起来。

接着,我又对同学们讲:"同学们,同样,现在如果还有谁依然再为某些问题纠结、闹矛盾的话,就跟儿时的苦恼没有区别,一样可笑了。十年、二十年后同学们再相会的时候,勾起的只是同学间友谊的记忆,所有的不愉快都早已在九霄云外了。"

同学们报以热烈的掌声。

我们教育孩子要学会宽容,要学会不看眼前鸡毛蒜皮的小事。要抬起头,目视远方。

我们教育孩子不要斤斤计较、心胸狭窄、睚眦必报。心胸要宽广,"心有多大,舞台就有多大"。

我还给同学们讲过一个中国妇女的故事:在美国的一个市场里,一个中国妇女的摊位生意特别红火,这引起了旁边摊贩的嫉妒。于是,有人故意把垃圾扫到她的摊位前。这个中国妇女毫不计较,她宽容地笑笑,然后把垃圾扫到自己摊位的一个角落。一个墨西哥人观察了这个情况后,忍不住问:"大嫂,别人把垃圾扫到你的摊位前,你为什么不生气?"

中国妇女笑着回答:"在我的家乡,过年的时候垃圾都会往家里扫,垃圾代表'财',垃圾越多寓意着'财'越多。现在每天都有人送'财'给我,我怎么能不要?你看我的生意不是越做越好吗?"

从此以后,那些垃圾就不再出现了。

这位中国妇女化诅咒为祝福,用智慧和美德宽容了别人。同时,也为自己打造了一片和谐的天地。

儿子小时候有一次在一块空地上用小砖头垒"房子"。一会儿过去了一个两三岁的小女孩,往那儿一蹲,伸出小手一扒拉,把儿子眼看就要盖好的"房子"弄倒了,辛苦半天化为乌有。儿子打又打不得,气得眼里含着泪直嚷:"给我赔,给我赔!"

小女孩直瞪眼儿。

我赶紧过去抱起小女孩对儿子说:"别赔了,别赔了。小妹妹是看你的'房子'垒得结实不结实。来,东黎,咱们再重新垒一个又大又结实的好房子。"

我和儿子、小女孩儿一块又重新盖起了新"房子",新"房子"盖好后,儿子也破涕为笑了。

四、教孩子学会谦让

清朝时,安徽桐城有一名门望族,父子两代为相,权势显赫,他们就是张英、张廷玉父子。

张家老宅与邻居吴家之间有块空地,供双方来往交通,后来吴家建房要占用这块空地,张家不同意,两家发生了争执,互不相让。官司到了县衙,县官考虑双方都官位显赫,也不敢轻断。

张家人就给在北京的当朝文华殿大学士、礼部尚书张英写了一封信,要他出面干涉此事。张英看完信后给家中回信写了四句话:

千里来书只为墙,让他三尺又何妨?

万里长城今犹在,不见当年秦始皇。

家人见到回信后,就主动让出了三尺空地。吴家被张家的谦让感动,也主动让出三尺空地。这样就形成了一条被传为美谈的"六尺巷"。

现在独生子女,家长千般宠、万般爱都集中在孩子身上,如果不能正确引导、教育,孩子的头脑中很容易形成唯我独尊的思想。外在的表现之一就是不会与别人分享食物和玩具等。孔融式的让大梨难,就是平均分梨也不易。

在现实生活中,谁也离不开与他人交往,任何人都不可能离开社会单独生存,而交往过程中,就难免有利益交织、纠葛。所以,家长要教育、引导孩子学会谦让,学会与人和睦相处。用现在时髦的词叫学会合作,达到"双赢"。

我家有好吃的食物时,绝不允许孩子先吃第一口,平时都要教孩子先送给大人尝,大人尽量都要真尝、真吃,不象征性表示一下了事,不然时间一长,孩子会以为食物就应该是他的,他应该独享了。能分吃的,我们还是要平均分吃。

在教育孩子处理与同学和伙伴的关系时,要引导孩子与他人平等相处,文明礼让。

有一次女儿放学回家后告诉我说,她前边的那桌同学,两个人在桌子中间划了一道杠,谁也不能侵占谁的"地盘"。在小学阶段常能见到孩子这种解决矛盾的方式。我问女儿:"他们两个是好朋友吗?"

女儿说:"不是,他们闹别扭了。"

我又问:"划了杠以后他们和好了吗?"

女儿回答:"他俩天天撞胳膊肘。"

我给女儿分析说:"你看,分清界限分不成好朋友。要学会团结,学会礼让,两个人都不抢不占就会是好朋友了。"

五、告诉孩子,付出比索取更重要

懂得付出、乐于付出的人,更有责任感,对家庭、对他人、对事业、对社会,会把贡献当作一种快乐,心胸也会更宽广。只图索取的人,遇事先为自己打算,以自我利益为最高准则,目光会短浅、心胸会狭窄。

我经常教育儿女在学校给同学讲题,多帮生活有困难的同学,回家要多做家务。

当然,我们教育孩子宽容也是有原则的。对同学、同事、朋友、弱者,对非原则性的问题,我们要讲涵养、讲风度、讲宽容;但对坏人、对原则问题、对尊严问题,我们就不能教孩子一味退让,那是怯懦。

将相和的故事家喻户晓。战国时期赵国的蔺相如因不惧强秦"完璧归赵",为赵国赢得了尊严,立了大功,被封为上卿,位列赵国名将廉颇之上。廉颇自以为功高,很不服气,扬言要羞辱蔺相如。蔺相如得知后,就处处躲让廉颇。蔺相如的一个门客就觉得他太胆小怕事了。蔺相如问门客:"廉将军和秦王哪个厉害?"

门客答:"当然是秦王厉害。"

蔺相如说:"秦王那么厉害,我都不怕,难道我怕廉将军?我是想,秦国之所以不敢入侵赵国,是因为有我俩在。二虎相斗,必有一伤,对赵国不利,我是先国家之急而后私仇啊!"

廉颇听说后非常惭愧,负荆上门请罪,将相重归于好。

蔺相如以国家利益为重,宽容出了力量,宽容出了美德,宽容出了一段千古佳话。

培养孩子的团队精神

有一位瓜农,听说某地培养出了一种新品种西瓜,产量很高,于是就千方百计买来一些种子。他的邻居听到消息后,纷纷向他询问新品种西瓜的有关情况及卖种子的地方。这位瓜农害怕大家都种优种西瓜后,自己的西瓜就没了竞争优势,因此,他没有向邻居们提供相关信息。邻居们也就都种自己原来的品种了。

没想到,到了收获时,这位瓜农的西瓜并没有像他想象中的获得大丰收,跟邻居的西瓜相比,他的西瓜也并无二致。这到底怎么回事呢?专家给这位瓜农做出了解答:他的优种西瓜接受了相邻田地里普通西瓜的花粉。

世界上的一切事物都处在普遍联系之中,没有任何一个事物孤立地存在,整个世界就是一个普遍联系的统一体。

我们每一个人也都不能孤立地存在于社会之外,都需要给予和接受。要教育孩子融入大集体中,处好人际关系,学会合作双赢,合作多赢,共同进步。

告诉孩子,孤独易败。儿子小时候,我问他长大以后的志向是什么?他告诉我说希望能当一名科学家,不愿做的是"当官"。在儿子心中,"当官"还得"管人",还得处理人与人的关系,"怪麻烦的"。不像搞研究心静,又有成就感。可能在儿子的想象中,搞研究的人往实验室一坐,有人管吃管喝,有人给研究经费,自己只需潜下心来研究就行了。我告诉儿子,他的想象太理想了。一个人没有成果、没有名气时,没有人轻易为他提供优越的条件。即使将来真能走上从事科学研究的工作岗位,科研项目也不会从天而降,还需向上级、向领导争取。

第一颗原子弹的诞生就是这样。当第一颗原子弹爆炸时,那些目睹它的光芒的科学家们用神话般的语言描绘道:"漫天奇光异彩,有如圣灵逞威,只有1000个太阳,才能与其争辉。"投向日本的两颗原子弹是迫使日本投降的重要因素,缩短了第二次世界大战的时间。就是这样深刻影响和改变了世界格局的致命武器项目的上马也不是一帆风顺。当时,既有科学界的反对,也有美国政府的不重视。后来科学家们联名写信，萨克斯巧妙地说服，最终才说服美国总统罗斯福，先于纳粹德国研制出原子弹。

我还告诉儿子，现在的科学研究基本上都是以团队为基础进行，单枪匹马出成果几乎是不可能的了。要学会与人交往、与人合作，只有取得别人的合作与支持才能做成大事。如果一个人孤独自闭，不与人交往，即使再聪明，哪怕是神童，也不太可能有所作为，他的本事也没办法施展。

古代一位阿拉伯人曾形象地比喻交往的重要性：一个不会交往的人，犹如陆地上的船，永远不会漂流到人生的大海中去。

在孩子的少儿时代，家长可引导孩子做些有利于培养孩子团队精神的游戏。如，共同完成一幅画；共同找砖块材料，一起盖"房子"；一起垒积木；一起拼图；分组拔河；分组蹦房子等。让孩子在游戏中懂得团结，在活动中学会合作。

可给孩子讲些能培养孩子团结精神的故事，如葫芦娃的故事、古代某部落首领临终前给儿子用折箭示团结的故事、小蚂蚁抬米的故事、大雁南飞的故事、两只小羊过河的故事、三个和尚没水吃的故事等。用故事教育孩子，团结能战胜一切困难，利人利己；不团结一事无成，害人害己。

要鼓励孩子学会帮助别人。乐于助人是一种美德，帮助别人，往往也是在帮助自己。帮助他人，会使人变得高尚；帮助他人，会让人体验生命的快乐和意义。

儿女们上学时，我鼓励他们给问问题的同学仔细、认真地讲解。女儿平时课间比老师还忙，问问题的同学下课后一圈又一圈。女儿就认为：同学们问问题也带动了自己的思考，给同学们讲题的过程，其实也是自己思考的过程。几年初中、高中的学习证明，我女儿确实在给同学们讲题的过程中受了很大的益。她的基础知识掌握得比较牢，考试期间，出错率较低。帮助别人就是帮助自己。

女儿读高中时住宿，被同宿舍的同学选为宿舍长，称为"老大"。我问女儿："你年龄最小，怎么被同学们称为'老大'呀？"

女儿说："我平时爱管集体的事，所以同学们选我当了宿舍长。'老大'是戏称。"

女儿读高一第一学期，就因关心同学、关心集体、积极参加集体活动、勤奋学习等，给我拿回了"道德风尚模范"、"优秀学生干部"、"三好学生"等六项奖励证书和奖状。

女儿大学毕业后，我问她："飞，你认为最适合自己做的工作是什么？"

女儿告诉我说："我觉得最适合我做的工作是当心理医生。"

遗憾的是，心理学专业和她学的电子学专业相距太远了，恐怕她的这个愿望难以实现了。不过，这从另一个方面反映出女儿对处理人际关系的自信与能力。

家长要放手让孩子和同伴交往。有的家长看孩子太娇，孩子不能离眼，离开一会儿就赶紧找。在儿童的生活中，有两个世界，一个是成人世界，一个是同伴世界。同伴关系在儿童的品格形成和社会化过程中，起着大人无法替代的作用。同伴之间的交往促进了儿童的社会认知和社会交往能力的发展，从中他们慢慢学会团结、友谊，学会解决矛盾；与同伴的交往让孩子有了社会归属感，同伴的接纳、赞许、尊重有利于儿童的发展。

任何人不可能永远睡在家里的床上，孩子迟早要走向社会。放手让孩子参与到同伴中去学习、生活，对孩子身心健康成长和尽快适应社会是非常必要的。

我儿子小时候学知识比较早，也比较多。在小学阶段，以他实际的知识水平再加上我们辅导，完全可以跳级。但我从没动这个念头，我不想为了贪图什么"神童"之类的虚名误了儿子一生。因为儿子上学本来就和姐姐一样，都提前了一年，如果再跳级，那他的思想和社会认知水平就难和同学们保持在一个层面上，思想的交流就可能会出现障碍，社会认知和社会技能的发展也可能会受影响。一个人的品德、社会性、性格方面存在缺陷比知识方面存在缺陷更可怕。

家长还要培养孩子树立正确的竞争意识。在孩子们的生活中，竞争主要来自学校的考试。每一个孩子都有上进心，都想在排队时名次更靠前。有上进心是好事，但这种心过重有时却会导致嫉妒。有的孩子就见不得别人比自己强，任其发展下去，可能就会形成扭曲的心理：爱生气、心胸狭窄、通过不光彩手段竞争、幸灾乐祸等。

家长要正确引导孩子，让孩子明白，同学们之间是竞争对手，不是仇人。嫉妒心不同于上进心，真正有上进心的人要心胸宽广，要学会欣赏对手，要把对手当做朋友，要学会分享朋友成功的快乐，要学会从朋友身上找优点，以人之长，补己之短。朋友之间，相互学习、相互帮助、相互督促、共同进步。

女儿读小学时的一个同学的父母就做得很好。有一次，我女儿考了第一，她的这个同学的父母就对自己的女儿说："你把邱晓飞叫来吃顿饭，我们看看考第一的邱晓飞什么样。"我女儿去了他们家。从此，我女儿和她的这位同学成了一块学习、一块演节目、一同上进的要好的小伙伴。

我读师专时，参加了学校运动会的长跑项目，1500米、3000米、5000米，我都取得了第一名。我觉得有一条很重要的经验：跑在我前面的选手和跑在我后面的选手，既是我的对手，更是我的帮手。正是有了身边的选手，我才不敢有丝毫懈怠。正是有了他们，才提高了我的士气。我一边要尽全力跑，一边还要思考用什么样的策略才能取得最后的胜利。如果没有身边的选手，我一个人肯定就没了拼劲儿，就没了精气神儿，运动成绩也一定会大打折扣。赛场上的对手，换一个角度想一想，就可以转化成了助跑的朋友，只是思考问题的角度不同而已。

儿子读高一时，从安徽转来了一个同学，学习成绩非常突出。我问儿子："你那个很优秀的安徽同学来了你怕不怕呀？"

儿子说："不怕。"

我对儿子说："他一来，你平时考试的压力就大了，他还会影响你在全校的名次。"

儿子倒是想得开："三年后我要到全省去比。"

我进一步引导儿子说："光想得开还不够，还要和这位安徽来的同学及其他成绩好的同学交朋友，多学习他们的优点，争取高考考出好成绩。"

现在，儿子和那个同学都在清华就读，尽管不学一个专业，但在读大一的时候，两个人还合作参加了学校的无人驾驶汽车的比赛，关系很好。

培养孩子树立远大理想

谈到"理想",有人认为,理想无形无影,既不能当饭吃、当衣穿,又不能帮自己当官发财,空喊口号有什么用呀,还是谈点儿眼前的,来点儿实际的吧。

我记得在一则资料中看到有人对比中美教育的差别时,其中提到一点:美国的学生在中小学时代,就对自己将来的发展方向有了很明确的认识和规划;而在咱们中国,中小学阶段,孩子被告知的就是要好好学习,努力考出高分,考好学校,至于将来从事什么工作,在什么方向发展,那是上了大学或是大学毕业以后再说的事。我跟同学们谈起未来时,很多同学也是"考个好大学"。有的就是"到时候再说"。还有的甚至"没有想过这些问题"。

我没去过美国,不知道美国学生的情况是否如此,不过咱们对孩子不太注重发展方向的引导、教育的情况却是比较客观的。举一个例子可以很好地说明这个问题。很多高中生高考填报志愿时,没有自己的主意,不知道自己的兴趣在哪里,不了解自己有什么特长,最后根据分数填报学校和专业,其中就有家长及别人的意愿和理解,以至于出现进了大学以后才知道自己并不喜欢所学专业的情况,有的大学生学了一段时间后退回高中重考,即使在清华、北大里也有这样的情况发生。

在家庭教育中,也有很多家长对孩子不谈人格期望,眼睛只盯在学业目标上,对孩子的要求就是"别的什么都不要管,只要把你的书读好就行了。"岂不知,教育是在为未来的社会培养新人的工程,教育的作用就是按照未来社会的需求培养一定的人格,让他们能担当起未来社会建设者的责任。

2011年5月3日,国务院总理温家宝在中南海与首都各界青年代表座谈时,希望青年们要有理想。他提出,青年要树立为建设富强、民主、文明、和谐的社会主义现代化国家而奋斗的理想,树立为实现世界繁荣和进步而奋斗的理想。温总理鼓励青年要树立远大的理想,并努力为之奋斗终生。

理想是什么?理想是深藏在人的心灵深处对于未来的一个美丽的梦,她给人为了未来而努力奋斗的巨大动力;理想是高挂在远方的一盏耀眼的明灯,照亮了人生前进的方向。

多元的社会给了人们多样的选择。一些孩子被纷繁复杂的社会现象遮住了双眼，胸无大志，目光短浅，人生乏力。我个人的观点，理想教育应该是家庭在新形势下对孩子进行教育面临的一个不容回避的话题。

培养孩子的理想，要根据孩子的特点，有意识地培养孩子某一方面的兴趣，引导孩子的发展方向。对于孩子将来的发展，不能盲目乱碰，什么合适算什么。俗话说，知女莫如母，知子莫如父。相对来讲，父母应该对自己的子女有较全面、较透彻的了解，孩子在什么方面有优势，在什么方面有不足，父母应该了然于心。孩子对自己将来愿意干什么，有哪方向的兴趣，也有一定程度的认知。所以，家长在培养孩子树立理想时，要根据孩子的具体情况，扬长避短，确立发展方向，孩子愿干什么，有哪些方面的天赋，家庭有哪些方面的培养条件，家长就培养孩子尽量往哪个方向发展，不看别人，不追时尚。

我们家的人缺乏表演天赋，对形体动作、眼角眉梢之类的没兴趣，没特长，所以我就不让孩子学唱歌跳舞之类的。我的子女从小就都不愿"当官"，认为"当官"还得"管人"，"怪麻烦的"，天生厌烦。所以，我们在选择孩子的学习方向时，选择学习理科，更接近于自然学科知识的学习，而不学习文科，不侧重于人文社科方面的学习与研究。我儿子在文理分科选择时，按理科综合成绩排名，全年级排名第一，按文科综合成绩排名，全年级排名第二。他的政治、历史成绩很好，也可以选择学习文科，况且依历年全省学生文理分布的情况，学文科的竞争力要远比学理科的竞争力小。一般来讲，绝大部分的尖子生都选择学理工科。2003年，我们学校就有一个和我儿子情况近似的学生弃理学文，三年后高考时，取得了全省第二名的好成绩，并且仅比省状元低0.5分。可是，我儿子将来的发展意愿不在这个方向，尽管单纯从高考的角度考虑，选择文科更可能取得好名次，但是，我们讨论的结果还是支持儿子选择了竞争更激烈的理科，因为虽然高考排名和大学录取密切关联，但毕竟这还不是真正的人生。

我发现儿子从小就对算数、识字很有兴趣，对研究某一个问题的缘由很有些钻研精神。于是，我们就有意识地及早对儿子进行文化知识灌输，教他识字、拼音、算数等，为儿子学习科普知识打下了较好的基础。我女儿和儿子小的时候，我长年给他们订了一份《少年科学画报》，每期来了以后，我都和儿女一起学习上面的知识。比如，认识猎户星座、大熊星座、找北极星等。我家还备了一台天文望远镜，看月亮的环形山，我给孩子讲嫦娥的神话传说和宇宙中真实月球的故事；看牛郎织女星，给孩子讲牛郎织女的故事，讲宇宙中牛郎星和织女星有多远、灿烂的银河有多少颗恒星组成。给孩子们讲生活中的许多"为什么"？我家住平房时喂着鸽子，我就给孩子们讲鸽子飞出去很远为什么能回家；家里种着黄瓜，就给孩子讲为什么有的黄瓜有苦味；看到小鸟站在高压线上就给孩子讲为什么小鸟不会被电死；看到美丽的彩虹就给孩子讲彩虹是怎样形成的……

我的引导在儿子身上看到了明显的效果：由于儿子对科学知识产生了浓厚的兴趣，所以询问儿子长大后的理想是什么的时候，儿子总是回答："想搞科学研究。"

儿子"想当个科学家"的梦想能不能变成现实，这要看他的努力程度和机遇了。不过前期我能切实感觉到的是，这个美丽的梦想在他的小学、初中到高中阶段，始终引领着他人生的方向，帮他纠正了很多自身的不足。

儿子有时做题马虎算错了数，他认为不是个问题，下次注意就行了。我就告诉他，这种思想要不得，要坚决戒掉这种坏习惯。我给儿子讲，习惯也是一种能力。我教育儿子，科学讲求的是严谨、准确，来不得丝毫的马虎。我给他举英国一所大学的学生设计的大桥坍塌的教训，讲航天发射分秒不差的精准要求等。用科学的标准来要求儿子，儿子很容易就接受了。

儿子小时候上课有不踏实的毛病，听老师讲一会儿就开始玩儿起来。我教育儿子，心不能浮躁，学习需要踏实、勤奋，这是搞科学的人必备的精神品质。

我给他讲科学家的故事。爱迪生在火车上还不忘搞研究，即使引起了大火，被列车长打聋了一只耳朵后，也不曾放弃科学研究。

牛顿有一次请朋友吃饭，他准备好了饭菜就进实验室去了。他的朋友等了很长时间也不见他出来，就独自用完餐后回家了。又过了很久，牛顿从实验室出来，当他看到桌子上的剩菜剩饭时，对自己说："哎呀，我真糊涂，原来我已吃过饭了。"然后他又返回实验室继续搞他的研究去了。

达尔文上大学时去树林里研究甲虫。他从一棵老树上发现了两只甲虫，就一手一只抓了起来，正在欣赏的时候，没想到老树皮下又蹦出一只甲虫，他赶紧把手里的甲虫放到嘴里，再去捉第三只，结果他的舌头被甲虫辛辣的毒汁蜇得又麻又痛。后来人们为了纪念他首先发现这种甲虫，就把它命名为"达尔文"。

　　我对儿子说："搞科学研究不是一件轻松潇洒的事，不但要踏实、勤奋，有时简直需要痴迷、疯狂。吊儿郎当、随随便便绝不可能成功。"

　　家长要学会送给孩子一个梦。其实，每个孩子的心中，都会有憧憬、有梦想。可有些家长，以自己所谓的"成熟"，认为孩子幼稚、不成熟、不着边际、胡思乱想，给孩子泼冷水——"你不是那块料"，"瞧你那个样"，"不行"，"咱们家没那个条件"之类的话，有意无意间，残酷地偷走了孩子的梦，甚至剥夺了孩子做梦的权利。您可能没有想到，一个人的成功，或许就缘于他儿时的一个"不现实"的梦，一个小小的信念。

　　美国历史上第一位黑人州长叫罗杰。他出生在美国纽约声名狼藉的大沙头贫民窟，在这儿出生的孩子，长大后很少有人能获得体面的职业。小罗杰在诺必塔小学读书的时候，比"迷惘的一代"还无所事事，旷课、斗殴，甚至砸烂教室的黑板。1961年，皮尔·保罗来到这所学校当校长。一次，保罗校长对小罗杰说："我一看你修长的小拇指就知道，将来你是纽约州的州长。"当时小罗杰听后大吃一惊，因为长这么大只有奶奶让他振奋过一次，说他可以成为尊敬的小船的船长。而这一次，校长竟说他可以成为州长。他记住了这句话，并且相信了他。从那一天起，纽约州州长就像一面鲜艳的旗帜，高高飘扬在他的心中。从此以后，他衣冠整洁、言谈举止文明、走路昂首挺胸……在以后的几十年里，他没有一天不按州长的身份要求自己。五十一岁那年，他真的成了州长。

　　对于孩子的梦想，家长不要置之不理或轻易否定。您应该拓宽孩子的心胸，拓展孩子的视野，给孩子描绘一个美好的未来，送给孩子一个美丽的梦，让理想引导孩子的成长之路。

　　一个人胸怀要宽广，先要开拓视野。秦汉时期，西南地区有一个夜郎国，这里的人世世代代居住在深山中，从来没有人出去过，根本不知道山外还有一个大世界。所以,如果要求夜郎人胸怀天下是不可能的。

我在家里挂了一幅《中华人民共和国地图》和一幅《世界地图》,原来还有一幅大的《中国地形图》,被女儿小时候撕碎了,至今想起来还怪可惜的,那是教学挂图,市场上再也没见到过。

我看电视时,除了陪孩子看科教节目、动物节目、少儿节目外,我主要看反映重大历史体裁的节目,"新闻联播"、"今日关注"、国际新闻深度分析节目。遇有重大国际新闻事件,我们一家常对照《世界地图》或地球仪找出事件发生的相关国家,自己在家里分析各事件参与国的军事意图、政治考量以及石油、天然气、战略地位、军事联盟、政治关系等背景因素,我们总爱管那些管不了的世界大事。我这样做的一个主要目的,就是从小培养孩子国际化的眼光。邓小平讲的教育"三个面向",其中一个"面向"就是"面向世界"。

我记得自己读小学时学的课文中有一句是:"站在田头望北京,胸中装着亚非拉。"现在我们不仅要教育孩子"胸中装着亚非拉",眼光还要放得更远,胸怀还要更宽。有专家指出:"只有让下一代学会理解不同政治制度、文化背景和宗教信仰的民族,才能与他们和平共处,从而拥有更大的生存空间。"

孩子有了更高的理想、更远的目标,才不会围着"锅台"打转转,才不会围着自己家的"一亩三分地"思考问题。要相信,一个人未来发展的高度,很大程度上取决于他儿时理想的高度。

家长应该注意引导孩子不庸俗化、肤浅化。一个孩子心中希望自己将来做什么样的人,从事什么样的职业,在哪些方面有所成就,这些发展方向的规划除了受他兴趣、特长、认识能力等方面的制约,不可避免地还要受世俗价值观这一大环境的影响。

我发现一个怪现象:有时经济越发达的地区反而越不注意对孩子进行远大理想的培养教育。有一个皮毛之乡,改革开放后,这一方乡村很快富了起来。很多农户都有一个皮毛加工作坊,家有几十万、上百万元资产,不稀奇了,能说这个地方的家庭供不起孩子读书吗?可偏偏就在这一方乡村,不少孩子早早地就中止了学业,有的参加完中考后连中考分数都不打听,拿起拉皮刀就扎进了作坊变成了家庭的挣钱机器。许多孩子甚至完不成九年义务教育就辍学进作坊了。这种怪现象的产生就源自一些家长对自己身边现实的认识:有知识、有文化的大学生反而不如一个初中生更富有，甚至自己就没什么知识，不也明明富起来了吗？一个人这么想，两个人这么思考，这个地方很多大人和孩子就都有了这么一个共识。

我无法否定事实的存在，但我总认为，孩子的发展是涉及他们人生的重大课题，仅仅把孩子培养成打工一分子，仅仅把孩子培养成家庭小作坊主，仅仅看到了眼前的投入与收益的成本核算，用小农经济的亏盈标准来规划孩子的一生，眼光还是太短了一些。更何况，某一地方特色经济也未必就长盛不衰。

提到孩子的未来，还有的家长就说："我们两个大人就不行，也不奢望孩子将来有什么大出息，只要能找份工作，有碗饭吃就行了。"任凭孩子有比天还高的志向、比火还热的激情，被父母这短杠一压、冷水一浇，也会变得没了脾气。家长对孩子的培养标准也太低了。

家长还需对孩子进行必要的红色教育。有的家长的教育走的是实用主义道路，我实在难以认同，我觉得这样的教育目光还是短浅了些。贪污腐败、投机钻营、强取豪夺、个人至上等不正常的社会现象，混淆了一些人的是非标准，颠倒了一些人的荣辱观念。有的人为了一己私利，可以六亲不认，可以放弃尊严，可以不顾人格、国格。很难想象那样的家长能对孩子进行远大理想教育，很难想象孩子在那样的家长教育下，心灵能不被扭曲。我们的生活不能不从实际出发，但是，家长不可以只为了一点儿眼前利益就不引导孩子有更高尚的追求。

如果有人问我最崇拜的人是谁，我会毫不犹豫地告诉他，是伟人毛泽东。他的文学才华，他的军事才能，他的哲学思想无人能及。他为了民族的独立和人民的解放事业奉献了家庭和亲人，仍矢志不渝。即使在革命最低潮，他也坚信，"星星之火，可以燎原"。崇高的革命信念鼓舞着他和他的战友们。他领导工农大众，最终砸碎了一个旧世界，建设了一个新中国，使中华民族结束了百年屈辱，使中国人民站了起来。

当一个人把自己的生命融入到一项伟大的事业中去后，他会因为事业而骄傲，会因事业而产生不竭动力。这样的人不会去关注鸡毛蒜皮，不会去以个人利益为中心画圆。

家长给孩子讲讲中国近代史，讲讲井冈山的故事，讲讲长征的故事，讲讲抗日战争，讲讲解放战争，让孩子看看相关的电影、电视和资料，学习一代又一代仁人志士的报国志向、献身精神，会让孩子的心灵得到净化，思想得到升华。

女儿去了西柏坡，我还准备和儿女们一块再去延安、去井冈山，踏踏红色土地，共同接受红色教育。

儿子读大一后，我问他："东黎，你毕业后最愿做的工作是什么？"

儿子说："我希望将来能参与到国家的卫星、导弹或者潜艇等高端项目的研制工作中去。"

儿子的话语，没有流露出颓废的思想，他没有为个人小生活盘算，我能感觉到的，是他对国防科研事业的向往。

我对儿子说："行，好好努力吧，要用自己的成绩和实力去争取。"

一个人的梦想是崇高的、伟大的、美丽的，但实现梦想的路却是遥远的、曲折的。当孩子遇到挫折和困难时，要对孩子进行帮助和鼓励。告诉孩子，人生就是在不断战胜困难中前进的。

一天，有一对小兄弟跟着父亲去放牧。一群大雁飞过他们的头顶，他们非常羡慕大雁能在天空自由飞翔。兄弟俩问父亲，大雁能飞，为什么我们就不能飞呀？父亲很认真地告诉他们："你们要想飞，就会飞起来。"小兄弟俩学着大雁的样子使劲挥动胳膊，可怎么也飞不起来。父亲也照样子试了试，也没有飞起来。他对孩子说："我老了，飞不起来了，可你们还小，只要你们有强烈的飞翔愿望，就一定能飞起来。"

于是，这两个小兄弟每天都在苦思冥想怎么能飞起来。他们从修理自行车到研制滑翔机，到研制飞机，经历了无数次失败。1903年，他们根据风筝和鸟类的飞行原理，制造出了世界上第一架飞机。

这对小兄弟就是飞机的发明者——美国的莱特兄弟。

一个人学习、工作和生活中的困难并不可怕，可怕的是心理上的障碍轻易会摧毁人的信念和理想。

莱特兄弟的故事告诉我们：只要人类能够梦想的，就一定能够实现。

教育孩子树立正确的人生观与世界观

  人为什么活着？人生的价值是什么？这是一个古老而又常新的话题。不同地位、不同立场的人会给出不同的答案。京剧《红灯记》中，日本法西斯分子鸠山给出的做人的"诀窍"是"为我"，他认为"人不为己"，会"天诛地灭"。革命烈士夏明翰"砍头不要紧，只要主义真。杀了夏明翰，自有后来人"。夏明翰为共产主义，为解放全人类，可以慷慨献出自己的生命，他给出的人生答案是"为他"。毛泽东说："中国古时候有个文学家叫做司马迁的说过：'人固有一死，或重于泰山，或轻于鸿毛。'为人民利益而死，就比泰山还重；替法西斯卖力，替剥削人民和压迫人民的人去死，就比鸿毛还轻。"

  人生观的话题，乍一听显得很空，似乎是一种虚无的东西，很多人对讨论它可能没有兴趣。可是，人的行动是受思想支配的，有什么样的思想，就会有在什么思想支配下的行动。价值观能够反映人的行为和心理倾向，它具有定向作用，决定着孩子将来成为一个什么样的人，走什么样的路。正确人生观的树立，将会有利于促进孩子的长远发展，还可以提升孩子的品味和人格层次。因此，我觉得在培养孩子长大成人的过程中，人生观和价值观的选择是一道必答题。

  现在思想开放了，经济搞活了，物质丰富了。可我们思想方面的教育却远落后于经济的发展，种种错误的人生观，比如功利的、自私的、享乐的、拜金的等，受到一些人的追捧，甚至成了他们人生的目标，损人利己、吃喝玩乐、贪污腐败、强取豪夺、见死不救等现象屡见不鲜。

  任何一位家长都不可能希望自己的孩子将来是社会的寄生虫，更不可能希望是社会的蛀虫，但严峻的现实却在警示我们：忽视了对人正确的思想教育，其后果将是很危险的。

  价值观是人们根据自己的需要，去认识周围的人或事物（比如经济、政治、道德、金钱）有无价值及价值大小的根本观点和评价标准。事物本身的属性、规律并无好坏之分，可是不同的人，站在不同的角度，就会有不同的评价。

那么，我们教育孩子的时候，应该引导孩子站在什么样的角度去认识和评价人和事物，树立孩子什么样的人生观和价值观呢？家长在对孩子无论是有意识的教育还是无意识的言谈话语中，都千万要注意，不要以自我为中心去看人，去论事，判断人和事物有无价值及价值大小的最高标准应该与大多数人的根本利益一致，与社会的主流意识、道德规范一致。

一个人只有在为他人和社会创造幸福的过程中，才能使自己获得真正的幸福，也才能真正实现自己的人生价值。

爱因斯坦说："一个人的价值，应该看他贡献了什么，而不看他取得了什么。"

在培养孩子人生观的形成上，我们的家庭教育应该注意以下几点。

一、让孩子明白，坐享其成是一种耻辱

现在的家庭里孩子太少了，很多家长对孩子太溺爱了，"饭来张口，衣来伸手"都不足以形容有些家庭的孩子被溺爱的程度。家里的孩子是"小皇帝"、"小公主"、"小太阳"，孩子的需要就是家里的一切，家长都要围着孩子打转转。孩子的吃、穿、用、玩儿和家长为保证他们的这些需求而做的服务性劳动，在孩子看来，都很正常，天经地义，并且早已习惯成自然了。孩子体谅不到父母的艰辛，父母的不容易。

我在一个即将高三毕业的班级给学生做考前辅导，讲到"临阵磨刀"的道理时，顺便问了同学们一句："有哪位同学磨过刀？"

仅有一个同学说："我在家磨过剪子。"

我又问："谁在家做过饭？"

只有一部分同学举起了手。

我问的还是大部分家在农村的学生，城市家庭里孩子的情况就可想而知了。

一天中午，我去一家串门，这家女主人做饭时家里没了盐，于是她从窗口探出头来，对着正在楼下玩儿的儿子喊道："小军，家里没盐了，买袋盐回来。"

小军说："你去吧。"

这位妈妈说："妈妈做饭、炒菜，忙着呢，快去，儿子。"

小军头也不抬地回了一句:"我也忙着呢。"然后又自顾自地和他的小伙伴玩起他们的"跳房子"游戏了。

第二天,几个大人一起聊天时谈起此事,有人说小军都上初中了,应该教育他学着做一部分家务。这位妈妈笑着说:"我的儿子就这么顽皮,在家里一点儿活都不干,随他怎么着吧,反正也没指望他干活。"然后大伙哈哈一笑了之。

女儿成家后,我和她谈起做家务的话题时,女儿说,她的同学有的就不会做饭。

我问:"那他们怎么生活呀?"

女儿说:"基本上就买着吃呗。"

其实,很多人好吃懒做、好逸恶劳的不良习惯就是家长溺爱,让孩子坐享其成,养尊处优,把孩子当宝贝一样供奉,让孩子一帆风顺惯成的。

在我们家,做家务是孩子的必修课,扫地、做饭、洗衣服,孩子能做的就一定让他们做,孩子从小养成的习惯培养了他们不依靠任何人也能自食其力的独立精神。自己做的饭吃着香,自己的劳动果实享用起来踏实。

好逸恶劳、游手好闲,靠天、靠地、靠父母、靠他人,既反映了一个人能力上的不足,更反映了一个人心理上的脆弱。在生活中,我们见过有的孩子谈起父母,谈起家业来,一脸的骄傲和优越。他们不知道,家庭无论多么辉煌,那只是父辈或祖辈的骄傲,那份光荣不属于自己。创业难,守业更难,如果一个人不能创造,只懂得安逸,只懂得享受,父辈即使留下金山银山,也会坐吃山空。

据说国外有一位船王给儿子留下了60亿美元的遗产,儿子不到20年便挥霍殆尽。

在这方面,世界首富——美国的比尔·盖茨倒是给我们作出了榜样。盖茨身价几百亿美元,富可敌国,据说他只为每个子女预留下一千万美元(有的说只留下几百万美元),剩余的财产全部捐献给比尔与梅琳达基金会,用来做慈善事业。

可我们的一些贪官贪了百万不够,贪千万;贪了千万还嫌少,贪万万。儿子吃不了给孙子贪,孙子用不完给重孙子贪,子子孙孙没有穷尽,一直贪到累及身家性命!

在教育引导方面,我们的学校和家庭倒是真的应该向美国人学习。美国中学教育宗旨的"七大原则"中,有三大原则就和我们讨论的话题直接相关:①成为家庭有效成员;②养成就业职能;③胜任公民职责。据说美国的家庭教育也很注重培养孩子的开拓精神、独立意识。在美国很少见到"啃老族"。

我不反对家长对孩子的关心、爱护和必要的帮助,但家长应该让孩子心存基本的荣辱观:辛勤劳动光荣、好逸恶劳耻辱。

二、让孩子学会分享、学会给予

人似乎天性中就有对自己需要和喜爱的东西的占有欲。我发现孩子基本上不同程度地对自己的食物、玩具等有独占意识,孩子手中有食物,别人要吃,他藏起来;孩子玩着玩具,别的孩子来了,他藏起来。孩子的这种"独占"的自私心理其实是可以改变的。并且,我观察发现,这一点还是不难改变的,关键的因素是教育,是越早越好的家庭教育。

家里的美食不要让孩子独享。您不要认为让孩子独享爱是您在爱孩子,时间一长,孩子会养成"吃独食"的习惯和意识。我家的策略是,尽管有时是给孩子准备的,但家长也要先尝上一口。如果食物不是很少的时候,一定要平均分。这样做下去,孩子的意识中,就会形成有好吃的先敬家长,自己在家庭中是平等的一员,而不是"小太阳",别人不能围着自己转的正确思维方式。

培养孩子的分享意识,比如,孩子的玩具要学会与其他小朋友共用。

儿子小时候,有一天正在家守着散了一地的玩具独自玩儿,我的一位朋友带着孩子去我们家串门,那个孩子看着一地的玩具弯下腰就要玩儿,儿子看他拿小汽车,赶紧扔下手里的玩具来拿小汽车;看他又拿魔方,就赶紧又扔下手里的小汽车来拿魔方。那意思是说,这些玩具都是我的,你不能玩儿。我一看这情况,就蹲下身子对他俩说:"咱们用积木垒城堡吧,我给你们讲一个白雪公主和七个小矮人的故事。"两个孩子都放下了要争抢的魔方,和我一起垒城堡。哪儿是宫殿,哪儿是城墙,哪儿是城门,哪儿是森林,然后国王、公主、武士、女巫、七个小矮人。女巫怎样残害白雪公主,王子怎样消灭女巫,和白雪公主过上幸福的生活。我一边教他们垒城堡,一边给他俩讲故事,他俩听得入神,干得也非常带劲。

城堡垒好后，我对两个孩子说："下面，你们俩再用汽车运积木，盖一个大房子怎么样？"两个孩子一听来了精神，急急忙忙盖房子去了。我们大人们说话，两个孩子也在一起玩儿了很长时间。

还可以教给孩子互换礼品、食物等。孩子们小时候带的不同的食物，可让他们换着吃。这样既能培养孩子们的团结意识，还可以让孩子从付出中得到回报，尝到付出的喜悦与收获。

儿女们在外读高中、大学时，他们返校或者我们去学校探视他们的时候，总给他们多准备一些食物，好让他们能有多余的与同学们分享。

后来，听有的大学的学生回来说，南方的同学和咱们北方的同学不一样，他们的习惯是，你的就是你的，我的就是我的，一个苹果、一块糖都分得很清。一次我们开车去北京，给儿子带了二十斤柿子、二十斤苹果。我爱人问儿子："东黎，我们给你带了这么多，你吃得了吗？"

儿子说："别管了，吃得了。"

他妈妈又问："你让同学们吃吗？"

"当然啦，同学们有吃的还让我吃呢。"

"你们的关系好吗？南方的同学怎么样？"

"可好啦，同学们虽然性格不一样，但关系都挺好，有一次我腿疼，好几天不能去餐厅，都是同学们把饭给我打回来。"

给予、分享，给孩子带来了情谊，带来了幸福和快乐。

三、教育孩子正确对待金钱

金钱是什么？从经济学角度讲，金钱是商品生产和商品交换发展到一定阶段的产物，它是用来充当一切商品等价物的特殊商品，它本身并没有什么神秘之处，只是随着商品经济的发展，金钱的作用越来越大，对人们的思想行为和价值观也带来了越来越重要的影响。在一些人眼里，金钱是主宰一切、高于一切的"圣物"。人们的思想、感情、志向、名誉、地位等都可以与金钱相联系，一切是非善恶、荣辱得失，也都能以是否获得金钱和获得多少金钱为标准。金钱是衡量人生价值的唯一尺度，金钱就是幸福，就是人生目的。在这种人的心中，"良心多少钱一斤？""尊严多少钱一斤？"他们把人的基本需求和人生目的等同起来。为了金钱、为了个人的享乐，可以出卖良心，可以出卖尊严，可以无视公德，可以蔑视法律。

的确，生活中金钱重要。金钱能买名车，能买豪宅，能买很多很多。有钱的人自己吃喝玩乐，儿孙衣食无忧；没钱的人辛苦劳作，买不起车，买不起房，甚至娶不起妻。

一些残酷的社会现象，让人想起了一句古语："有钱能使鬼推磨。"我仔细一想，这句话真有一些道理。你看，金钱的魔力确实让一些人变成了"鬼"：贪污腐败、损公肥私、行贿受贿、走私贩私、坑蒙拐骗、涉黑、涉毒、涉盗、涉抢、杀人放火，等等，不一而足。这些"鬼"掉进钱眼里不能自拔，围着金钱"推磨"。

但是，真正大写的"人"却不会因金钱迷失人生方向，不会为金钱"推磨"。物质、金钱固然重要，但它们还不是人生价值的决定因素，更不是人生的全部。崇高的理想、成功的事业、幸福的家庭、真挚的友谊、愉悦的精神、健康的体魄，人生还有许多更美好的追求。

英国《每日邮报》2011年6月3日报道，一个叫拉尔夫·沃克的人对2000人搞了一个调查，主题是"人生最美好的东西"是什么？结果发现，快乐不是银行中的巨额存款、高速跑车和品牌服装。排在前10位的人生最美好的东西几乎都是免费的，它们依次分别是：欢笑、与知心朋友共进美食、拥抱、太阳照在脸上的感觉、读一本好书、沿海滩漫步、盖干净的床单入睡、看日落、翻阅老照片追忆往昔、闻到刚修剪过的青草的气息。

人的生活离不开金钱，可金钱却远不是人生最美好的东西。

金钱能买到房屋，却买不到家；
金钱能买到珠宝，却买不到美；
金钱能买到书籍，却买不到智慧；
金钱能买到虚名，却买不到实学；
金钱能买到献媚，却买不到尊敬；
金钱能买到权力，却买不到威望；
金钱能买到服从，却买不到忠诚；
金钱能买到派头，却买不到修养；

金钱能买到伙伴，却买不到朋友；

金钱能买到躯体，却买不到灵魂；

……

别人领孩子外出旅游以游山玩水为主，我领儿子去北京更注重去的是科技馆、天文馆、毛主席纪念堂，仅中国军事博物馆我就带儿子去了三次。我希望儿子能多学一些科学知识，希望能培养出儿子对科学的憧憬和向往的情感，希望儿子能从那些为了民族和人民的利益奉献自己一切的民族英雄们的身上学到一种精神，在为他人、为社会作出贡献的过程中，实现自己的人生价值。

第三章　家庭教育的方法

家庭教育没有什么"绝招",也没有包治百病的"灵丹妙药",但是,却可以有符合实际的教育方法。用正确的教育方法解决问题事半功倍;用错误的教育方法解决问题,事倍功半,甚至还可能会走到预期目标的反面。

重视早期教育

亚里士多德说:"人在本质上是社会性的动物。"而作为一个个体的人参与社会活动的基本技能不是与生俱来的,它只有通过后天的教育培养和自身实践才能获得。

家庭是"人之初"生存和生长的场所,家庭环境对孩子个性的形成和心理发展的方向及水平都有巨大的影响。

古埃及有位皇帝为了弄清楚人的说话能力是天生的还是后天学习的,他下了道命令,把两个刚出生的孩子放在地下室喂养。除奶妈外,不让孩子接触任何人,不准奶妈发出任何声音,也不让孩子听到外面任何声音。等到13岁领出来见人时,孩子只会发出单调的怪叫声,之后训练多年才学了一些语言。

有个日本人叫横井庄一,青年时在深山里过了28年的野人生活。后来被人发现,终于回到了社会生活中,只经过短短82天的恢复,就适应了人类的正常生活。

这两个故事从不同角度印证了早期教育和影响对人的生理和心理发展起到的关键性作用,人最佳的成长期应该就是在婴幼儿时期。

对孩子的教育从什么时候开始合适呢?一个年轻的母亲领着自己的孩子去拜见敬仰的大师:"大师,我很崇拜您,我也很希望自己的孩子将来能有渊博的知识，可我不知道从什么时候开始教育好。"

大师问："您的孩子多大了？"

年轻的母亲回答："两岁半了。"

大师说："已经晚了两年半了。"

心理学研究认为，0～6岁婴幼儿时期是人生理和心理迅速发展的时期，这个时期的动作、记忆、语言、思维、情绪等方面的教育很重要，有条件的还可以提早到胎教。

南北朝至隋朝期间的颜之推就认为："人在年少，神情未定，所与款狎，熏渍陶染，言笑举动，无心于学，潜移暗化，自然拟之。"他分析需要进行早期教育的重要原因："人生小幼，精神专利。长大以后，思虑散逸，固须早教，勿失机也。"他说小儿时受外界干扰少，精神专注，记忆力旺盛，能保持长久记忆。而成人之后思想就复杂了，精力也不易集中。所以应该抓住早教时机。人在年幼时心理纯净，各种观念和行为习惯尚未形成，可塑性很大。英国教育家洛克也认为："我们幼小时所得到的印象，哪怕极微极小，小到几乎觉察不出，却有极重大极长久的影响，正如江河的源泉一样，水性很柔，一点点人力便可以把它导入它途，使河流的方向根本改变；从根源上这么引导一下，河流就有不同的趋向，最后流到十分遥远的地方去了。"

我观察总结，一些家长在如何对待早期教育的问题上存在两极偏向：两个"轻视"、一个"过分"。

两个"轻视"。首先是对孩子思想品行教育的轻视。认为孩子还小，说错话儿或做错点儿什么事儿无所谓，将来上学就好了，"树大自然直"。我坦白地告诉大家，如果您的孩子带着不良的思想或行为习惯进入学校，学校纠正起来也是非常困难的。一个老师教育几十个孩子，也很难保证一定能把学生教育得个个优秀。一旦学校教育得不理想，孩子出了问题或者成了问题孩子，家长悔之晚矣。做家长的要明白，大树也有歪脖子，也有三杈五股的，树大未必自然就能直。

其次是求知引导上的轻视。认为学习是上学以后的事，学龄前孩子吃好喝好玩好就行了，至于知道不知道一二三没什么要紧。是的，学龄前您可以不必要求孩子就得会数多少数，会背多少首唐诗，会弹几种琴，但您一定要培养孩子对学习的浓厚兴趣，保护好孩子的好奇心和求知欲，这些素质培养和知识积累对孩子日后的发展非常重要。

一个"过分"，是对孩子要求过分。这部分家长从心里恨不得孩子从小就是个数学家、画家、舞蹈家、音乐家、诗人，是"神童"，也不管孩子有没有兴趣、乐意不乐意学，逼迫孩子今天学这、明天学那。弄得孩子紧紧张张、疲惫不堪，结果孩子最后这也不愿学，那也不愿学；这也学不好，那也学不好。更大的危害还在于搞得孩子丧失了对学习的兴趣，厌恶学习，逃避学习，扼杀了孩子的天性。孩子的学习贵在"顺其天性而致其性"，爱之太深，忧之太勤，反而适得其反。

下面谈谈我家怎样进行早期教育和早期教育应注意的问题。

一、注意孩子的德行教育及习惯养成

人之初，犹如一张白板，父母便是画家，想画水墨的，便是水墨的，想画粉彩的，便是粉彩的。父母怎么规范，孩子就怎么成长。"少成若天性，习惯如自然"。对孩子见人有礼貌打招呼，分东西给小朋友吃，帮家长做家务等好的行为就及时表扬、鼓励；对孩子错误的言行就及时纠正。有时孩子学会了骂人，就坚决批评，严厉教训。对孩子不正当的要求，任其哭闹，绝不答应。

我们在枣强县城工作，女儿小时曾有一段时间在老家跟着爷爷奶奶住。奶奶宠她，她说要上房，就得马上竖起梯子抱她上房。她说要去村外的苹果园，半夜也得抱她去苹果园。我们回家发现这些问题后，就赶紧带回县城及时纠正。

孩子的欲望永无止境，欲望的膨胀总有家长无法满足和社会不能容许的时候。洛克说："我觉得一切德行与美善的原则，在于克制理智所不容许的欲望的能力。这种能力的获得靠及早实践。"需要让孩子明白，他的有些要求是不合理的，不可能得到满足，他唯一能做的就是克制自己的欲望，放弃不合理要求。

二、根据孩子具体情况，进行与孩子认知能力相适应的教育

现在很多资料可以告诉我们，几个月几岁孩子的生理和心理水平是什么样的，对孩子应该进行什么教育。尽管我们接触的资料可能是规范的，不过那也是观察了许多孩子的情况，总结了一个大体的平均水平，只能做个参考。至于

某一个孩子的个例，那可不尽相同，甚至大不相同。我家的两个孩子在同样环境中长大，可性格、兴趣、爱好等就有明显差别。所以，我们就认真观察研究两个孩子的秉性、天赋、兴趣、爱好、认知水平、接受能力等方面的具体情况，从他们的实际出发，对他们进行易于接受和乐于接受的教育。女儿对语言方面感兴趣，我们给她讲故事就比较多。儿子对数字很热爱，我们对他在数学培养方面下的工夫就比较大。

三、进行孩子能承受的教育

婴幼儿时期从生理到心理还都是稚嫩的发展时期，需要细心呵护。据说很多大城市的年轻父母从孩子十八个月开始就让孩子学双语、学弹琴、学绘画等。我不知道这些安排是否科学，是否适合每个孩子的具体情况。我只是向您介绍我的做法。我从不给孩子安排学什么的时间表。我女儿学过一段时间的电子琴，只是为了爱好，我们从没要求孩子考级。我儿子学过一段时间的武术，也只是为了健身。建议您也不要对孩子进行过于功利性的选择，即便有些功利性的愿望在里边也可以理解，只是要依据孩子身心条件和外在的环境条件培养，别盲目跟风，尤其不要让孩子肩负难以承受的希望之重。

我就见过带着太多功利性学习的孩子的烦恼。有一对开零售商店的夫妻，总觉得自己学习不好，也没能考上大学，做小买卖起早贪黑很辛苦，收入也不高，吃了没文化、没一技之长的亏，于是就把希望寄托在了孩子身上。女儿读幼儿园时，舍近求远把孩子送到了一个双语幼儿园，这所幼儿园老师的外语水平可能也不是很专业，孩子对外语也不感兴趣，最终外语学无所成。到女儿读小学时，这对夫妻就安排孩子星期天参加电子琴辅导班学习。孩子周末除去学校的家庭作业外，还得再练电子琴，很少有户外活动时间，有时孩子想到外面跟小同伴们玩玩还要向父母请假。假如电子琴是孩子的兴趣所在而倾心投入也可以理解，实际上孩子平时到辅导班学习和在家练习都是家长催着去做，自己没有一点儿主动性。不知是这个孩子没有这方面的天赋还是其他什么原因，反正是费了两三年时间，最后不了了之。

这对夫妻把自己少年时代没有实现的梦寄托在孩子身上，这没什么错，没什么可指责的，他们关键是错在了逼着孩子去做什么。如果做一件事是孩子的兴趣所在，孩子也有这方面的天赋、特长，那么孩子学起来一定会有动力和激情,也一定更容易出成绩,家长也可以从中获得精神上的安慰。相反,做的事如果不是孩子的兴趣所在,或者孩子根本就没这方面的天赋,那么无论家长和孩子如何努力,成绩至多也只是平平。像这对夫妻逼着孩子学双语、学电子琴,牺牲了孩子本该快快乐乐健康成长的大量时间,可是因为孩子从内心就很抵触,最后只能是孩子很累、很烦,家长很失望。

玩是孩子的天性,别扼杀孩子的天性。早期教育要在顺应孩子身心自然生长规律和尊重孩子兴趣的前提下进行,这样取得的教育成果才有积极意义。

四、进行孩子乐于接受的教育

寓教于戏、寓教于乐是这个阶段教育的主要形式。让孩子在嬉戏中增长科学知识,让孩子在快乐中领悟人生道理。我们是坐在牛车上教孩子识路边墙上的字,躺在被窝里教孩子识数,看着天上的星星讲故事……比如我们教儿子数数,他不愿学的时候就闭上眼不看你,这时,我们就立即停止教学过程,绝不强迫。每一次教育都是在孩子精神亢奋的状态下进行,让孩子在快乐的教育过程中感受到收获的喜悦,才会更有效地激发起孩子进一步求知的强烈愿望。

对孩子及早进行教育可能会让我们收到意想不到的效果。教育专家告诉我们,培养孩子从胎教开始。当时,我家也买了这方面的书,并且也按书上指导的一些方法去做了,后来也没验证胎教有没有效果。不过我们对孩子认字、读书的培养却是在孩子周岁前开始的。记得是在孩子大约十个月的时候,他们坐在或扶着栏杆站在童车里,我们拿着画有彩图和配着汉字的幼儿图画书,一页一页翻着指给他们认,家长一边大声读,一边指给孩子看,然后再指相对应的实物。尽管这时孩子还不会跟着大人发声,但孩子已慢慢真正开始了读书并且也真能听懂大人所表达的意思了。学了一段时间后,我们就试着大人念书,让孩子自己指实物,比如:"门"、"窗"、"电灯"、"苹果"等,孩子已经能够把抽象的文字、简单的图画和具体形象的实物联系在一起了。有时,孩子一连指十多个也不出错。这种方法既提高了孩子认知周围世界的能力,又丰富了他们的知识,更重要的是培养了他们对书的热爱。

儿子大约十一个月时有一次自己翻画书玩儿,翻到了一张图片"猫"。正巧,院子有一只猫,儿子就看看书、指指猫,看看书、指指猫,可把我们高兴坏了,着实把儿子表扬了一番,抱起来亲了一番。

还有一个经典的小故事很能说明问题：儿子两岁多时，有一次他从地上拾起了半张有字的纸递到妈妈手里问："妈妈，还有用吗？"这么点儿的小孩子，就通过念书学习懂得了文字的重要性，懂得了珍爱书。不知您注意观察过没有，很多孩子有撕纸的嗜好，我儿子从来就没有撕过一张有字的纸。到后来上了学也是这样，他的书可能卷过角，但从来没撕过。非常明显，儿子从小就养成了珍惜书、爱护书的好习惯。

关于早期教育的重要性，有人给出了一个公式：

早期教育花一公斤的力气＝后期教育花一吨的力气。

早期教育很重要，因为它为孩子在今后与其他孩子的人生长跑比赛中，提供了起跑早，以便跑得更快、更远的优势，只是要注意别太急功近利就行了。

孩子需要表扬

要表扬孩子，首先要学会欣赏孩子。教育是爱的艺术，没有爱就没有教育。要想教育好孩子，就要发自内心地爱孩子，这种爱的基础，不仅仅是基于一种血缘的天然的亲情，更需要用欣赏的眼光，去发现孩子的优点，进而给孩子表扬和鼓励，促进孩子健康成长。

古希腊神话中，有一个塞浦路斯国王叫皮格玛利翁。这个国王性格孤僻，可他非常喜爱雕刻。一次，他用象牙雕刻了一座他理想中的美女的头像。头像雕成之后，他对自己的作品欣赏至极。久而久之，他竟对自己的作品产生了爱慕之情，幻想着雕像能成为一个真正的美女。国王每天都这样向往着、企盼着。后来国王的虔诚感动了爱神阿佛罗狄，雕像被阿佛罗狄赋予了灵感，变成了一个活生生的美女。后人就把由期望而产生实际效果的现象叫"皮格玛丽翁效应"。

"皮格玛丽翁效应"告诉我们的道理是：在对孩子的教育中，家长给孩子传递一个积极的期望，孩子也会顺应着你期望的方向更快地进步，更好地发展；反之，如果家长对孩子不信任，不欣赏，总看孩子的缺点，向孩子传递的是一个消极的期望，那很可能会导致孩子丧失进取心，放弃努力，甚至会自暴自弃。

美国著名的心理学家罗森塔尔在 1968 年做了一个实验：他对一所小学一至六年级的学生进行了智力测验。之后，他又随机抽取了几个学生，并把这几个学生的名单交到了老师的手中。他告诉老师，这几个学生天赋都很高，有的学习成绩不好，只是天赋还没有表现出来。老师再看这些学生，也认为他们是"天才"，上课时更多了一份关注，平时向他们传递的信息也是"你比别人更有天分，应该更优秀"之类，对他们有了一份更高的期望。这几个学生受到这种欣赏和积极的期望的激励，自己的学习也更加刻苦和努力。一个学期过后，这几个学生的学习成绩提高了很多，智力水平也有所提高。第二个学期过去，他们的学习成绩继续提高。

要想表扬孩子，就要学会多看孩子的优点，少看孩子的缺点。我这条经验是总结了一个学校的校长对教师管理的反面教训得出来的，后来又运用到了对儿女的教育中。这所学校是一个有一百来教职工的全日制高中，每周五下午课外活动时间召开全体教师例会，例会的性质大部分是校长的批判会。这一周批这个老师备课不认真，下一周批那个老师批改作业不够数，反正老师们总有毛病。平时这位校长也总是绷着脸，生怕老师们不怕他。他发现人们有芝麻粒大的问题也记在心中，等到周五拿到例会上当典型材料进行批判，弄得老师们非常厌恶，有的踹他宿舍的门，有的往他客人的车上夹恶心他的纸条。你看，尽管教师们都是成年人了，在对待表扬与批评的心态上已经平淡了许多，但依然是希望被领导表扬而不是被领导批评。

孩子年龄小，他们的心中更是渴望被老师和家长发现自己的优点和成绩，得到老师和家长的认可和表扬。

我记得自己小的时候，老师表扬一次，回家兴奋一夜，得一张奖状，高兴多少天，觉得在伙伴和同学们中那是莫大的荣耀。

只要您认真观察，孩子会有说不尽的优点和进步。孩子从小到大，会翻身了、会坐了、会走了、会跑了、会说单词了、会说句子了、会写字了、会算数了、会做家务了、会做好事了……他们每天都在成长，每天都在进步，家长要及时发现、及时表扬。

女儿读五年级时，有一天下午放学后很长时间也没回家。干什么去了？我赶紧到学校去找，结果发现女儿正在办板报。

第三章　家庭教育的方法

回家后我问女儿："飞，老师怎么让你办板报啊？"

女儿说："老师看我写的字好，就让我和XX（那位同学的名字现在我已经记不起来了）两个人办板报。本来是我写，她画花边，结果，我画的比她画的好，所以我写完了以后又画花边，又画插花，XX就在下边给我递粉笔、搬凳子。这样也就办得慢了些，回家也晚了些。"

我夸女儿说："飞，你真行，写的画的都上了学校的宣传栏啦，肯定会让同学们羡慕得不得了。"

接着我鼓励女儿说："学校的活动，老师安排的都要积极参加，都要愉快地去干。这样，既为学校做了工作，会受到老师和同学们赞扬，又能锻炼自己、提高自己。比如你办板报，既丰富和美化了学校的教育环境。同时，自己的思想也受到熏陶，你写和画的水平还能得到提高，一举多得，利人利己，多好啊。"

还有一个小例子：女儿中考、高考时，原本并不是强势科目的语文却都出人意料地取得了好成绩。中考时语文成绩全县第一，高考时语文一百二十九分。后来根据参考答案估分推断，增分点应该在作文上。其中，漂亮的书写，工整、干净的卷面应该功不可没。办板报在别人看来耽误功课的事也帮助提高了女儿的学习成绩。

女儿后来在初中、高中学习竞争非常激烈的六年间，也依然热心学校和班集体的工作，热心帮助同学。学生会主席、班长、团支书记、学习委员、文艺委员、体育委员、科代表、宿舍长都当过，有时还同时身兼数职，既领歌又带操。热心学校和班集体的工作，热心帮助困难同学和后进同学，不但没有耽误她的学习，相反，她却因此自觉地以更高的标准要求自己。良好的师生、同学关系也为她营造了一个和谐、愉快、单纯的学习氛围，把她的学业也推到了一个更高的水平。

儿子高中三年，我也鼓励他向姐姐学习，积极参与班级和学校活动。他在学生会和班内都有职务，几次被评为优秀学生干部。

顺便再批评一下有些家长在处理这个问题上的做法。他们把孩子为集体做工作同孩子个人的学习对立起来。或一旦孩子学习成绩不理想，马上就叫停孩子的职务。

让我想不通的是，有的家长在孩子一入学就找班主任打招呼，不让孩子当学生干部，目的是为了让孩子一门心思读书。

我批评这些家长的理由是：第一，从孩子思想成长的角度讲，孩子接受的是以自我为中心，个人利益至上的教育，将来孩子容易形成一事当前，先替自己打算，不能正确处理自己与集体、与他人关系的自私心理，对孩子的做人很不利。第二，即使仅仅从学习成绩的角度讲，这些家长也只是看到了集体职务占用学习时间的一面，没有想到集体职务能内化成更高的自律要求，以及因良好的个人形象而形成的良好氛围对个人学习成绩助推的作用。

孩子从低起点的进步或对缺点的改正也值得表扬，对孩子来说，甚至是更需要鼓励、引导和督促。

我见过这种情况，有一个学生平时学习成绩排名比较靠后。有一段时间，这个同学下定决心要好好学习，过了两个多月，他的排名向前移了几位，排到了第四十一名。这个学生很高兴，开家长会时，他就把自己的成绩告诉了妈妈。没想到妈妈看到了成绩单后说："四十多名，要是这个成绩考个二类本科都不行啊。"儿子刚才一脸的兴奋马上变成了尴尬，站在那儿羞臊地低下了头。

您看，好好的一个鼓励机会就让这个不懂教育的妈妈白白地错失了，并且还严重打击了孩子的自尊心和自信心。如果这位妈妈热情地说几句："儿子，你真行！没白费劲，继续努力，肯定会有更大的进步！妈妈期待着你的胜利，回家妈妈给你做好吃的"之类的贴心、理解、鼓励的话语，必然会让孩子的心沸腾，会让孩子的斗志更高昂！

高中三年，入学时排名靠后的学生，勤奋学习，方法得当，一路良性循环走到高三毕业，考入像样的本科一类大学的例子并不罕见。但是如果遇到这位不会表扬的妈妈，孩子就悬了。

我儿子小时做作业爱拖拉，初中时我和他坐在一起共同分析他身上存在的问题。然后，我们相约，他自己努力克服缺点，让我负责监督。果然，开始时，儿子放学回家先抓紧做家庭作业。我一看很高兴，马上就给予及时的表扬，并向他妈妈通报儿子的进步，他妈妈也高兴得直夸奖儿子，儿子受到了很大鼓舞。后来，尽管儿子在这个问题上有过反复，但从没回到过原点。

作为家长，请您认真观察和发现孩子的优点和进步，肯定孩子为了上进付出的每一次努力,并给予孩子衷心的赞美。对于孩子,鲜花比鞭子更有效。美国心理学家杰丝·雷耳说:"称赞对温暖人类的灵魂而言,就像阳光一样,没有它,我们就无法成长开花。"

最后需要提醒家长们注意的是,表扬是一种教育方法,但又不仅仅只是一种方法,如果仅仅把表扬作为一种方法,就会流于为表扬而表扬的形式主义,那样的表扬就会言不由衷,就会虚假,就会轻率,就不能达成与孩子心灵的沟通,也难收到预期的教育效果。

怎样奖励孩子

奖励是家庭教育的一种常见方式,其目的是家长希望通过给予孩子一定的荣誉、物质或情感等方式,鼓励和促进孩子朝着家长期望的方向发展。

奖励是一种外部激励因素,是一种手段,家长运用得恰当,它就会起到应有的鼓舞作用,促进孩子更好、更完美地发展;家长如果运用得不恰当,它可能就会由家长的教育手段变成孩子追逐的目的,甚至可能会干扰孩子的正常发展。

对于孩子,一个吻、一个拥抱、一个拍背、一个抚摸都可能会使他兴奋、心情愉悦、精神倍增。家长可以有很多奖励孩子的方法。

儿子读初二时,寒假放假回家,拿回了一张校级"三好学生"奖状,我接过奖状高兴地说:"东黎真棒,又挣回了一张奖状,给咱们家添了光彩,快,把奖状贴上墙,这是东黎的光荣,也是咱们全家的光荣。让别人来串门时都看看。"儿子也非常高兴,认认真真地把奖状贴到了墙上(至今,我家书房的墙壁上,还整整齐齐地贴着儿子从初中到高中每学期获得的奖状。即使他读了大学,回家后再看看自己的劳动收获、曾经激励自己前进的荣誉,我希望他也还能从中再受鼓舞,为他继续努力再添把劲儿)。儿子把奖状贴上墙后,我问他:"东黎,得奖状回家,辛苦了,怎么奖励你呀?"

儿子说:"你说吧,爸爸。"

我一听,儿子并没有拒绝我许诺给他奖励的意思。一来,儿子确实在一学期的生活和学习中付出了努力,学校的奖状就是最好的证明。二来,儿子取得了成绩，在学校获得了荣誉，内心也一定非常渴望得到家长的重视和赞美，理所当然希望得到家长的一份礼物。

揣测着儿子的心思，我商量着问儿子："咱们去一趟新华书店怎么样？"

儿子问："去书店干什么？"

我说："我想送一本你最喜欢的书作为对你本学期成绩的奖励和春节礼物，你看怎么样？"

儿子从小就喜欢读书，有本书在手总像是一种享受。所以，他一听送他一本新书自然也很满意。

腊月二十五吃过午饭后，我和儿子边聊天边步行，走向县城的新华书店。从我家到新华书店，大约有六七里地，我们徒步往返。一来是放假了，自由自在地走走，也给心情放个假。二来也锻炼身体。三来更主要的是多一些父子相处的时间，多一些交流和沟通，增进父子感情。

到书店后，我和儿子各看了一会书，然后，儿子挑了一本《物理乐园》，我们就又有说有笑地回了家。

《物理乐园》以讲故事的通俗语言，解释了生活中的许多物理现象，既有科学性，又有趣味性，还讲了不少科学发现和新技术及它们的前景。书中讲述的"我们生活的天地"、"比黄金还贵重的发现"、"弹弓上的学问"、"声音从哪里来"、"人造明月"、"希望之光"等，带人走进了神奇的物理世界。这本书陪儿子读完了初中、高中，书皮虽然已被他翻坏，现在却还依然保存在他的书柜里。

儿子中考前，为鼓励儿子好好应考，我许诺儿子：如果能考进全县前5名，就奖励他在国内挑景点旅游；考不进前5名，就只能省内选景点游了。结果，儿子考了第34名。最后我根据当时的情况，采取了一个折衷的办法，剥夺了他选点的权利，带他出省去了北京一游。

儿子高考前，我把对他的高考奖励分了三个层级，许诺他：如果考入本科一线，奖励他省内选景点旅游；如果考取清华、北大之外的十大名校，奖励他国内选景点旅游；如果考取清华或北大，奖励他出国选景点旅游。结果儿子考取了清华大学。可是因为家中出了意外情况，也没能带儿子出国旅游，不过我已对儿子言明，一旦条件允许，就一定兑现承诺。

我对孩子的奖励基本上以精神奖励为主。比如前面谈到的买书、旅游，还有口头的赞美，用手摸摸头、拍拍肩以示亲热和鼓励。儿女小时候拿回奖状或在家表现突出时，我摸摸头、拍拍肩的奖励方式是常用的。他们往我身边一靠，那份亲情，那份受到夸赞和重视的幸福感，那份受到鼓励后的进取心，显而易见。千万别小看一个小小的动作，其作用是不可忽视的。

如果说到物质的奖励，儿子读小学时，有一次因考得好，我们给他买了一个魔方。儿子读初中时，有一次拿回了一张奖状，我们准备请儿子吃一顿美食，问儿子想吃什么，儿子说想吃米饭加烤鸭。于是他妈妈炒了几个菜，我买了一只烤鸭，我们为儿子准备了一顿丰盛的午饭，一家人欢欢喜喜庆祝了一番。

在对孩子物质的奖励上，家长一定要慎重，建议您少用、轻用。这种方法如果运用不当，会产生不良后果。第一，可能诱导孩子把家长的奖励手段变成了追逐的目的，为那份奖赏而奋斗。出现这种情况，即使孩子达到了家长当初的奖励标准，比如有的家长许诺孩子考班里前3名奖一台电脑，孩子为了这台电脑真拼命学，真的就考进了班里前3名，但从教育的长远目标和根本意义上讲，这样的奖励已经失败了。第二，奖品本身对孩子的发展造成负面影响。如果孩子有了好成绩，给孩子买双鞋、买件衣服之类的以示奖赏也未尝不可。我知道有的家长给孩子买电脑，有的家长给孩子买游戏机。一旦家长掌握不好或者孩子自我管控不好，这份当初的奖品就有可能变成毒品了。

在如何奖励孩子的问题上，还有几点需要注意。

尽量不要给孩子金钱奖赏。我的做法是家里零花钱孩子可以随便用，不受家长监督，但大钱不交孩子支配。因为孩子年龄毕竟还小，不易正确支配。

我见有的家长看孩子考好了，奖50元的、奖100元的，结果，孩子买各种零食、买相册、请客，甚至进游戏厅等。养成孩子乱花钱的毛病，滋生孩子对金钱的崇拜思想。

奖励不宜过频。当孩子取得成绩后，家长给予孩子赞誉或一定的物质奖励，是为了让孩子受到鼓舞，以期他能够做得更好。过多过频的奖励可能会使孩子没了新鲜感、荣誉感和吸引力。我在学校工作，就以老师奖励学生为例，假如老师考一次发一次奖状，小测一次发一次奖状，做一次练习发一次奖状，检查一次卫生发一次奖状，组织一次劳动发一次奖状……奖状满天飞，那么奖状在学生心中就肯定贬了值，最后会把它当草纸用了。家长奖励孩子也是一样，应当奖励，但不能事事奖励。

奖励不要错用。我有一次周日下午串门，见到了这样一位家长：儿子要出去玩儿，爸爸让儿子先做完作业再去玩儿，儿子坚持先玩儿再做作业，爸爸和儿子各说各的理互不相让，僵持不下。后来还是爸爸想了个"办法"打破了僵局："儿子，你先做完作业，明天早起我带你去早市吃早点。"儿子可能被早市上的肉夹馍、板面之类的美食吸引了，放弃了自己的坚持，先做完了作业之后才出去玩的。第二天这位家长有没有带儿子去吃早点我不得而知，只是他这个奖法本身就已经大错特错了。本来有作业先做完再去玩儿，养成今日事今日毕，不唱明日歌的习惯，这是孩子的本分，就应该这么做，儿子坚持先玩儿再做事是错误的，就应该批评的。奖惩的最基本准则是应该奖功罚过。这位家长对儿子的"过"不但没"罚"，反而去"奖"了。日后，儿子再不犯类似错误就有点奇怪了。

还有的父母许诺给孩子糖吃或者逛商场买好衣服，也属于奖励错误一类了。

奖励目标不能给孩子定得太高。比如平时孩子学习成绩中游，您说考前三名奖什么什么，孩子一听，他会连尝试一下都不可能。您定的目标高，应该让孩子必须要跳一跳，且能够够得着。这样，您的奖励既起到了鼓励作用，又起到了引导作用。

不能让孩子养成要奖励的毛病。我们生活中常见这样的情况，家长让孩子做点儿家务，孩子问："我做了，奖给我什么？"家长笑嘻嘻地许诺奖什么。错了！很多事都是孩子应该做的，去做，并且还得做好，这是他的义务所在。家长应培养孩子的责任意识，让孩子主动地、自觉地去做好。一定不要准许孩子讨价还价。

我最后想要说的是，奖励别太注重形式。对孩子的成绩，有的家长挂红花，有的家长记星星，挺系统化、挺机械化的，操作起来很不容易。如果有的家长说我就是这么操作的，且成功了，我也不反驳，因为怎么教育孩子的都有，怎么教育成功的都有。我只是提倡，奖励作为一种鼓励孩子的手段，要让孩子既受到鼓舞又能精神愉悦,也要让家长做自己事业的同时又能操作得了。最终的目的,是能奖出一个轻松、和谐、向上的,有利于激励和鼓舞孩子成长的家庭氛围。

批评的方法

人非圣贤,孰能无过?即便圣贤,也非完人。人的一生会犯许许多多这样那样的错误,这是在所难免的。法国作家雨果说:"不犯错误,那是天使的梦想。"人在孩提时代,对于生活和社会的认知能力有限,更是免不了说错话、办错事的。

怎样面对孩子的错误呢?伟大的人民教育家陶行知当年在重庆任育才学校校长时,"四颗糖果"的故事对我们的家庭教育很有启迪意义。

有一个男生用泥块砸同学,被陶校长遇上,陶校长立即制止了他,并命令他放学后到校长室去。放学后,陶行知校长来到办公室,发现那个同学已经等在那里。陶校长笑着拿出一块糖果送给他说:"这是奖给你的,因为你按时来到这里,我却迟到了。"

男同学惊疑地接过糖果。

随后,陶校长又拿出第二块糖果放到那个同学的手里说:"这是奖励你的,因为我不让你打人时,你立即住手了,这说明你很尊重我,我应该奖你。"

男生更惊疑了。

这时,陶校长又拿出第三块糖果放到那个同学的手里,说:"我调查过了,你砸他,是因为他欺负女同学,这说明你很正直,有跟坏人作斗争的勇气,应该奖你。"

男生感动极了,他哭着对陶校长说:"陶校长,你打我两下吧,我错了,我错了,我砸的不是坏人,是同学……"

陶校长满意地笑了。

于是,他又拿出第四块糖果放到那个同学的手中说:"为了你正确认识错误,我再奖你一块糖果。我没有更多的糖果了,我们的谈话也可以结束了,相信你能做个好孩子。"

陶行知的批评教育慈善、正直、中肯，没有电闪雷鸣，却强烈地震撼着人心。我相信，被陶行知教育的这名男同学终生都不会忘记校长送给他的珍贵的四块糖果。在陶校长这里，批评是一份爱心，批评是一份公正，批评是一门艺术。

设想一下，如果是一个不会教育的老师或家长，当遇到学生或孩子的此类情形，可能就会简单粗暴地把孩子教训一顿甚至打两巴掌，或许也可以把事态平息，但教育效果会与陶行知校长的教育有天壤之别，甚至可能因被教育者的不理解、不服气而产生反作用。

我们绝大多数家长对孩子的批评教育可能难以达到陶行知校长这样高超的艺术水准，但我们完全可以心怀父母对孩子的一颗永恒而伟大的爱心，在我们现有能力的基础上，静下心来，耐下心来，认真反思和研究我们的批评教育，以期做得更好。

既然人生难免犯错误，那么，我们做家长的就要学会正确面对孩子的错误，学会用正确的方法矫正孩子的错误，让孩子能知错改错，吸取教训。能如此，错误也能成为孩子人生中可贵的财富。为此，我给您提如下建议。

一、可尝试着把批评转化为引导

可能很多家长都遇到过这类情况：在孩子初学写字、算数的阶段，把家里写个满墙，画个满地。儿女小的时候，我家经常也是这样。尤其儿子小时候更是如此，他把我家附近的胡同里各家的墙壁上写满了生字和数学题。我家邻居有一位老人，他特别喜欢孩子，总爱给孩子们出个智力题之类的考考，我儿子也是他家的常客，常常把他家的地板写个"满篇"。

儿子的爱写有一次在我家来了一个充分展示。这天，我一进屋，看见儿子正在客厅的墙壁上认真地做"作业"呢，东西两面墙上已做了许多。我一看事已至此，赶紧把儿子抱了起来，先把他的"作业"检查了一遍，表扬了他的"成绩"。因为我知道，无论墙面多么重要也不如儿子的学习兴趣重要，保护儿子学习的积极性还是第一位的。检查完"作业"后我嘱咐儿子，以后不要再往墙上写了，把墙面写脏了是很不美观的。我对儿子说："爸爸给你买一块小黑板，你再想写的时候就在小黑板上写。"第二天我就上街给他买了一块小黑板挂在了东房的墙上。儿子后来做题、写生字及学拼音等很多学前的

"学业"都是在那块小黑板上完成的。

有一次我们去一个学校参观，该校的领导给我们讲了这样一件事：他们学校的草坪地与校园的甬路，都设计成了方形的，可是在教室和学生宿舍楼之间草坪地的拐角处，学生为了少走几步就取了直径，在草坪中踩出了一条路。学校为了保护草坪，就在此处安装了铁篱笆护了起来。不过他们很快就发现人工小路又踩出来了。怎么回事呢？学校仔细观察，发现原来有不少男同学跳过铁篱笆取直，就为少走这几步。怎么办？是抓违纪学生公开处理还是再高筑篱笆？这个学校的领导一想都不妥，他们认为，为什么学校三令五申禁止走的地方，同学们偏偏要三番五次地走？主要症结不是同学们的品质出了问题，而是说明我们的设计本身有缺陷，它不符合学生的心理，不人性化。经过研究，学校在草坪的几个拐死角的地方，设计了弯曲的小甬路。新的设计不但没有破坏草坪的美，反倒多了花园般的另一番情趣，同学们违纪踏草坪的现象也根绝了。

这件事如同大禹治水告诉我们的道理一样，"导"比"堵"强。家庭教育中，只批评孩子怎么做不对，禁止孩子不能怎么做，反倒不如告诉孩子怎么做对，引导孩子可以怎么做效果更好。

二、让孩子把话说完

我们平时见过不少家长批评孩子时常说的话就是"住口！""别说了！""不用解释了！""你还有什么好说的！""我都知道了"之类的话，在处理问题之前，不认真了解事情真相，先有了主观认识，这样做难免有失公正。法院判人死刑还允许被告陈述、上诉，给人以充分的言论自由，确保执法量刑客观、公正，我们为什么就不能给孩子说话和让孩子把话说完的权利呢？我们听别人说的，可能是不全面、不客观，甚至亲眼所见，也未必就是事情的真相。

有这样一个故事，有一次菩萨带着一个徒弟外出游方。这天，寒风呼啸，漫天飘雪。他们来到了一个村庄，看见了一个贫穷善良的老头正在屋子里冻得瑟瑟发抖。菩萨走上前把他家窗户上的纸捅破就走开了。徒弟大惑不解。

他们接着往前走，又来到了一户富人家，这家人欺压百姓、为富不仁。菩萨见他家墙上破了个洞，就赶紧找了块砖，和了把泥，上前给他家把墙补好了。

徒弟看到这儿，疑惑转成了愤怒。他大声责问菩萨："人人都认为菩萨是慈悲心肠，如今怎么也干起这嫌贫爱富、惩善助恶的勾当来啦？"

菩萨笑了笑对徒弟说："徒儿，你有所不知，前面我捅穷老汉家的窗户纸时，是因为院子里有人正在偷他家的牛。你可知道，那头牛就是老汉家的全部家产，是他家的命根子，我一捅破窗户纸，老汉就要来堵，一堵，透过窗户就可以发现别人在偷他家的牛了。"

徒弟点了点头，又问菩萨道："可你为什么要帮那家黑心的富人补墙呢？"

菩萨又笑着告诉徒弟："因为那个破损的墙壁内藏着许多金银财宝，我是想赶紧堵上，以免被这家人发现后，用这些财宝干更多坏事。"

徒弟恍然大悟，因为错怪菩萨，羞愧地低下了头。

这个小故事给了我们一个启示：眼见也未必为实，有时，甚至我们自己的眼睛也会欺骗我们自己。所以，听别人说的什么事，更要认真分析。

儿子参加高考前一个月，有一个老师告诉我说："东黎跟年级主任顶嘴了。"

我问这位老师："为什么事？"

这位老师说："为了调整课外活动的事。"

儿子回家后，我问他："东黎，听说你跟屈主任（儿子的年级部主任）顶嘴啦？"

儿子说："没有顶嘴，我只是找屈主任讲理去了。"

我问："怎么回事啊？"

儿子说："快高考了，年级部削减了我们一节课外活动，我觉得越临近高考同学们的压力越大，精神越紧张。因此，身体也越需要锻炼，心里越需要调节。所以，课外活动课不应该削减。"

我问："屈主任怎么说的？"

儿子说："屈主任告诉我，年级部考虑快到高考了，同学们的时间一分一秒都很宝贵，希望给同学们多挤一点儿时间。"

我问："事情最后是怎么解决的？"

儿子说："屈主任说这次调整不是强制性的，同学们也可以自己灵活掌握。"

第三章 家庭教育的方法

我又问儿子:"怎么有老师说你跟屈主任顶嘴啦?"

儿子不好意思地说:"我一去的时候,觉得年级部调得不对,自己理直气壮,所以跟老师说话时声音大了些。"

我找屈主任问了问事情经过,屈主任说东黎有自己的看法,但没有与他顶嘴。儿子说的情况属实。

我回头又对儿子说:"有想法可以谈,有意见可以反映,但是,真理与声音的分贝值不存在正比例关系,一定要学会尊重人,尤其是要学会尊重师长。屈主任一解释你也知道了,学校的安排也没错呀。"

后来,儿子也认识到,自己反映意见的方式欠妥了。

我处理这件事时,没有听见风就是雨,而是先静下心来,问清事实真相,然后再指导儿子该怎么处理问题。

平时,我看到有的家长一听老师的反映、同学的反映、邻居的反映,说你家孩子怎么怎么样了,有了什么什么问题,做了什么什么错事,上来就是怒气冲天,不问青红皂白,先把孩子训斥一顿。可能孩子真的做得也有不对的地方,于是只有唯唯诺诺,有的家长还认为孩子不低头就是不服,就不是好孩子。

不论别人向您反映孩子的什么问题,请您一定要静下心来,先把事情的来龙去脉搞清楚。孩子是当事人,一定要让孩子说话,让他谈事情的经过,谈自己的心理活动过程,等您了解事情的真相后,再客观地做出分析评价,该肯定的部分肯定,该批评的部分批评,该指导的部分指导,让孩子真正能心服口服。那样的批评才能收到应有的效果。

批评孩子要注意七"不"。

第一,不要惩罚孩子的失败。孩子的成长就应该是一个大胆探索、勇于前进的过程,成长之路难免磕磕绊绊,甚至摔一跤,他们需要家长帮一下,扶一把。别不允许孩子失败,甚至惩罚孩子的失败。比如,孩子上学期考了第十名,这学期考了第二十名,就主观认定孩子在校没好好学习,不然分数不会下降,名次不会后退。还比如孩子做家务,摔了盘碗,烧糊了饭菜等,家长指责埋怨。

面对孩子的失败,家长最需要做的是帮孩子分析原因,找出解决问题的办

— 111 —

法，树立孩子继续前进的自信心。

第二，不简单批评了事。家长批评孩子的错误，是为了修正错误，让孩子走上正确的道路。批评时要有问题分析、有解决办法，家长要有爱心，有耐心。千万不要失去耐心，简单粗暴地骂几句、打两下或者说几句气话了事，这算不上真正意义上的批评。

2011年6月14日某电视台法制节目中，有个孩子叫小宇，因为在校不好好学习，出现了问题。妈妈脾气暴躁，对孩子没好气地训斥说："不好好上就别上了。"果然，小宇就不上学而离家出走了。之后，就遇上了在社会上流浪的团伙，他也跟着在大街上砸汽车、盗窃财物，成了盗窃团伙中的一员，最终受到了法律的制裁。

第三，不讽刺、不挖苦。人人都有缺点，人人都可能犯错误。我见过不少学生家长一进学校，先对孩子有成见，没耐心，见了孩子头一句就是："你瞧你那个样儿"、"瞧你那副德行"之类的话，先伤了孩子的自尊。还有的孩子自己定下学习目标，下决心在下次考试时要考多少多少名，或者追赶上前面的某某同学。结果，考完后没实现预定目标，家长就说："你的脑子慢，我早就知道你没戏。"还有的孩子说将来长大了要当什么什么"长"，家长就说："你根本就不是那块料，别瞎想了。"

对孩子的讽刺、挖苦会严重伤害孩子的自尊心、自信心，有时会让孩子产生严重的自卑，有时还会让孩子产生逆反心理。

第四，不当外人面批评。要给孩子留颜面，让孩子易接受、易改正。

第五，不抓住孩子问题不放。一事一议，一题一解，不给孩子翻旧账，不让孩子感觉家长对他有成见。

第六，不絮叨。批评孩子要有点、有效，争取批评一次，见效一次。家长，尤其是做母亲的，不要对孩子不停地絮叨，好像孩子走一步错一步。如果说多了，孩子也听惯了、听烦了，说也就白说了。

第七，不在孩子吃饭前、睡觉前批评。这对孩子身体健康是一个保护。

怎样对孩子严格教育

提起严格教育,很容易就会让人联想到体罚,可能就会有"名家"、"专家"要批判了,说这样的家长"简单"、"机械"、"无能"、"愚蠢"、"野蛮"、"残忍"、"没有教育智慧"等,批判的言语很是尖刻。

"专家"给别人传授教育经验,是在传授文明的、智慧的、艺术的经验,自然也应该用正确的思想去教育人,用美好的心灵去熏陶人,用高明的方法去启发人,其形象也应该是高尚而多智的。

据说有人做过调查,现在有近三分之二的儿童遭受过家庭暴力。大家想一想,这还是在独生子女社会,孩子们都是在家长们千般宠、万般爱的环境中长大,尚且还有这么多遭受过家庭暴力,如果前推到三十年以前的多子女社会,孩子们在家庭中遭受暴力应该是比较普遍现象了。依据这些"名家"、"专家"的断言,全社会除去几个会教育的"名家"、"专家"和少数成功人士外,绝大多数家长都应该是无能而又野蛮的,即使当今社会,也有多半的家长残忍而没有教育智慧了。

话说得太过分了,过分得有些离谱了。

我不想与任何人辩论,也无意批评任何人,甚至我还可以明确地告诉大家,我也反对对孩子进行暴力惩戒,只是别把词用得那么刻薄,别把事形容得那么毛骨悚然。

如果您问我有没有过体罚孩子的现象,我告诉您,有过,极少,但那确实是错误的教育方法。

说起体罚,我不是在讨论体罚的对与错,而是由此谈及该怎样对孩子进行严格教育的问题。

很多人一谈对孩子的教育,就讲怎样了解孩子、怎样鼓励孩子、怎样表扬孩子、怎样呵护孩子、怎样给孩子做表率等,大多谈及的是"慈"性教育,少谈或不谈"刚"性教育,这是不全面的。没有慈爱就没有教育,没有严格同样也没有教育。

教育的原则之一讲因材施教。不同的孩子,思想、性格、脾气各异,有的甚至有非常大的差别。我的一儿一女在同样的家庭环境中长大，但他们的性格就很不相同。女儿从小让家长生气着急的事就很少，从小学五六年级以后就再没有了让我生气的记忆。儿子就不同了，可能也因为是儿子的缘故，敢做事的时候多、做错事的时候多，让我教育起来费的力气多。我发现还有的小男孩天生胆子大，脑子活，出格的事干得多，确实需要严格的教育。

有人也许要说，我和声细语就把孩子教育大了，并且也教育得很好。我只能对您说："我好羡慕您，您好福气。"确实，有的孩子从小就不让大人着急生气，不过就大多数孩子的情况而言，我个人的观点：对孩子的教育离不开"严格"二字。

一、绝恶于萌芽，起教于微妙

《伊索寓言》中"从小偷到强盗"的故事里，客观地讲，这位做了强盗的儿子把责任全推给母亲是不对的。不过，如果母亲在儿子小偷小摸的初始阶段严格地制止他，严厉地批评他，或者再设想一下，这位母亲给孩子讲道理、讲危害、讲人生，坚决让儿子把石板送回，让儿子写检查、谈认识，巧妙而妥善地处理此事，也许就可以避免悲剧的发生。

小时候偷拿点东西大了未必就做强盗，不过，不能怀疑，的确是人的品德有了问题。生活中有些人赶集、逛商店、串门时手脚不干净，自己不以为然，别人却深恶痛绝。这种人生品德上的缺陷细究起来有的还就是从小养成的，是父母在初始阶段失之于严格教育。

孩子的很多问题在开始的时候家长都不要因为事小，以为是孩子就放松管制。孩子一旦养成习惯，问题一旦大了，处理起来就很棘手。比如网瘾，戒除起来就很不容易，像《伊索寓言》故事中儿子做了强盗被杀头时，母亲该怎么处理？

所有问题的最好解决办法，第一是预防问题发生，可一般人又很难做到教育得如此完美。第二是一旦有问题，马上严格而彻底地将问题解决在萌芽之中。

二、坚持原则，绝不退让

一般来讲，家庭中，对孩子最亲、最爱的是母亲，对孩子付出最多的也是母亲，可是最管不了孩子的也是母亲。这原因有很多，其中，母亲的"心

第三章　家庭教育的方法

软"、不坚持原则就是较常见的重要原因。

给您讲一个我同学家的故事。这家有一儿一女,儿子是哥哥,读初三;女儿是妹妹,读初一。有一天,儿子回家告诉妈妈说:"妈妈,我们学校准备举行歌咏比赛,我被选进了班里的合唱队。班主任老师说让我们统一服装,穿校服、穿白球鞋,校服我有,但没白球鞋,您得给我买一双,还得抓紧,明天彩排就要用。"

妈妈一听自然很高兴,当即表示大力支持:"行,你要好好唱,精神点儿,妈妈今天就去商场给你买。"

妈妈说到做到,当天下午就从商场买回了一双崭新的球鞋。儿子试了试脚,正合适。第二天,穿上新鞋就上学去了。

没想到女儿不起床了。妈妈喊道:"妮儿,什么时候了,怎么还不起床?上学要晚啦。"

女儿没有应答。

妈妈以为女儿病了,忙到床前问究竟:"怎么了妮儿?哪儿不舒服?"同时伸手摸了摸孩子额头,体温正常,也不发烧,看脸色也没生病的征象。

可女儿就是拉着脸,闭着眼。

妈妈糊涂了:"你到底怎么啦,怎么连学也不上啦?"

妈妈连问几声,女儿还是躺在被窝里撅着嘴,一声不吭。

妈妈一看,孩子一定有事,但这样僵持下去也不是办法,于是就耐心地对女儿说:"妮儿,你有什么心事要告诉妈妈呀?你不说,妈妈也不知道,怎么帮你解决呀?"

女儿终于张了口:"我要一件新衣裳。"

妈妈说:"为什么要买新衣裳呀?"

女儿说:"我就要买。"

"你不是有穿的吗?为什么还要买?"

"你给我哥哥买球鞋了,我就要买新衣裳。"

妈妈恍然大悟,原来如此。就为哥哥因比赛节目需要买了双球鞋,自己就要求补偿一件新衣裳,甚至以不起床、不上学相威胁,无理取闹!可把妈妈气坏了,妈妈狠狠训斥了女儿一顿。

"呜"、"呜"——女儿从被窝里传出了哭声。

妈妈的"牛气"立时变成了"熊气",训斥变成了和声细语。她到女儿床前给女儿和颜悦色讲道理,可女儿根本不睁眼看她,依旧"呜、呜"不断。

母亲就是母亲,慈悲了,没招了,坚持了一会儿,投降了:"妮儿,起床吧,等你放了学咱们就买去。"

女儿起了床。

最终是妈妈满足了女儿的要求。

既然无理取闹能得到好处,谁还不闹?

我同学的这个女儿都十三四岁了,还这么无理取闹,孩子妈妈处理问题的方法说明:平时遇到类似情况一定是该坚持的原则不坚持,不能投降的时候投了降。最终,本该进行的严肃批评,变成了温柔的奖励。

我女儿和儿子小时候都有被奶奶宠惯的历史。在老家他们为所欲为、无法无天,想怎么做就得怎么做,奶奶绝无不答应之理。

他们离开奶奶跟我们生活时,都感到我们的约束难以接受,激烈反抗。

女儿一岁多的时候要买好吃的,妈妈没答应,马上就地打滚哭闹起来。

儿子十一个月大的时候有一次喝奶,非要自己端碗喝不可,满满一小碗儿,肯定会洒,妈妈不许,儿子就不喝。两个人僵持了约有一个小时,没办法,儿子最后让他妈妈端着喝了。

我们的对策是,任你哭、任你闹,我们就是置之不理,原则不能动摇。

孩子尽管小,但他们也懂得斗争策略,闹一会儿停停看看,看到父母不理就再哭再闹,还不理就声音再大些,等他们把能想的办法都用尽了也动摇不了父母的原则的时候,渐渐就失去了斗志,没有了力气。

等他们慢慢平静后,我们还是告诉孩子这么做不对,应该怎么做,最终孩子们不得不在父母严格的政策和严厉的批评下修正自己的错误。

三、重大错误,坚决惩戒

孩子犯错误也有轻重之分。对于非原则性问题,家长可以谅解,甚至也可以迁就,或者换个心情解决,或者累加解决。比如孩子跟着家长外出,看见卖冰糖葫芦的向家长要,家长不答应,孩子就哭、就闹,如果家长任由孩子在大庭广众之下哭闹,我个人觉得未免就有点教条主义了。在这种时候家长不妨通融一下，先给孩子买了冰糖葫芦，把孩子带回家去该怎么教育再怎么教育，不能把问题夸大到因为买了串糖葫芦孩子就变得无法管教了。况且，大庭广众之下，任孩子哭闹也很不雅。

还比如，爸爸出门时，孩子突然来了兴趣，非要骑大马不可，爸爸不答应，孩子哭闹起来，爸爸这时大可不必烦恼，孩子还小，还分不清轻重缓急。这时，您完全可以脚下留步，陪孩子玩玩儿再走。

对于孩子的原则性错误，家长一定要严厉惩戒，绝不放过。什么算原则性错误呢？我觉得那些对孩子品德的形成或者能对孩子日后人生发展产生重大负面影响的就算原则性错误。比如骂人、打架、偷别人的东西、逃学、网瘾、加入小团伙等。

我的女儿、儿子小时候都被惯得骂过人，都因此而挨过我的揍。

儿子读初三时，有一次放学后和同学一起去同学的奶奶家玩了两个多小时的电脑，回家后挨了我的揍。

现在回想起来，该检讨的是我的教育方法简单、粗暴。按有些专家说，甚至有些野蛮，但我不认同"愚蠢"的说法。教育孩子可以选择其他理智、文明的方法，我当时没能做到。方法可以改变，不过我想让孩子知道的是，有些"红线"是不可以触及的。我在学校工作，见的问题学生比较多。我发现孩子一旦形成不良习惯，有的即使自己能认识问题的严重性也不能自拔，解决起来非常困难，比如加入小团伙、上网成瘾等。

孩子犯了重大错误，要责令他检查，让他反省，进行自我剖析，家长要讲道理，要劝诫引导。不过要严中有爱，爱不失言。总的教育目的是坚决不能让孩子走上错误的人生之路。

四、教育道理要让孩子明白

一个读初中的男学生，因为没按时完成家庭作业，爸爸揍了他一顿，可第二天父子俩又有说有笑地坐在了一起。妈妈感到很惊讶。爸爸不在的时候，妈妈就问儿子："怎么爸爸昨天刚打了你，今天你们爷儿俩又有说有笑地跟没这回事一样了？"

儿子回答说："妈，道理很简单，因为爸爸爱我，我也爱爸爸。"

有人可能要问："你是不是想为家庭暴力和体罚教育辩解？"不是！前面

一双儿女，两个清华

我已经明确告诉过大家，尽管我也有过暴力教育的记录，但我依然对体罚孩子的教育方式持强烈批评观点，我们不能借"爱"的名义对孩子进行体罚，体罚总会让孩子的身心受到或大或小程度不同的伤害。我思考的一个问题是，不能让孩子明白教育道理的教育有时可能比体罚本身更可怕。

女儿八岁多的时候，我现在也回忆不起具体因为什么事，只记得当时是女儿错了。我批评她，她不听，还跟我抬杠，怎么说也不行，就是跟我抬杠。当时我气急了，一手抱起女儿，一手抓起一把铁锹，到了房外的空地就掘坑，吓唬她非要把她活埋了不可。女儿一看我动真的了，对我说了句："爸爸，我错了。"我一看有了台阶下，就又把女儿领回了家。

过了几天后，我和女儿聊天时无意中聊到了人生的话题。女儿说："唉，人活着有什么意思呀。"我的心猛地一颤，马上意识到这是我前几天恐吓的、蛮横的行为，深深伤害了女儿的心灵。我赶紧给她讲人生的美好，描绘她多彩的未来。我是希望用加倍的爱，抚慰孩子受伤的心。

后来一想，我当时的管教方法确实太霸道了。我有我的观点，孩子有孩子的看法，意见不一致本来就是很正常的事，孩子即使因认知水平所限，观点不对，但坚持自己的观点据理力争也没什么可指责的。我仅仅因为孩子不听自己的，说得不对，就可以不把道理讲清，甚至使用蛮横威吓手段，让孩子感受到的是莫名的恐怖，这确实符合某些教育专家说的"野蛮"、"残忍"了。

从那以后再教育儿女时，我记住了一点，无论我的教育方式激进还是柔和，绝对允许孩子充分发表意见，给孩子平等争论的权利，让孩子明白了道理再批评、再管教。

女儿八岁多时因和我顶嘴，我吓唬要活埋她；儿子十四岁时因去同学奶奶家偷玩电脑回来挨了我一顿狠揍。这是我为数不多的重大教育失误中的两个典型案例，希望能成为您家庭教育的一面镜子。您在教育孩子时，遇到类似的情况，先制怒，然后静下心来，理性面对，用您的智慧去解决。我吃一堑，您长一智。

时光不能倒转，有时我就幻想，如果能让我重新教育，我一定会让儿女更快乐、更幸福。

培养孩子的成就动机

动机是在需要的基础上产生的,当一个人意识到自己的需要时,就会去寻找满足需要的对象,于是,动机就产生了。动机是激励一个人朝着一定的目标努力,并维持这种努力活动的一种内在的心理活动或内部驱动力。成就动机具有明确的主观意识性,它能使人的兴趣和努力具有高度的集中性和明确的指向性。

拿破仑说:"不想当将军的士兵不是好士兵。"这句广为流传的名言从心理学角度分析,就是讲人的成就动机。一个好士兵,为了能有朝一日当上将军,他就要不怕牺牲,敢于冲锋陷阵,争取更多的成功。只有这样,他才能得以升迁,一步步实现梦想。我们一般人的心中也都有自己的抱负,为了实现自己的抱负,精力专注,热情高涨,面对困难无所畏惧,这些都是成就动机产生的巨大力量,这就是成就动机的神奇作用。

很难想象一个没有成功追求的人会认识到自己工作的价值,更不会为了使自己的工作达到完美状态而不屈不挠地去克服艰难险阻。一个人的发展,有赖于一定的成就追求,有赖于一定水平的成就动机。成就动机水平越高,就会使一个人越敢冒风险,就越敢于知难而上,勇于进取,最终也就越能取得较高水平的成就。

有人在学校做过实验发现,以成就为动机的学生学习起来不仅目标明确、勤奋刻苦,他们坚持学习的时间相对也会更长,即使遇到困难或遭遇挫折,也多从主观上、从自身找原因,然后继续努力,因为他们一心想获得成功。因此,一般来讲,成就动机较强的学生学习成绩也比较好,一定的成就哺育了他们对更大成就的向往,而这种向往常常又哺育出他们新的成就,形成他们不断走向成功的良性循环。

该怎么培养孩子的成就动机呢?

第一、要鼓励孩子勇敢迈出第一步

有这样一个故事:琼斯大学毕业后如愿考入当地的《明星报》任记者。这天,他的上司交给他一个任务——采访大法官布兰代斯。

第一次接受任务的琼斯完全没有欣喜若狂，有的只是愁眉苦脸。他想，自己任职的报纸并不是当地一流的大报，而自己也仅仅是一个刚刚出道、名不见经传的小记者，大法官布兰代斯怎么可能会接受自己的采访呢？同事史蒂芬获悉他的苦恼后，拍拍他的肩膀说："我很理解你，让我来打个比方：一个人躲在阴暗的房子里，怎么能想象外面的阳光多么炽烈。其实，最简单、最有效的办法就是往外跨出一步。"

史蒂芬拿起电话，接通了大法官的秘书，直截了当地提出了他的要求："我是《明星报》新闻部记者琼斯，奉命采访大法官，不知他能否接见我。"旁边的琼斯吓了一跳。

接着，琼斯听到了史蒂芬的答话："谢谢你，明天中午1点15分，我准时到。"

史蒂芬向琼斯扬了扬手中的话筒："明天中午1点15分，你的约会订好了。"一直站在一旁的琼斯面色放缓，似有所悟。

多年以后，昔日羞涩的琼斯已成了《明星报》的台柱记者。回忆此事，他仍觉得刻骨铭心："从那时起，我就学会了单刀直入的办法。而且第一次克服了心中的畏怯，下一次就容易多了。"

很多时候，困难是被我们自己在想象中无限放大的。事实上，只要我们勇敢向前迈出第一步，原来想象中的困难只是自己吓自己的纸老虎。当我们克服了恐惧心理，敢于行动以后，成功离我们并不遥远。

我上师专的时候，有一次学校准备举办文艺晚会，因为我嗓音基础比较好，我的一个同学约我，要和我搞一个组合，表演《白毛女》中的一段节目。在这之前，我曾经在众人面前念过经验材料，曾经带领大家喊过口号，也曾经讲过话，但就是从没有表演过节目。我自认为在表演方面很没天赋，所以，当那个同学提出这个建议时，我的第一感觉就是怕出丑。尽管他给我做了两三次工作，可我最后还是没有答应下来。搞组合表演的事自然也就化为乌有。

多年以后，我工作的学校为庆祝教师节而在枣强县影剧院举办专场文艺联欢会，同事们又鼓励我上台表演节目。一来年龄大经历得多了，二来脸皮厚了，这次我就大着胆子上了台，在乐队的伴奏下，演唱了《智取威虎山》选段《我们是工农子弟兵》和歌曲《毛主席来到咱农庄》。演唱效果大大出乎我的意料,全场响起了热烈的掌声,尤其是台下的同学们为我齐声欢呼喝彩。

从那以后,我便多了一种蠢蠢欲动的表演欲,一有机会我就想在众人面前唱上一段。

两件事联系起来让我感悟到,平庸和成功相距仅仅一步之遥,也仅在一念之间,向前跨一步,也许就能从平庸中脱颖而出,而能够向前跨出一步,需要的就是希望成功的动机和勇气。

在对儿女的培养中,我注重了鼓励的重要作用。

女儿九岁那年,我们学校举办元旦文艺晚会,正好女儿学校也放了假,她跟着我去观看同学们演出。我鼓励女儿给大家表演了电子琴独奏。然后,我又带着她合作演唱了《沙家浜》中《智斗》的片段,赢得了满堂彩。一位去学校观看演出的附近的村民跟我很熟悉,我带着女儿下台后她对我们说:"你们父女俩同台演出,真让人羡慕,尤其这个闺女,这么小就敢上台演节目,太厉害了!"

女儿仰起小脸儿,露出了收获成功后灿烂的笑容。

儿子十四岁那年放假,他需要去北京配眼镜,那个时候正赶上我工作忙,没空带他出去。怎么办呢?我试着问儿子:"东黎,你自己去北京行吗?"

儿子从来没有自己单独出过门,更何况还是七百来里地的北京,车多人杂。说实在的,我当时说这句话,基本上还是说着玩儿的成分多。

儿子听了先是一愣神儿,马上就又兴奋起来:"行,让我自己去吧,爸爸!"他倒是挺大胆。

看儿子那份精神劲儿,没有我带着去,更能显出他的能耐。我并不十分认真的一句话,勾出了儿子渴望成功的欲望。

我问儿子:"如果真让你自己去,你害怕吗,东黎?"

"敢去,没问题。"

听儿子的话,就知道他很希望独自出去闯闯,可毕竟没有独自出过门,底气还不是十分足。

考虑再三,我还是决定单线放飞儿子。

拿定主意后,我又给在北京的女儿打了电话,女儿也欣然表示支持,并表示要在北京做好迎接工作。

女儿的支持更坚定了我锻炼儿子的信心。

事情确定之后,儿子自己准备好了路上吃的食品,我准备了手机、北京地图,然后嘱咐儿子上下车要注意什么,路途上注意什么。到北京下车后怎么跟姐姐联系,一旦联系不上怎么等姐姐,怎么看着地图找姐姐。我把能设想到的各种困难和危险以及该怎么克服困难和防范危险,给儿子详细讲了一遍并做了周密安排。

儿子看我准备得这么充分、这么周密,信心更足了。看到他有信心、有胆量,我的心也就放宽了许多。

果然,儿子用了五天的时间自己往返了一趟北京。高高兴兴去,平平安安归,一切顺利。

有了这次经验,儿子后来去北京读大学,在安全方面我就再也没有牵挂过。

第二、鼓励孩子站在离成功最近的地方

有一个省女子足球队挑选队员,所有落选的女孩儿都失望地离去了,只有一个又瘦又黑的女孩还默默地坐在场地边看队员们训练。教练看她很伤心,就走过去安慰她。

"您能留下我吗?"女孩儿眼睛含着泪水。

"可我们的主力队员已经选够了。"教练很为难。

"那就让我做个替补队员吧,总得有人给主力队员拿衣服、送矿泉水啊。"

"你为什么非要留下来呢?"

"我想站在离成功最近的地方,在那里我随时都可能有机会成为主力队员。"

教练不忍心再拒绝,留下了这个女孩儿。

从此以后,队员们在场上训练,女孩儿就在场下练球。坚持不懈终于为她赢得了机会:在一次重要的比赛时,前锋队员意外受伤,无奈,教练把她派上了场。结果女孩儿在下半场连进两个球,不仅帮助本队获得了胜利,更使自己一战成名。

这个女孩儿后来成为女子足球世界杯金靴奖得主。

她的经验告诉我们,没有成功的时候,就站在离成功最近的地方,机会来临时就可能获得成功。

我无法与世界冠军相提并论，但我的经历中却有过相似的经验启示。

读师专时，学校举办运动会。班里组织同学们自报参赛项目，体育委员征求我的意见，我说报长跑吧。因为读高一时，有一次去公社开完会回家，八里地，我们几个同学一口气跑完当时也没觉怎么累，这次运动会报名我就当做特长报了上去。真没想到，运动会上，1500米、3000米、5000米，我分别以4分多、11分多、18分多（精确用时现在已经记不起来了）全部获得了第一名。这次运动会因为是我的母校衡水师专成立后的第一届运动会，所以，理所当然地，我就为母校留下了运动会全部男子长跑项目的第一个记录。当时，体育老师准备让我继续锻炼，然后，参加十月份在省会石家庄举办的全省大学生运动会。可是我当年七月份就毕业，还有别的事，所以也就没有留下来。至今想起来多少还有些遗憾。

一个人的潜能，哪怕是自己，或许也并不完全知道，某些偶然的机遇，或许就能带来成功。因此我想到，我们给孩子施展才干的机会越多，孩子成功的几率也就越大。接下来，其成就动机也就会越强。

有了这份心得，日后在指导儿女们时，我总是积极鼓励和肯定他们参与各种活动和竞争，担当各类职务。比如女儿读初中高中时参加英语、物理、化学竞赛，到市电台播音，当班干部等；儿子参加各种竞赛、演讲、竞选班干部等。各种实践活动给孩子提供了认识自己、锻炼自己、发展自己的机会。

第三、成功和自信互为条件

自信是一个人成功的必要条件，自信反映了一个人对做好某项工作准备的充分，对自己能力的认可，对面临的挑战的无所畏惧。一般来讲，自信心越强，心理越稳定，发挥就越出色，取得的成绩也就越大。士兵上战场前，军官要作战前动员，要激励士兵不怕流血牺牲，要告诉士兵狭路相逢勇者胜，要让士兵雄赳赳、气昂昂走向战场；竞技运动中，我们知道教练员都要做技术指导、战术安排、心理调整，目的就是要让运动员以良好的竞技状态走向赛场。我在学校工作，最熟悉的还是学生考前的各项准备工作，除知识本身的复习准备外，还有名人名言激励、高考形势分析、各种形式的谈心交流、考前动员等，大量的工作都是为了稳定和提高学生的考试信心，鼓励学生考出水平，接受祖国的挑选。

一个没有自信心的人，不容易在他所从事的事业中取得什么成就。战场上的望风而逃，运动场上的动作变形，考场上的脑子空白，这些失败无论有多少理由，缺乏自信心必是其中一条重要的理由。所以，自信是成功的条件。

我还想要说的是，成功也是自信的条件。这个道理理解起来容易，但在实际工作中却往往被很多人忽视。

打仗时十分注重第一仗，讲求首战必胜。平型关大捷是八路军抗战的第一仗，这一胜利打破了日本军队不可战胜的神话，对提振中国军队和中国人民的抗日士气，坚定中国军队和中国人民抗战必胜的信心起到了巨大的鼓舞作用。

我常见一些没有经验的老师对学习后进的学生管理的方法是一而再、再而三地鼓励，这些学生也很努力，结果成绩还是一而再、再而三地不理想，而过多失败的体验又严重挫伤了学生的自尊心和自信心，愈发引起了学生的自卑感。时间一长，老师和学生自己都没有了信心和耐心，于是都有了放弃的念头，而一旦思想上放弃，便真的就很难再赶上来了。

再接下去，有的学生注意力一转移，无事而生非，就变成了所谓的"问题学生"。

对于学生来讲，一次考试成功和失败，不仅仅是上一阶段学习情况的检验和总结，很重要的还有对后一阶段继续学习动机的影响，一次或多次的成功会对学生的学习动机产生激发作用，成为学习动机的激活剂。因此，老师在教育教学活动中，要运用因材施教的原则，针对不同层面的学生，在涉及提问、作业、考试目标等方面，要有不同的层次要求，使每个学生都能通过自身努力达到标准，都有成就感，都能获得成功体验，从而坚定他们的学习自信心，提高他们的学习兴趣和学习积极性。

老师在面对学习成绩一般或后进的学生时，还要注意发现和挖掘这些学生的闪光点并及时给予肯定和表扬，给他们以成就感，进而增强他们的自信心。

衡水市某局的一位前局长现已退休在家，他谈起自己读小学时的一件往事感受就很深：他们刚学带名数算长度时，同学们常常出现错误。有一次，老师随堂问了一句："四尺和六斤哪个重啊？"先后提问了两三个同学都答不上来，提问到他时，他回答说："不同名数不能比较。"老师马上就夸奖了他，说他上课认真听讲，并且会动脑子，还要求同学们向他学习。当时，老师的这几句夸奖足足让他激动了好几天。因为他以前就是个学习很一般的学生，很难有机会得到这份荣耀。从那以后，他学习的劲头突然就足了起来，学习成绩也越来越好，自信心也越来越强。后来读初中、高中时，学习成绩一直名列前茅，再后来考上了大学。这些也都为他日后在社会上的发展打下了较好的基础。这位老局长颇有感触地说："小时候老师这几句简单的夸奖，可以毫不夸张地说，真实而深刻地影响了我一生。"

家庭教育也是一样，有人说好孩子是夸出来的。

一般人不容易做到百折不挠、愈挫愈奋，尤其是孩子。家长在培养孩子时，要夸，要会夸，多看孩子的成绩，多看孩子的进步。家长要多给孩子成功的感觉，引导着孩子从一个目标向另一个更高远的目标迈进。

引导孩子交友

一个人从牙牙学语，到成长为一个比较成熟的青年，其间要经历很多阶段，在这个成长过程中，他们要接触家庭、学校、社会、传媒等，各种各样的人和事都会对他们的成长产生或大或小的影响。其中，朋友是他们不可或缺的陪伴。

孩子小的时候，他们就像大人的"小尾巴"，走到哪儿跟到哪儿，在这个阶段，孩子还没有基本的生存能力，要完全依赖家长的照料，自然地，家长也就成了孩子成长的启蒙者、教育者，家长的说教和示范作用无可替代。直到他们渐渐融入学校、同伴生活后，就再也不是原来的"小尾巴"了，"朋友"已慢慢成了他们生活的组成部分，甚至是重要的组织部分，因为"朋友"的言行和评价往往更可能影响他们的价值取向和人生轨迹。

《弟子规》上讲："能亲仁，无限好，德日进，过日少。不亲仁，无限害，小人进，百事坏。"

三国时期，有一个叫刘伟的，跟魏讽关系很好。刘伟的哥哥了解魏讽的为人，知道他是一个玩世不恭、为害社会的人，就劝弟弟说："做人一定要同那些品行高尚的人交往，如果和品质恶劣的人交往，后果会不堪设想。我看魏讽这人品德不端,喜好结交一些不三不四的人,你最好不要和他来往,以免将来受他的连累。"

可是刘伟不听哥哥的劝告。后来,魏讽因作乱招致灾祸,刘伟由于和他来往密切也受到牵连。他后悔没听哥哥的劝告,可是已经来不及了。

有人也许会问:你是不是把"朋友"的影响作用过分夸大了呀?我想解释的是:第一,诚然,并不是所有的人都被"朋友"规定着人生的发展方向,但是,确实有很多青少年因"朋友"而明显受益或受害。第二,十几岁的孩子,思想上有了摆脱依赖、追求独立的意识,父母和老师的说教往往不能入心,与同龄伙伴之间,可能有了更多的共同语言。而这个年龄段,他们的价值观和人生观都还不成熟,判别是非的能力还不是那么强,对一些言行的深远影响认识得还不是那么充分和深刻。第三,人生最真诚、最无邪、最亲密而终其一生的特殊关系,往往就是孩提时代建立的友情。

总而言之,作为家庭教育的一个重要部分,家长对孩子交友的正确指导,不能忽视。

我给您提的引导孩子交友的建议有以下几点。

一、积极鼓励和支持孩子交友

社交是孩子走向社会必须的基本能力。可以设想,如果一个人从小到大,读书学习的成绩总是很好,但就是和他人不说话、不交流、没来往,除了读书没有别的嗜好。到了工作单位以后,也没有同伴,没有朋友,跟领导不沟通,跟同事不联系。这样的人即便想在事业上取得成绩,没有大家的支持是很难的。

孩子将来的社会交往能力就是从小与小伙伴的交往开始学起的。

现实生活中,由于独生子女这样的特殊社会现象,孩子们在家大都是"小皇帝"、"小公主",大人围着孩子转,常常以孩子的意志为中心。在这种环境中,孩子很容易出现以自我为中心,不合群,难与人沟通,难与陌生人交往等问题。

鉴于可能出现的种种问题,家长要积极鼓励孩子到小伙伴中去,同小伙伴交往,在"小社会"中认识大社会。

孩子在学校时,要鼓励和支持孩子积极参加集体活动。

不要让孩子在家里闷坐。我发现很多中学生甚至大学生放假后都是整天在家玩电脑、看电视,街坊邻居谁都见不着面,似乎与世隔绝了。家长要把孩子往外撵,让孩子出去玩儿,让孩子联系同学、朋友等,或者是给孩子安排一些活儿,如社会实践活动等。

家长要热情接待孩子的朋友。孩子的小伙伴到家来玩儿,可能会把家里弄脏、弄乱,家长不要不高兴,收拾一下就好了。要让孩子的伙伴来得舒心、玩得高兴,无形中亲密了孩子和小伙伴们的关系,有利于孩子和小伙伴们更好地交往。

家长要给孩子尽可能创造交朋友的机会。一些社交场合,如果不碍大局,可以带孩子参加。还可以组织一些活动,如旅游,几个家庭都带孩子参加。还可以让孩子们自己组织一些活动,比如游戏、打扑克、下棋、各种球类等。

儿女们都曾对我说过:"爸爸,我从内心就厌烦搞人事关系,将来我也不愿从政,我就愿自己能安安心心搞点儿科研"之类的话。

我对儿女们说:"如果将来你能学得好,并且有机会能走进科研机构,我会很高兴,也会很支持。不过,不要把科研工作理想化。"

"首先,你一个默默无闻的人,谁也不了解你的能力,没有人会把科研项目和科研经费交给你一个刚刚走上工作岗位的人。这就需要你好好地融入团队,让别人了解你、认识你。"

"其次,现在极少有科研项目是一个人独立完成的,它需要很多人团结协作,密切配合才能完成。我听说像卫星发射之类的大的科研项目,需要汇集数以万计的科研人才的聪明智慧和辛勤工作。"

我还对儿女们讲:"我高中时期的两个同学现在做了大学教授,据他们讲,大学的很多科研项目都是向主管部门或社会争取的,也不是坐在实验室等别人送项目、送经费。"

儿女们听了我的话,后来才慢慢知道,原来搞科研还要学会与人合作,还需要别人的支持和帮助。

二、教育孩子要学会理解人、尊重人、关心人、帮助人,要学会宽容人,要学会共享

理解人,就是要教育孩子想问题、办事情不能心中只装着自己,只顾自己的利益，只站在自己的立场上想问题。比如看电视，教育孩子不能独霸一个频道不顾他人；吃东西、坐座位，要先照顾长辈和体弱的人；遇到有争议的问题，不要急于发表自己的意见或急于为自己辩解，要学会倾听，理解和接纳别人意见中的合理成份。

尊重人，是要教育孩子不但要尊重长辈、尊重老师，还要尊重同学和同伴，要尊重别人的劳动，尊重别人的人格。不蔑视别人，不侮辱别人。比如，不给人取绰号，不鄙视社会地位低的人，不讥笑有生理残疾的人。平时说话要和气，要学会谦逊，要懂得文明礼貌。

关心人、帮助人，是教育孩子在同学或同伴遇到困难时不袖手旁观，同伴摔倒了要扶一把，别人经济有困难，比如地震、水灾、火灾等重大灾难，支持孩子捐一点儿，同伴、同学生病要学会问候和探望。

宽容人，就是要教育孩子多看别人的优点，对人要礼让，不要得理不让人，心中装不下一根针。要胸怀宽广，要容许别人说错话、办错事，要学会团结人，甚至是和自己有过矛盾的人。比如孩子在一起玩儿的时候难免产生一些纠纷甚至争吵、打架，这时，家长不必看得过分严重，也不必过早地上前干预解决，可以试着让他们碰碰钉子，然后知道怎样理解他人、尊重他人、忍让他人，经过磨合达到融合，学会解决纠纷，达成共识，言归于好，成为朋友。

共享，就是要教育孩子不独占、不独享。自己的所有，要与小朋友、与他人一起分享，要与朋友共担痛苦、分享快乐。比如有吃的要先孝敬长辈和分给同伴吃，有玩具要和小朋友一起玩儿。

有一次，我看见一位妈妈带着孩子玩儿，准备的玩具有儿童滑车、呼啦圈、跳绳儿。一会儿，过来一个小朋友，看见这个孩子在练滑车，小朋友就拿起了呼啦圈。这孩子看见有人动她的呼啦圈，马上扔下滑车来要呼啦圈。小朋友见状又去拿跳绳儿，这孩子马上又扔下呼啦圈来要跳绳儿。反正是小朋友想玩儿什么，这孩子就扔下别的来要，就是不让小朋友玩儿自己的玩具。这位妈妈只在一边看着笑，也不批评引导自己的孩子。

我们教育孩子学会与人融洽相处，还有一点需要我们注意，那就是家长平时在家的言谈话语中，多谈自己和他人与朋友相处的快乐、合作的成功，让孩子体味团结的作用、朋友的意义。不要常当着孩子的面论人是非，自己怎么骗人、怎么坑人、怎么勾心斗角、怎么千方百计不择手段谋取不正当利益。

三、教育孩子学会选择

春秋战国时期的思想家墨子说："染于苍则苍，染于黄则黄，所入者变，其色也变。五入必而已则为五色矣。"哲人用染丝比喻人性受不同环境影响而会产生改变。晋朝的傅云说："夫金术无常，方圆应行，亦有隐括，习以性成。故近朱者赤，近墨者黑。"也是在比喻接近好人会变好，接近坏人会变坏的道理。

朋友，是人生不可或缺的社会因素，是人生重要的环境因素。不过，朋友的影响也是两方面的——积极的和消极的。我们在鼓励孩子交朋友时，也不能只是一味地支持、鼓励，要引导孩子鉴别良莠、区分类别，要有所选择，交"益友"，不交"损友"。

因交"损友"而锒铛入狱甚至丢掉身家性命的例子屡见不鲜。

几年前，某地曾发生一件命案。北京的两个小伙子为了"朋友"的事，受"朋友"之邀，去农村帮助震慑乡下人，结果两个人都被对方愤怒反击而毙命。据说，其中一人还只是"朋友"的"朋友"。可以肯定的是，两个人都不认识他们原本要"震慑"的乡下人，更谈不上怨仇、过节，仅仅是为了所谓的"朋友义气"而命丧异土他乡，留给妻儿老小无尽悲伤。

我也听到过有的学生为"朋友"帮忙打架而轻者被学校除名，重则伤及性命的事例。祸端的起因往往是打饭、打水排队磕碰诸如此类鸡毛蒜皮的小事，因为他们原本也没有什么大事。帮助"朋友"打架的同学甚至不认识被打的同学，也仅仅是为了所谓的"义气"。结果有的丢了学业，影响了一生的发展，有的还丢了性命。既害人，又害己。

作为家长，自己家的孩子我们可以管，而别人家的孩子我们就没法管或很难管。为了能让孩子多受同伴积极的影响而减少消极的影响，我觉得最现实的办法还是引导孩子学会选择。我们没有能力改变别人，但挑选朋友的主动权还是掌握在我们自己手中的。

我引导孩子选择朋友遵循的原则是：

遇到品行不端的不交。比如粗话满口、瞎话成筐、正事不干、歪事全能等，不要与这样的孩子为伍。如果孩子谈到这样的同学或者看到这样的孩子，我就给儿女讲这种品行的缺点和它对人生长远的负面影响，引导孩子一要认识，二要远离。

2012年7月6日左右（具体时间我没记清），某电视台法制栏目讲了这样一个故事：某市一个十八岁青年在网吧因受同伴引诱，走上了偷盗的道路而不能收手，最终锒铛入狱。

遇到不明事理的不交。时常都能见到这样的人，大人孩子都有：遇事分不清对错，不知道理儿怎么说，明明不对，还在那儿喋喋不休。这类人往往自私自利、心胸狭窄，与人纠纷多。

当孩子遇到这样的伙伴时，我劝导孩子要保持距离，不与之纠缠。因为与这样的伙伴相处易闹矛盾，且讲不清理，最好敬而远之。

遇到有暴力倾向的不交。有的孩子有暴力倾向，有的孩子的家长有暴力倾向。出了事情不问是非黑白，总主张以拳头论高低，以暴力平纠纷。他们或是受了别人的影响，或是自己从中尝到过甜头。总之，有暴力倾向的伙伴不能交。因为第一，自己不愿受伤害。第二，不愿让别人受伤害。第三，出了大问题不好解决。第四，也不愿相信暴力能行走天下的道理。

遇到不爱学习的要辩证对待。我先举一个小例子。儿子读初中的时候，有一年寒假，快到最后了，他的假期作业还有很多。我就问："东黎，作业怎么还有这么多？怎么没按进度完成啊？"

儿子对我说："爸爸，XX、XX哥哥（我熟人的两个男孩子）的作业，在回家的半路上就撕掉扔了。"

不知道儿子是在为自己辩解，还是给我讲趣事，我马上以严厉的口吻对儿子说："你两个哥哥这么做绝不是你学习的榜样。东黎，你记住，如果你想将来比别人更优秀，就应该学会使用双重标准，对别人要求要宽，对自己要求要严。别人能错的，你不能错；别人能松的，你不能松。"

小孩子不爱学习并不就意味着这个孩子的品质有问题，只是我从自己家的实际情况和孩子将来的出路考虑得多一些。最初始、最直接的原因，我们是百姓家庭，不容易为孩子的将来谋划出路。人所共知，现实中，唯一比较可行的一条途径就是通过高考走出去。

参加高考就得要考出好成绩。高校取人，基本上就是依据高考成绩一锤定音（现在虽有了自主招生等一些改革措施，但对大多数同学来说，还得靠分数）。而要想敲响这一锤，需要十二年的刻苦努力，需要养成良好的学习习惯，需要有适宜的学习环境。跟不爱学习的同学靠近，就可能受新读书无用论的影响，就可能受闲杂事的干扰；跟爱学习的同学相伴，心就会静，就会受到这些同学学习积极性、学习方法、学习习惯等良好学习品质的熏陶。

遇到品质好、学习成绩优秀的同学，我就常当做典型给孩子讲，作为孩子学习的榜样。典型教育对孩子来讲，是很有效的一种引导教育手段。遇到不爱学习的同学，我告诉孩子要尽力帮助，比如讲讲题、帮助解决其他困难等。如果是真不爱学的同学，就要保持距离，不能干扰学习。理由很简单：因为咱们耽误不起。

我给孩子讲述管宁割席的故事：东汉时期，管宁和华歆曾是好朋友。有一天，他们在菜园除草，无意中挖到一块金子。管宁低头继续除草，看也不看。华歆捡起来看了看，然后扔到了一边。

又有一天，两个人正坐在席子上看书，一辆华丽的车子从门前经过。华歆扔下书去看热闹，管宁非常生气："荣华富贵靠自己奋斗得来，看别人有什么用！"于是，管宁拿刀把两人共坐的席子从中间隔开，宣布与华歆断交。

从中我们可以总结一句话：志趣不同不相交。

该引导孩子交什么样的朋友呢？古语讲："结交胜己者。"我在孩子面前常常夸赞和引导孩子学习、接近那些品行端正、学习用功，有较强的自律性，有良好习惯的"胜己者"。

因法讲法

这个话题的由起完全是因为一件偶然的小事。原来我从没想过要对儿女们进行法制教育。

记得大约是儿子读高一的时候，一个周六的下午，我爱人跟儿子在一起聊天，儿子想出去玩玩儿，她问儿子："东黎，你的作业做完了吗？"

儿子回答说："快了，就剩下作文了。"

妈妈又问："你怎么不做完作业就出去玩儿呀？"

"晚上再写。"儿子说出了自己的想法。

"你应该先完成作业再出去玩儿。"妈妈提出了要求。

"我晚上一定写。"儿子保证道。

"你晚上如果写不完怎么办呀?"妈妈不放心。

"妈,没事。有的同学经常不完成作业,还有的同学根本就不做家庭作业。"儿子为自己的行为进行无理辩护。

"那是非常错误的,你若这样我就不让你上学了。"妈妈警告儿子。

"你不敢,你要是不让我上学我就告你去。"儿子想拿起法律武器保护自己了。

"你已经不是义务教育阶段了,我们不愿意供你就可以不供了。"妈妈吓唬儿子。

从当时的谈话氛围看,母子两个基本上就是一般对话,当妈的肯定没有要停止儿子学业的真实意思,仅仅是嘴边上一句教育的话,也可理解为一种口头警告,督促儿子好好学习而已。儿子呢,也肯定没有想去法院告父母的设想,只不过一句调皮的应付话。

儿子为了出去玩跟妈妈软磨硬泡的一段对话情景,可以说,在很多有男孩子的家庭中都可能曾经出现过。不过,在我的心中,儿子却不再是以前印象中的孩子了,更远远不是我们小时候那个年代的孩子了。

在我还是孩子的那个年代,人们的生活水平低,农活重而多,各家孩子也多,家长没有精力和心情去溺爱孩子,能耐心地做孩子的工作,跟孩子细致沟通和交流的比较少,学校的教育工作也没有现在这么多细致要求和行为规范,家长和老师对孩子、对学生的管理要省事得多、简单得多。家长打骂孩子,老师体罚、训斥学生,孩子服从家长,学生听从老师的话,似乎天经地义,没多少人从内心去挑战这种思想。很多家长和老师给孩子和学生讲的道理是,"打是亲,骂是爱,不管不教要受害。"很多家长把孩子送到学校时对老师嘱咐的话是,"你就把他当自己的孩子管,随便打骂,咱准不找你。"当然,并不是家长们乐于让老师打骂自己的孩子,但从一个侧面可以反映出社会对于简单教育的认可与谅解。那时候很少听说因师长打骂,谁家的孩子出这样那样的法律纠纷了。

时代不同了，现在的孩子思想要复杂多了。对他们的教育只是几句简单的大道理，几句粗暴的训斥都已经无济于事了，不符合他们认知能力和水平的教育，不能与他们的思想沟通的教育不会让他们心服口服，当然也不会取得预想的教育效果。所以，我们的教育方式、方法也要与时俱进。家长要了解孩子学了什么，懂得了什么，他们的生活环境是什么样的，他们正在想什么，对孩子的教育真的要像中医看病一样，望、闻、问、切，对症施教。

我听了他们母子的对话，恍然明白：现在的孩子通过课堂、网络、电视等已经学到了很多法律知识，比如《中华人民共和国义务教育法》、《中华人民共和国未成年人保护法》等的相关知识。这些法律都有保护少年儿童合法权益的立法初衷，法律知识的宣传与普及使孩子知道，他们的合法权益应当受到保护和尊重，任何人，包括家长、学校、老师都不能侵犯，当权益受到侵犯，他们抗争起来就会理直气壮。

儿子既然拿起了法律利器，我何不顺着他因法用法，以法讲法，从法律角度跟他谈心，向他渗透法律知识，从一个新的角度去教育他、引导他？那样也许会收到意想不到的效果呢。

想到这里，我把正在跟妈妈"泡蘑菇"的儿子叫到了跟前："东黎，你看，你们现在上学读书受教育的权利和其他很多权利都有法律来保护，你们赶上了好时候，多幸福啊。"

儿子的脸上也洋溢着幸福的笑容。

我问儿子："你知道我们小时候上学的情况吗？"

儿子摇了摇头。

我告诉儿子："我们那时候生活很艰难，生产队分粮食依据人口和工分两项按比例综合决定各家分得多少，工分挣得少，粮食就分得少。本来，当时生产的粮食就很少，挣工分少的家庭分的粮食就更少了，这些家庭相应的也就更艰难了。所以，当时，有很多家长为生活所迫，就让孩子早早终止了学业，甚至有的家庭的孩子根本就没进过校门儿。"

我还给儿子举了老家两家人的情况：一家有三个儿子，家长怕缺钱，个个都没读完小学；一家只有一个儿子，家里只欠了生产队一年钱，他的家长就让他辍学了，小学也没读完。说起这两家人的名字，儿子都知道。

我对儿子说:"那时候没有谁家的孩子想去告父母,也没有专门的法律来保护未成年人的权益。你多好啊,我们不仅要供你读初中、高中,还想供你去读大学,我们的打算是,只要你愿意读、好好读、能读得好,就一直供你读下去。"

儿子边听边点头,眼神中满含着优越、幸福和快乐。

看到儿子越谈情绪越好,顺便我又问了儿子一句:"东黎,你们现在条件这么好,你能说说这好生活是怎么来的吗?"

儿子马上就回答:"我当然知道了,这是无数仁人志士、革命先烈抛头颅、洒热血换来的,这个道理您讲过,老师也讲过。爸爸,您怎么问起这些来了?"

我以讲代答:"是啊,虽然现在是和平年代,不打仗了,但依然有无数的人在为我们的生活付出。我们需要吃饭有人在为我们种粮食;我们需要穿衣有人在为我们织布裁衣;我们需要住房,有人在为我们建设高楼大厦;我们需要远行,有人在为我们造汽车、飞机;我们需要学习,有人在为我们生产笔墨纸砚;我们需要和平、安宁,有人在为我们站岗放哨……为了我们的幸福生活,有多少人流血流汗,有多少人默默奉献啊!"

儿子的眼神渐渐有些严肃起来。

我问儿子:"你看,咱们从社会获取了这许许多多,是不是也应该回报给社会些什么呀?"

儿子说:"这个道理我懂,爸爸。"

我一见儿子上了"道儿",顺势又问儿子:"东黎,你知道国家为什么要为保护少年儿童的合法权益立法吗?"

儿子一下直了眼:"老师给我们讲这些知识时,我只觉得很幸福,至于您问的这个问题我还真没考虑过。"

我接着问儿子:"少年儿童的生存权利、发展权利、受教育的权利,国家都给予了特殊的、优先的保护,禁止家庭虐待、遗弃孩子,禁止家庭暴力,社会、学校也必须为少年儿童的成长、接受教育提供资金、设施和其他必要条件,义务教育阶段,学校不得开除学生。未成年人违法犯罪还要减轻或免除处罚。社会、学校、家庭有不履行保护少年儿童权益职责的,法律要追究责任人的责任等。国家为什么要高度重视和保护未成年人的这些权益呢？"

儿子问："为什么呢？"

我告诉儿子："因为，未成年人是祖国的未来，是民族的希望。国家为保护未成年人的合法权益立法，是希望你们的身心健康，在德、智、体、美、劳等方面都得到发展，成为有理想、有道德、有文化、有纪律的'四有'新人，希望能为你们长大后成为社会主义的建设者和接班人打下良好的基础。"

儿子听后若有所思地点了点头。

我又接着给儿子分析："我虽然不精通法律，但依照我的理解，法律追求公正、平等的原则。不能让任何人只履行义务，不享受权利，也不能让任何人只享受权利，不履行义务，权利与义务要保持一致性。"

看到儿子似懂非懂的样子，我又进一步给儿子解释道："比如，咱们刚才谈到的对少年儿童合法权益保护的法律，就对未成年人的很多权益以法律的形式进行保护，而你们未成年人也千万不要理解成有法律保护我可好了，我就可以谁也不用怕了，我就可以为所欲为了。那样发展下去，现在的孩子将来就会长成只知吃喝，不知创造，只知索取，不知奉献的寄生虫，甚至会成为扰乱社会秩序，影响社会稳定的渣滓。立法的出发点和落脚点显然不是这样的。法律保护你们是为了让你们健康成长，长大后好接社会主义的班，能够建设一个更加美好的社会。对你们来讲，这就是一种责任，一种义务，一种担当。"

儿子的脸上不再只是幸福的微笑，更多的是沉甸甸的凝重了。

我又给儿子读了《小学法制教育读本》中的一段话——"当你在家庭的庇护下，幸福地生活、学习的时候，也要想到自己的责任，如可以现在就从日常小事做起，在家里干一些力所能及的家务活。"

我又对儿子讲，还有学习，是你们的权利，同时也是你们的义务。

我问儿子："东黎，你认为爸爸说的有没有道理呀？"

儿子说："爸爸，以前我只觉得自己赶上了和平、繁荣的年代，社会和家庭给我们创造了这么好的条件，很幸福，很快乐。今天听你讲了这些话，我才真感到被寄予了一种厚望，肩上也多了一副神圣而沉重的担子，自己也觉得好像长大了许多。"

看到儿子的理解与进步，我心中油然生出了欣慰。为了把这个问题给儿子

— 135 —

彻底讲清楚、讲明白，我又问儿子："你能说说你们应该怎么做吗？"

儿子说："我知道应该好好学习，别的也说不太清楚。"

我对儿子说："咱们还是从法律的角度谈这个问题吧。国家立法确保你们的很多合法权益不受侵犯，给你们提供如此安宁、优越的条件让你们能够健康、幸福、快乐地成长。但同时，也对你们提出了希望，总的希望是让你们做四有新人，长大后做社会主义事业的建设者和接班人。对你们也提出了要求，《中小学生守则》、《中小学生日常行为规范》就是专门为你们制定的，比如要爱党、爱国、爱人民、自尊自爱、注重仪表、勤奋学习、尊重师长、礼貌待人、严于律己、遵守法律和社会公德等很多。另外，你们在学校还要遵守校纪校规，明确告诉你们哪些可以做，哪些必须做，哪些不能做。由此你就知道了，国家在赋予你们权利时，也要求你们必须承担责任和履行义务，权利与义务的统一才能保证你们自由而不散漫，健康、快乐成长而不病态疯狂生长。也只有这样，才能保证你们成人成才，才能依靠你们支撑起民族的未来。"

儿子听到这里，明白了我给他讲这些的用意，赶紧对我说："爸爸，我知道应该怎么做了。"

他边说边走进了书房，做他的作业去了。

这次教育经历给了我一个启发，让我多了一个引导教育孩子思考问题的新角度。

儿子有一次听课时，听了一会儿就跟同桌搞起了小动作。这种情况，在他读小学、初中时常见，升入高中后就少了，尽管少了，但我也没忽视。任课老师给我反映后，我给儿子举了三个例子。

例子一：我校90级一个李姓的同学，智力非常好，做题时反应灵敏、思路清晰，在初中时曾参加省数学、化学竞赛，在全省排名分别是第23名和第46名。

升入高中后，这位同学觉得上课一听就懂，作业一看就会，于是就产生了骄傲心理。上课时不听讲，总是看小说，课余时间也都安排在操场上。尽管如此，高一第一学期他仍然在班里考了第五名。据说有的同学问他数学题，他一边拿着小说就能一边给同学讲出思路，同学们对他的能力很佩服。他对同学们流露出的想法就是"高一二不必过多用功，只要跟上班就可以了，到了高三才是冲刺的时候。"

他的智力基础、知识基础虽然很不错，但由于平时不努力，学习成绩下降很快，到高二时，已是班内倒数的学生了。高三因学不进去，经常违反学校纪律，中途被劝退学。

多年后师生再聚首，提起这位同学，大家都还依然惋惜不止。

例子二：我校99级学生王某，智力基础也非常好，初中曾参加省物理竞赛并获了奖。升入高中后，他经常向同学介绍自己初中的"经验"：整个初中阶段都没怎么用功，只是到了中考前两三个月才抓紧学了一下就考上了枣中的公费。因此，依据自己的"经验"，高一二也不用卖力气，到高三时再下工夫。

他是这么想的，也是这么做的，上课不认真听讲，平时不完成作业，能玩儿的时候坚决玩儿，不能玩儿的时候偷着玩儿，有时还有逃课现象，班主任一半的工作都为了他。

就这样，磕磕绊绊读完三年高中。走进高考考场后傻眼了。结果，顺理成章地落榜了。

他愧对父母，向父母忏悔，表决心改正错误，想复读。求得父母的原谅后，又复习了一年，考上了河北省内一所大学。尽管也总算圆了大学梦，但与自始至终勤奋努力而能够达到的高度相比还是有很大的落差。

例子三：我熟悉的一高中的学生，仅仅为了解决因打一壶热水而与同学产生的纠纷，就用水果刀捅了自己的同学一刀，结果造成这位同学失血过多而死亡。捅刀的这名同学自然也要为自己的罪行负责，被判入狱服刑。

我讲完这三个例子后，给儿子总结道："人生不论在什么阶段，都必须服从纪律、遵守法律，都必须努力做好自己分内的事。谁骄傲，谁就会落后；谁不付出，谁就不会有收获；谁不遵守纪律谁就会受到纪律处分；谁蔑视法律谁就会被法律制裁。"

对孩子进行纪律和法制教育，教育孩子遵守纪律、敬畏法律，踏踏实实做事，老老实实做人也是家庭教育的一种方式和不该回避的课题。

我语重心长地给儿子提出了希望："东黎，我们不给你指定高考分数，但对你平时的学习有要求，你一定要踏实勤奋，好好学习，天天向上，天天都要有收获、有进步。将来走向社会不管地位低还是高，最基本的准则是——做一个对社会有用的人，一个有作为的人。"

因为讲到了法治的话题，我再顺便给您提个醒，如果您的孩子有下列现象之一，可能就是出问题的前兆，请您引起重视。

1. 花钱没有节制。
2. 有逃学现象。
3. 有夜不归宿现象。
4. 学习成绩急剧下降。
5. 没有朋友，不与人交流。
6. 交坏朋友。
7. 缺乏同情心、道德感。
8. 喜欢暴力，蔑视法律。
9. 没有感恩心，对社会有明显敌意。

家长需要和学校沟通

家庭教育有很大的自身优势，比如家长和孩子有天然的亲情联系，教育的针对性强，教育方式灵活多变等，这都是其他教育无法比拟的。但是，尽管具有明显的优势，却不可以替代学校而包办教育，尤其是现代教育，如果单靠家庭来进行，更近乎是一种不可能完成的任务。现在孩子们面对的形势纷繁，思想观念新锐，学习内容量大，只有专门的教育机构也就是学校，才能提供专门的教育人才、科学的教育教学方法、现代的教育手段和适宜的成长环境来进行有组织有计划的、系统完整的教育教学，使孩子在适龄阶段的成长过程中获得正确的思想知识和科学而丰富的文化知识。客观地讲，学校还应该是对孩子进行思想教育的主要平台和让孩子获得文化知识的主要途径。所以，若想把孩子教育好，家长还需要有一个意识，那就是要与学校做好沟通工作，以便于了解学校、了解孩子，学校和家庭双管双教，齐抓共管。

苏霍姆林斯基说："教育的效果取决于学校和家庭教育的一致性。如果没有这种一致性，那么学校的教学和教育过程就会像纸做的房子一样倒塌下来。"

说到学校教育的重要性,一般来说,家长都能认识到,可因此而有不少家长却产生了一种认识上的误区:那就是,孩子的教育单纯依靠学校的思想。这样的家长认为,德、智、体、美、劳,一切的教育都是学校的事,家长只负责掏学费、管吃穿。

有老乡、同学、朋友等,常常这样把孩子托付给我:"孩子放在你这里了,你就当自己的孩子看待吧,我也不懂教育,就不管了。"其他老师也经常听到这类托付的话。这类话说说可以,我们也十分感谢他们对我们的信任,但家长要真这么想,尤其是真这么做就不妥了。毕竟,家长和孩子的血缘关系,家长和孩子十几年建立起来的亲情关系,家长和家庭在孩子心中的特殊地位和影响,是其他任何关系都无法取代和补充的。

孩子到了一定的年龄段,思想上渐渐有了独立意识,观点、态度、思维方式跟家长有了差异性,交流也日趋减少,尤其是一些初高中学校还是全日制寄宿制,家长和孩子很长时间都难得见上一面,交流机会更少。如果家长再不能与学校沟通,那么家庭教育作为教育的重要组成部分,就会势微甚至缺失,于孩子的成长是很不利的。

单从家长的角度讲,积极主动地与学校老师联系,及时沟通情况,交流信息,能与学校共同努力、共同关注,对更好地培养孩子有着非常积极的意义。

学校和家庭密切配合、相辅相成,双管双教,才能共同完成好教育孩子的任务。

下面,我介绍几种家长与学校沟通的方式。

一、电话

现在手机、固定电话和电脑已经基本普及,联系起来非常方便,家长在接送孩子上学时可跟学校的老师见面,手中要留有老师,尤其是班主任老师的联系方式。这项工作也可以交给自己的孩子直接去做。有了联系方式,家长就可以和学校方面很方便、很轻松、很快捷地联系了。有话则长,无话则短,家长可灵活把握。

二、亲自到校

如果家离学校不是很远,如果老师的工作时间能安排好,做家长的不妨到老师那儿坐坐,说上几句话。这种方式可能谈起来更融洽,了解的情况更详

一双儿女，两个清华

细、更充分，解决问题更容易达成共识。

三、家长会

说到家长会，我想多谈几句，因为这是学校跟学生家长交流沟通的重要平台，一般学校都会有，学校领导也比较重视，涉及的人多，规模较大，组织起来也比较隆重。作为家长参加家长会应该做到下面几点。

1. 能参加时一定要参加，不要推诿。家长会是家长了解学校和自己孩子很好的机会，了解学校，您才能更好地配合学校的教育工作；了解孩子，您才能更有的放矢地进行教育。所以，您千万别把家长会当成一次普通的会议随便放弃。我孩子的学校开家长会时，我或者我爱人去参加，有时我们两个人都参加。从儿女们入小学到高中毕业都是如此。孩子在学校有了成绩和进步，我们给予表扬，让孩子鼓起更大的热情，争取更大的进步；孩子在学校有不足，在哪些地方需要改进，我们也依据老师的建议和孩子共同商议，找出解决的办法。我觉得，我们参加家长会本身，就是对孩子学习和成长教育的重视。同时，我发现，孩子也都很重视我们参加家长会后对他们的评价和指导，尤其我在家长会上发了言，对孩子来讲就更是一个鼓舞。

2. 参加家长会前，尽可能地与孩子先进行一次座谈。主要是了解学校对家长们的要求、希望、开会的目的，了解学校的大体安排，了解学校的大致情况，了解自己孩子的思想状况、学习情况，了解老师对孩子的要求等，以便有目的地参加活动，以便和老师谈起自己的孩子来心中有数，交流起来有的放矢。总之，是要使自己参加家长会不流于形式。

3. 倾心听，认真记。学校召开家长会是希望家长了解学校和学生情况，理解、配合和支持学校的工作。所以准备工作做得都很认真。家长参加家长会时，要认真倾听学校领导和老师的报告和汇报，了解学校的规章制度、作息时间、学习要求、活动安排、发展方向等，还要与班主任老师或其他老师进行个别座谈，了解自己孩子具体的学习情况、生活情况、思想活动情况等。

4. 及时交流。家长在听取了学校领导和老师的情况介绍和汇报，了解了孩子的基本情况后，要立即与老师交换意见，提出自己的想法。同时，根据了解到的情况，对孩子提出具体的要求，也可以提出自己具体的计划、建议。

四、书信

如果通电话、见面不便交流或不易交流的话，可通过书信的方式交流，纸质书信、电子信箱等也都很方便。

五、请家长、家访

学校在学生犯错误或需要了解情况时，要与家长沟通，需要家长的理解、配合，可能要把家长请到学校或由老师亲自到学生家做家访。不论什么形式，都是交流的机会，家长都需抓住机会做好沟通工作。

上面，我谈了家长与学校沟通的几种主要形式。接下来，我再谈谈家长在与学校沟通的过程中应该注意哪些问题。

第一，多倾听。静下心来，仔细听学校和老师的情况介绍、分析、要求等，客观而又全面、充分地掌握情况。这样才能正确地分析问题，形成正确的判断，才容易在与老师的交流、沟通中达成共识。不要带着先入为主的观点交流，以自己的标准判断正误，听不进别人的观点和解释，那样沟通起来就比较困难。

第二，不回避问题，不掩盖错误。当孩子有了什么不足或是犯了什么错误，从学校老师的角度来讲，一般都是从教育的愿望出发来和家长交流、沟通。家长要正确面对，实事求是，不回避问题，不掩盖错误，不推卸责任。我见过有的家长，明明是自己的孩子做错了事，犯了错误，见了老师首先不是认真听老师或孩子讲解事情的详细情况，然后对孩子做错的事表示歉意，而是片面讲一通学校和老师在教育管理方面的不足。比如："我的孩子在家老实着呢，怎么到了你们学校就打架呢？""我的孩子搞对象，你们学校干什么去了？之前怎么不好好教育呀？""就算孩子有什么不对，也是你们学校的责任"之类的话，也不问缘由，强词夺理，先把责任推到学校或老师身上。说实话，老师也是有感情的人，一些原本比较简单、比较容易解决的问题，可能也会因为家长错误的认识和不当的交流方法，搞得复杂化和难以解决，对孩子日后学习和成长环境的营造是非常不利的。

第三，不用强硬、威胁的言辞。有的孩子犯了错误，家长到校后首先关心的是自己的孩子不能吃亏，解决问题不是平心静气、相互理解、相互谅解，而是用强硬的言辞激化矛盾，甚至威胁其他孩子或者处理问题的老师。大家想一想，受到威胁的老师和同学胆战心惊，怎么不会影响对他孩子的教育和帮助？更不要说这种处理问题的方式对孩子认识世界和思想形成的不良影响。

第四，既要尊重老师，也要坚持真理。老师的工作毕竟是教育人的工作，是培养孩子成长的工作，从基本的道义和人性出发，我们也应该给予起码的理解和尊重。不过，也不要因为碍于老师的面子而不坚持真理或者担心孩子将来的学习环境而无原则迁就。尊重老师是一回事，坚持真理、坚持原则是另一回事。

我女儿读初中时，有一天自习课，她后桌的一个同学问她作业题，她就回头去给那位同学讲题。这时，一位任课老师进了教室，发现班里乱哄哄的，很是生气。她看见我女儿扭头朝后了，也不问青红皂白，当着全班同学的面就挖苦我女儿，我女儿当即也当着全班同学顶撞了她。这位老师找到班主任，要求我女儿给她当众道歉。女儿回到家给我讲了事情的来龙去脉后，我明确表态：女儿绝不能给这位老师道歉。第一，这位老师处理问题不调查研究，从根本上就错了。第二，她用词偏激，先没尊重学生。所以，即使道歉，也应该是这位老师先当众给我女儿道歉。班主任老师知道了我的这种态度，也没法调解了。后来，校长知道了这件事，他给班主任说了什么我不知道，但女儿告诉我，班主任老师对她说，是那位老师错了。事情到了这儿，我也没再过多坚持，因为我想要求这位老师当众给学生道歉，尽管理上应该，但咱们中国的学校和老师们可能都不好接受。再者，出于一点儿私心考虑，孩子毕竟还要继续学习，所以，适可而止吧。在这件事上我坚持得也不是怎么彻底，不过，我坚持一个理，没让孩子给老师道歉，是因为我不想把孩子培养成不分是非、奴颜婢膝、没有尊严的人。

第五，支持学校、老师的教育举措。家长与学校沟通的目的就是要把自己的家庭教育与学校教育结合起来，形成教育合力，提升教育效果。家长在了解了学校的培养方向、教育要求后，需要再检查一下自己的家庭教育，看看与学校教育是否相符。比如思想品德要求、学业目标要求、日常言行规范要求等，要和老师及时沟通与调整，保持教育的一致性。如果学校和家庭各提各的要求，各唱各的调，就会给孩子传达混乱的信息，让孩子无所适从，对孩子的发展和成长是不利的。

另外，家长在与学校的沟通中，还要注意处理好几种关系。

第一种关系：师生关系

不论学习成绩好与差的学生，都有可能与老师产生矛盾或有意见不一致的时候。常见的例子就是有的学生因为跟老师闹别扭，或者看着某位老师不舒服就"不给老师学习了"，因而耽误自己的学业，极端的还因此走上歧路。家长如果遇到自己孩子出现这类问题的时候，要及时做好协调工作，端正孩子的认识并努力帮助孩子创造和谐的师生关系。

第二种关系：同学关系

自己的孩子如果与其他同学发生了矛盾，家长不要只站在自己孩子的立场上想问题，只关心自己孩子吃亏、沾光，要摸清情况，分清是非，从为孩子创造良好和谐的环境着想，从为孩子的长远利益着想，教育孩子们互谅互让，消除误会与分歧，达成新的团结。有的家长坚持一私之利，结果把孩子与同学间的关系搞僵，弄得自己孩子都没了退步，问题更复杂、更难解决了。

第三种关系：是非关系

家长要教育引导孩子，不论面对老师还是面对同学，不能一味讲服从、讲团结，遇事要清醒，要明辨是非，要分清对错，要有自己的是非观，这样才不容易被错误的思想影响，才不容易被落后的同学带到歧路上去。

第四种关系：德才关系

家长不要认为学习成绩好就是孩子成功的标志，考上名牌大学是学习的终极目的。其实，一个人要想被社会认可，要想对社会有所贡献，首先最需要的是思想品德，它决定着一个人的行为方式和发展方向。一个人在错误的思想意识支配下，可能就会做影响他人和社会利益的事情，甚至会走向社会的反面。这种情况下，所谓的"才"越大，对他人和社会的危害也就越大。所以家长关心孩子在学校的情况时，不要只关心孩子的学习分数、排名，更要关心孩子其他方面的表现和思想流露。比如，孩子对问题的看法、遵纪守规情况、与老师和同学的关系情况、参加集体活动情况等，要鼓励和支持孩子担任公共职务，鼓励和支持孩子积极参加学校各项活动，正确调整德与才的关系，把孩子培养成既有良好品德，又有丰富知识的人。有的家长要求孩子只许一心"读书"，认为把孩子送到学校就是"读书"去了，其他的事情都无关紧要，国家

一双儿女，两个清华

又不考，没用。这种教育思想和在这种教育思想指导下的教育言行就肯定有失偏颇了。

说完家长应该怎样和学校沟通，我再补充两件我的教子往事，也是我教育失误的故事，以便从另一角度进一步谈谈家长应该与学校沟通的必要性。

儿子读小学高年级的时候，有的老师要求学生上午必须7：30前到校，否则罚站。我家孩子天生睡觉多，行动慢，所以，基本上7：30之前到不了校。一开始老师罚他的站，可时间长了老罚站也不是办法呀，后来又请家长。当时我就想，一个小学生，干吗必须要7：30前到校？对这件事我本身就持反对意见。我还认为，自己到学校也不好向老师提这个意见，即使我到学校去这件事也很难谈拢，那时显得都尴尬。于是，我就没去。

儿子的老师一来和我认识，二来我儿子学习成绩也行，无奈之下，老师在班里对同学们说："邱东黎是咱们班的自由兵儿，谁也不能跟他一样。"从此，老师也不再让我儿子罚站，也不再"请"家长，这件事也就这么不了了之。

再后来又遇到了老师有时留的家庭作业多的问题。前面刚提过，我家孩子天生睡觉多，所以，他们在小学初中阶段，都是要求他们晚上9：00以前必须休息，先确保身体生长的需要。

有一天晚上9：00了，儿子的作业还没做完，我让儿子休息，可他又怕老师第二天批评他，也不敢休息。我想了想对儿子说："这样吧东黎，我给你开一个你肚子疼的证明条，你第二天交给老师就没事了。"儿子第二天拿着我的"证明"交差就过去了。

后来再遇到作业多的时候，我不能总开儿子肚子疼的"证明"啊。于是我们就给儿子挑挑作业，认为不必要的就没让他再做。然后我又对儿子说："你到学校后，如果老师问，你就说我爸爸不让做其他的作业了。"儿子到了学校也就这么应付老师去了。

到儿子初中快毕业的时候，他就读学校的一位老师对我说："邱东黎有时不完成作业。"

我问怎么回事，她告诉我说："东黎的老师说了，邱东黎对老师说他爸爸不让他做作业了。"

我回忆了一下，不记得初中阶段对儿子说过这样的话。

这位老师对我说:"东黎的任课老师有的认识你,有的听说过你。再者,听说你管孩子有方法,所以老师们听说是你不让做也就没找过你。"

结果儿子两头骗,养成了不重视作业、不按时完成作业的毛病。

事后总结教训,我觉得第一个教训,是我在儿子小学阶段给儿子出"证明"说谎,教会了儿子说谎。第二个教训,是没及时跟老师沟通。在儿子读小学时没跟学校沟通也拖了过去,我似乎从中尝到了甜头,也忽视了和初中老师的交流、沟通,结果导致了儿子的错误。

我的红白脸观

大家常常讨论一个问题:家庭教育中,该不该分红白脸?对这个命题,赞成者有之,反对者甚重。其实在我看来,这个论题讨论的还只是问题的表象,并没有触及实质。一个家庭中,分不分红白脸并不决定着教育的成败。有的家庭分红白脸是家庭成员为教育孩子进行的有意识的不同分工,而有的家庭的红白脸分工是自然形成,是家庭成员天生不同的性格造成的。

我们可以用辩证的、发展变化的观点去看待评价孩子,同样也应该用辩证的、全面的观点来看待分析家长。家长们的性格也多种多样,我们也不可能要求家长们为了教育孩子而统一改成某一种设定的而为大家所公认的性格。况且,每一种性格也各有其优缺点。所以,在我看来,一个家庭中分不分红白脸不是最根本的实质性的东西,问题的关键在于家庭成员在教育观点上有没有取得一致性,有没有正确性。

举个简单例子,假设某一个孩子在家遇到了该不该做饭的问题,爷爷奶奶、爸爸妈妈的观点出现了不一致,有的说该做,有的说不该做,各说各有理,各执一词。这种情况下,即使都和颜悦色,都是所谓的"红脸",或者都是严肃的所谓"白脸",孩子又该以谁为准?这饭该去做还是不去做?相反,如果家长的教育观点一致,是非标准统一,都教育孩子应该积极分担家务。那么,即使家长们的教育脸色不一样,那也只是教育方法层面讨论的问题,不影响孩子的是非选择,孩子知道应该热爱家务劳动,不能坐吃山空,不会产生选择性迷茫。

教育观点的一致性。其一，是指家长一个人的教育前后要有一致性，不能随家长自己情绪的起伏而变化。有的家庭中父母就爱犯这个毛病，高兴时，儿子就是心肝宝贝，大错可以化小，小错可以化了。不高兴就对孩子横挑鼻子竖挑眼，鸡蛋里边捡骨头，拿孩子出气。对孩子忽冷忽热，搞得孩子云里雾里，找不着方向。其二，教育观点的一致性主要还要体现在家庭成员间的一致性上。对于同一个问题的评价，家长观点出现不一致的时候，不要在孩子面前争论，一个批评孩子时，另一个不要护孩子的"短"，在给孩子的感觉中，不让他形成有谁背着谁搞小动作的印象。

教育观点的不一致是在对孩子的教育中非常忌讳的问题，它会给家庭教育造成很大的危害。

第一，影响了父母在子女面前的威信。家长的威信是家长基于血缘和辈分关系，在和子女朝夕相处的生活中，通过自己的一言一行树立起来的威严和信誉。家长一旦在孩子心中树立起了威信，就掌握了教育子女的巨大资本。颜之推云："夫同言而信，信其所亲；同命而行，行其所服。"在孩子心中有威信的父母值得信赖、值得敬仰、值得骄傲。有威信的父母说的话，孩子能理解的会认真执行；没威信的父母说的话，孩子不能理解的不肯执行，能理解的打折扣执行。同样的事，同样的话，威信不同的父母教育出来的效果大不相同。

"威信本身的意义在于它不要求任何的论证，在于它是一种不可怀疑的长者的力量和资望。"而教育观点的不一致性，极容易让孩子形成或爸爸不对，或妈妈不对，或爸爸妈妈都不对的印象，因此恰恰就损害了父母在孩子心中的威信。

第二，影响了孩子正确的是非观念的形成。孩子从小到大的成长过程，就包含了一个从没有是非判断能力到逐渐能辨别是非的过程，而家长前后是非标准的不一致，家长间是非标准的不一致势必会造成年幼孩子是非标准的混乱，影响孩子在生活实践中对人和事的判断和评价。没有正确的是非观的孩子进入社会群体后，可能就要比别的孩子多走一些弯路。

第三，造成家庭成员间的矛盾和不信任。在对孩子进行教育时，家长的教育观点不一致，有的苛刻严厉，有的宽松袒护，更不应该的是，有的还以贬低另一方为代价，用说对方管理错误来讨孩子欢心，以图拉近和孩子的距离。这种大原则上的不一致容易让孩子分出谁是所谓的"好家长",谁是所谓的"坏家长",自然而然让孩子对家长产生怨恨,和家长产生思想和情感上的隔阂,伤害孩子和家长的关系。同时,家长之间也会因为宽严不一、"好坏"不一而出现矛盾,造成对立,夫妻间、爷爷奶奶和父母间因管孩子而引起的抬杠拌嘴、吵闹的事情并不少见。孩子没管成,大人先出了问题。

第四,减弱或丧失了教育效果。孩子年龄还小,辨别是非的能力不足,家庭成员间教育观点的不一致容易造成有的孩子以错为对,进而对家长产生怨恨情绪。接下来孩子就会出现逆反心理,其人生走在和家长指引的目标相反的方向上。还有的明知是错,但因为有另一方的保护,孩子的错误也会继续下去。

我们县某局机关一家的儿子,初中时学习成绩不错,可后来受同学影响,迷上了网络游戏,把时间消耗在了电脑前。爸爸知道后非常生气,严厉教训儿子。妈妈却认为孩子还小,玩玩就玩玩吧,别对孩子那么没人情味。时间一长,妈妈和儿子结成了联盟,爸爸成了反派,成了妈妈和儿子共同对付的"敌人"。爸爸在家时,妈妈和儿子各忙各的事,爸爸一离开家,儿子就又坐在了电脑前,有时妈妈和儿子还一块儿玩起来。大家想想,这个家庭中爸爸的教育还能起什么作用?

2010年,这家儿子高考时,成绩惨淡。夫妻间相互指责,丈夫说是妻子一贯袒护、惯着孩子,最终害了孩子。妻子则说丈夫只知道板着脸孔,不会和孩子交流,影响了孩子的思想和情绪,久而久之导致孩子成绩下滑。这时再争论谁对谁错已于事无补,对孩子的阶段性伤害已经形成了事实。

在对孩子的教育中,家长到底是应该扮"红脸"还是"白脸"呢?不能笼统地说是哪种颜色更好一些,还应该视不同的孩子,视不同的情况而定。我认为家庭中宽严教育应该掌握以下几个原则。

原则一:宽严有度,宽严结合。"宽"是讲对孩子施仁爱,对孩子讲宽容大度。家长爱孩子,孩子爱家长,一家人相亲相爱,其乐融融。家长要注意的是掌握分寸,不要把这份爱变成溺爱,爱得无序,爱得无原则,爱得宽容孩子的一切。

"严"讲的是原则,讲的是规范要求。有了规矩才能成方圆,有了规矩才能有秩序,有了规矩孩子才能知道什么可以做,什么不可以做。一般孩子都很难说在成长过程中不犯错误或是犯了错误马上就能认识到位。教育孩子，必要的约束，必要的严是不可缺少的，在孩子的意识中划一条不能跨越的红线将管束着孩子少犯错误。但是，"严"也要讲火候，严而有序，不能严而无度，严到孩子心惊胆战，严到孩子大气不敢出一口，那就严过了头，变成了"严寒"，肯定会寒了孩子的心。

该宽则宽，该严则严，宽严有度，宽严结合。家长需要明白的是，无论宽严，都是父母从心底传达出的对孩子的爱，我们应该让孩子也能从这份爱中体味出亲情和温暖。

原则二：红脸白脸不能代表教育观点的对立。面对不同的孩子、面对不同的问题，不能简单说是该红脸或是该白脸。家庭成员间，也可以有红白脸不同之分，只是这脸的颜色的区分决不能代表着教育观点的不同，更不能是对立。它应该能体现父母的默契配合、相辅相成的教育艺术，至少应该体现父母正确的教育方法、教育技术。

在我们家教育孩子的实践中，我和我爱人有时分别扮演红脸白脸的角色，从不同角度对孩子进行管束教育，效果也挺显著。

前面我提到了儿子读初中时，有一次放学没按时回家，和一个同学去了他奶奶家玩了很长时间电脑，并且回家后还对我撒了谎。我查出真相后，一时控制不住自己的怒火，动手打了儿子。我打儿子时爱人也在场。由于出于一时的气愤，我出手比较重。我爱人事后告诉我，她当时非常担心我把儿子打出毛病来，又害怕，又心疼。可是她并没有因此上前和我吵闹，而是赶紧上前劝我说："算了吧，算了吧，东黎知道错了。"就此拦下了我。她还劝我说："别生气了，别生气了，当心气出病来。孩子还小，我去说说他，放心吧。"

爱人这边放下虎着脸的我，赶紧又转过脸去朝一边还在不知所措的儿子说："东黎，你看你今天做得非常不对，惹得你爸爸生气，快跟我过来。"

说着，她把儿子领到了另一个房间对儿子进行劝导："东黎，你知道爸爸今天为什么打你吗？"

儿子回答说："知道。"

"为什么呀？"

"因为我放学后没有马上回家，去玩电脑了，还说了谎。"

"还有别的原因吗?"

儿子一时想不出自己还有什么错,盯着妈妈摇了摇头:"不知道了。"

他妈妈又问了一句:"你去玩电脑,大街上的陌生人看见后会打你吗?"

儿子说:"不会。"

"这就对啦,你的眼近视,爸爸是担心你的眼睛毁掉,还怕你上网看那些乱七八糟的东西才生气才打你的,爸爸今天生这么大气完全是因为爱你、心疼你呀。"

一席话,说得儿子低下了头。

过了一会儿,儿子又回到了我的房间,对我说:"别生气了,爸爸,我错了,以后我不会再这样做啦。"

由于一时在气头上,我对儿子出手就重了些,事后想起来也有些后悔。不过欣慰的是我爱人也在场,及时巧妙地化解了这场风波。如果当时她不在,我肯定打得儿子会更重一些,真是那样,或者把儿子打出毛病来,或者打得儿子寒了心,父子冷对立也未可知。正是因为有她在,才有效地保护了儿子,也还使儿子理解了我。同时,还使这份教育起到了应有的作用——使儿子彻底远离了网瘾。后来儿子偶尔有时忍不住在家或去邻居家玩一会儿电脑,也知道爸爸要求很严、有约束,不多玩儿。以后随着年龄增大,自制力增强,这个问题也就不成问题了。

还有一次,我和爱人、儿子一家三口吃饭,闲谈中,说起了儿子班上有的老师上课拖堂的问题。儿子的态度非常鲜明:坚决反对!我爱人就对儿子说:"这件事还要多理解老师,老师一来是为了你们多学一点,二来他们自己有成绩考核。"

儿子说:"老师为什么不好好备课,从提高课堂效率上下工夫?"

他妈妈解释说:"老师不是不下工夫,只是想尽可能多挤一点时间,把成绩再提高一些。"

儿子有点儿着急:"老师光顾着挤占同学们的时间,结果牺牲了同学们的课间活动时间,甚至有时还挤得有的同学去厕所的时间都没有了,同学们很反感!"

妈妈给儿子出点子:"你们给老师反映反映,不过你们也要理解老师的好意。"

儿子有了意见:"科代表给老师都反映了好几次了,作用也不大。你光说让学生理解老师,怎么不说让老师理解学生啊?同学们的意见可大啦,还准备向学校反映呢。"

妈妈嘱咐儿子:"向学校反映时,其他同学谁愿去谁去,你不能去。"

儿子反驳道:"我是受害的学生,还是学生干部,凭什么我不能去?正应该是我去反映!"

妈妈说:"你爸爸在学校工作,跟你们老师平时关系都很好,你去反映的话,老师知道后该多不好啊?"

儿子一听更不高兴了:"我爸爸是我爸爸,我是我,我们班里的问题跟我爸爸有什么关系?况且我们反映的是事实,讲的是理,又不是说老师的坏话,也不是见不得人的事,有什么不行?"

妈妈又想了一个词说服儿子:"你们一反映,老师的形象多不好啊,你们应该尊敬老师呀?"

儿子有些不耐烦了:"您说的真不是理,这跟尊敬不尊敬老师有什么关系?我们知道老师是好人,但就是不愿老师拖堂。"

母子俩一个坚持,一个反对,你一言我一语地辩论起来,各说各的理,可最后不但谁也没说服谁,反而都气粗起来。当妈妈的没法,把筷子往碗上一放:"给你做熟了饭,还让我生气,不吃饭了。"说着,真的离开饭桌回卧室去了。

一开始,母子俩辩论时我还有点旁观者看热闹的意思,因为话题本身也不是什么重大原则问题,看看母子俩谁能说服谁。没想到最后竟辩论成了僵局:当妈妈的翻了脸,儿子也僵在那儿不知怎么办才好。

怎么办?赶快出面打圆场呗。我笑着对儿子说:"东黎,你上学时间这么紧,顿顿饭都是妈妈看着表做好之后再把饭给你摆桌上,等你回家吃饭时不凉不烫正好,妈妈很辛苦。你看妈妈一生气就不吃饭了,不合适,快去请吧!"

儿子一看我笑着脸说话,紧绷的神情马上松缓了下来,他顺着我的话就坡下驴,笑眯眯地进了妈妈的卧室拉着妈妈说:"妈,给您闹着玩儿呢,您还当真了,快吃饭去吧。"

当妈妈的本来也没真生气，经儿子这么笑着一拉也就回到了饭桌前。

我一看又团圆了，就又开始评论这母子俩："你们两个也没分出个胜负就谈崩了，真遗憾。"

爱人对我说："别光一旁看热闹，你说说应该怎么办。"

我对母子俩说："依我的意见，其实你们说的都有一定的道理。老师确实应该体谅学生的反感情绪，体谅拖堂给学生带来的种种不便和麻烦，并且这是一种十分低效的教学方法。在这一点上，学生反映情况，给老师提意见完全是正当的，是学生的权利。不过话说回来，同学们已经是中学生，都是大人了，说话办事要注意方式、讲究策略。比如说东黎你可以自己在没别人在场的时候，以老师的好学生身份，以替老师观察问题的口吻跟老师私下谈这个问题，反映同学们的情绪，就不会伤及老师的面子，不会影响老师工作的积极性，可能更有利于促进老师改正拖堂的问题，能够更好地达到同学们反映问题的目的。"

我的话实际上是各打了五十大板，但母子两个人都认可，一家人又高高兴兴吃起了饭。

上面提到的这两件事发生得都比较突然，教育孩子的过程中我们没有想到刻意提前安排好红白脸角色，只是很自然地采用了不同的教育态度。我和爱人的默契配合给大人孩子都保全了面子，大家都有了台阶下。并且，我们的教育观点一致，教育目标明确，孩子完全可以理解和接受。

原则三：家庭对孩子的教育目标要有相同的期待。家庭要根据孩子自身特点，根据孩子的兴趣爱好，根据家庭优势、环境优势等因素综合考虑对孩子的培养方向。家长在方向性的问题上要取得一致，要取得孩子认同，以便于家庭形成培养合力。落到具体的培养目标上，家长教育观点的一致也很重要。

不论红脸还是白脸，什么颜色并不重要，能凝聚一家人团结，能用正确的教育观点和教育方法教育孩子，并为孩子所接受，最终能达到教育目的的脸就是好脸。

预防和消除孩子的逆反心理

我原没有打算谈这个话题，因为我的女儿和儿子都没有过明显的逆反行为表现。因此，从我个人的家教经验来说，既没有典型的教育故事叙述，也没有来自家庭的细腻的情感体验。可是，我耳闻目睹了很多逆反现象在很大程度上负面影响了孩子一生的发展。还有社会学家统计得出结论说，大部分不良青少年都是在初中阶段及其前后出现问题，走上邪路的，而这个阶段又是孩子逆反心理最容易形成的时期，一旦教育不好，孩子就会故意朝着与家长期望相反的方向发展。所以，我想了想，还是把这个内容作为一个话题提出来谈谈，提醒作为孩子家长的您，一定要留意孩子在这个年龄段的表现，仔细观察孩子各种变化，哪怕是很细微的。在这个年龄段，他们的情绪很不稳定，时而高涨，热情洋溢，仿佛满世界都是笑脸；时而又会消极低沉，孤独压抑，看谁都不顺眼。这些激情和烦恼特别想得到释放，有时连他们自己都难以控制。在我们看来很平常的磕磕绊绊，甚至看到一张不如意的脸色、一个不顺心的眼神都可能引起他们激烈的反应。

应该怎样帮助孩子克服困难，避免出现逆反心理问题，顺利渡过易出问题的年龄段呢？这就要求我们了解孩子、了解逆反心理问题的成因，采取相应措施，做好预防和疏导工作。

首先，我们分析逆反心理的成因。

1. 生理变化。孩子初中阶段及其前后这一时期生理变化明显，从而引起孩子心理变化、情绪情感变化都比较明显，甚至比较剧烈，非常不稳定。比如突然发生他们不能理解或不好接受的事件，他们的反应可能就会过度、偏激，有时在我们大人看来还有些不可思议。我举两个例子：

例子一，有一个在高一时班内前10名的同学，因为特别疼爱他的外祖母出了意外，他便从此不再安心学习，谁劝他，他就认为是别人不理解他与外祖母的感情，从而很厌烦。慢慢地，他几近荒废了学业。最后，只勉强拿到了张高中毕业证。

例子二，有一个在高二时年级前50名的同学，本来能稳稳考上名牌大学，可是因为母亲突然去世，他就坚决退学了，谁劝也不听，谁劝跟谁急。我写此文时，此事已经过去了9年，他当年的同学很多都在大城市有了理想的工作，可他却在老家农村成了一个面朝黄土背朝天的普通农民。

2. 追求自主、自由。随着年龄的增长，孩子学到的知识越来越多，生活经验也越来越丰富，独立分析问题，独立作出自己判断的能力越来越强，有了强烈的表现欲，不再对家长言听计从。家长如果依旧把他看成小孩子，替他思考一切、包办一切，不倾听、不尊重他的意见，就容易引起他的反感、抵抗。

3. 注重自尊。孩子渐渐长大了，在同学和同伴及他人面前，越来越注重形象和面子了。家长如果随意批评、呵斥，甚至越当着外人的面越起劲儿管教孩子，孩子也会很反感。

4. 交往面拓宽，易受别人影响。随着孩子知识增加，兴趣爱好越来越广泛，外界对他们的吸引力越来越大，他们和父母的共同语言也会相应减少，而与同龄的伙伴们的关系会越来越密切，他们相互之间的影响也会越来越大。这时期的孩子对是非正误的分析判断能力还不是那么强，易受别人的误导甚至怂恿。一些离经叛道，跟老师、父母对着干的言行，小同伴可能不但不去劝阻，不去帮助分析是非，反而可能还会当作英雄事迹加以赞扬。激动之下，孩子可能就会晕了头，作出错误判断，甚至产生错误行为。

记得我读高一时，有一次，有个男同学化学作业写得很乱，被老师批评了一顿。第二天化学老师上课时，这个同学竟然没起立向老师敬礼。他的座位又在最前排，一下子被全班同学看在了眼里。化学老师很尴尬，气得她一把抓起这个同学的书包扔出了门外，并气呼呼地说："你不愿上我的课就别上了。"

下课后，同学们纷纷为这位同学叫屈。经男生们一撺掇，等到化学老师再来上课时，不但那个男同学坚决没起立，全班同学也都你看我，我看你，没一个人站起来，一下子把化学老师晾在了讲台上。后来，还是班主任老师出面给同学们讲道理，批评了同学们一顿，才算勉强打破了僵局，阻止了事态进一步扩大。

现在想来评论这件事，化学老师的做法可能有些简单，没讲究策略，可事情的缘起是这个男同学完成作业的质量低，对老师还不尊敬，错误明显。当时竟没有一个同学批评他的不对，或者帮他冷静分析一下对错，私底下还为他找

"理由",仿佛"打抱不平"的侠客一般。在那种气氛下,一般孩子很难再冷静下来作出理智的选择。

5. 强烈的好奇心驱使。好奇心是人正常的一种心理需求,只不过青少年时期更强烈一些罢了。对于未知的世界,他们渴求了解,对于禁止的事情,他们希望有偷尝禁果后的刺激体验。比如不健康的书,越不让看他们就越想看,市面不允许卖,有的人手抄流传。

据传还有这么一个幽默故事:一个小伙子考进了某大学,大学的校园很大,平时上课和参加各种活动得骑自行车。可他听说这个校园的自行车经常被盗,就买了辆半新的自行车。不过他还是觉得不够安全,就别出心裁地买了三把锁。心想这下该安全了,这辆自行车陪伴自己四年没问题了。让他想不到的是,他的自行车很快就丢了。他实在是百思不得其解。后来,小偷被抓住了,是一个十七八岁的青年。据小偷交代,其实小伙子的自行车本没有什么特别之处,问题就出在了他的三把锁上。小偷心想,一辆破自行车有什么了不得的,你还上了三把锁,还不是挑战我们小偷的能力吗?你越不让偷我就偏要偷,看看我能不能撬开你这三把锁,结果就把他的车偷了。

6. 过高的自我评价和较低的承受能力之间的落差。孩子随着年龄的增长,学的东西越来越多,生活经验也有了一定的积累。于是,有的孩子便产生了一种错觉,认为自己很不一般,已不是一个平凡的人,一定要有一番大作为。可生活偏偏大都不是一帆风顺的,遇到挫折后,他们的心理承受能力又很差,一下子使他们的情绪从山巅摔到谷底,非常低落,从而与他人与集体产生抵触和对立情绪。这种情况,在刚刚毕业的大学生中也明显地存在着。

7. 不能很好地进行辨证思维。我们平时对孩子进行家庭教育和学校教育时,基本上都是进行正面教育,进行阳光教育,告诉孩子什么是对,什么是错,什么是光荣,什么是耻辱,应该怎么做,不能怎么做。我们告诉孩子生活多么美好,我们给孩子描绘未来缤纷多彩。很多孩子的心灵是非常纯真、纯美的,他们想象着生活如同他们的童话世界一般迷人,可慢慢地他们竟发现,贪污腐败的,不但不以为耻,还深以为荣;横行乡里的,不但没被法律制裁,还有很多狐朋狗友……他们看到了丑恶的现象,他们还受到了腐朽思想影响。他们发现,家长和老师给自己描述的社会不是真实的生活,他们开始怀疑教育,开始怀疑社会。他们不懂得生活的复杂性，还不能冷静地进行辩证思考，多角度分析问题。这时，我们如果不能对孩子进行及时、正确的引导，有的孩子可能就会从一个极端走向另一个极端：对正面教育从崇拜到唾弃；对社会，从迷恋到否定。

8. 家长期望值过高。望子成龙、盼女成凤，是做家长正常的普遍心理，但孩子的成长是一个过程，对孩子的要求也应是合理的，不能给孩子定无论怎么努力也达不到的标准。一旦定出这种标准，孩子就可能对家长开始抵触、怨恨。再发展下去，由于家长的否定，孩子就可能出现俗话说的"破罐子破摔"的现象，不再追求上进。

面对孩子的学习成绩，标准过高的例子屡见不鲜。有的孩子考中游，家长要求前10名；有的孩子考前10名，家长要求前5名；我见过有的孩子考前3名，家长嫌孩子没考第1名。这些家长没有满足的时候，没有高兴的时候，没有夸奖的时候。对孩子的不体谅很容易引起孩子的反感、怨恨和对立。我身边就有一个孩子，她根本不向妈妈汇报学习成绩，不管妈妈苦口婆心还是威逼利诱，只要提到学习，孩子总是一言不发。因为孩子知道，无论考什么样都不会赢得妈妈的表扬和鼓励。

9. 家庭环境的不民主、不平等、不和谐。有的家长在家庭中专制、霸道、一言堂，根本不给孩子说话的权利和自由，有的家长漠视甚至忽视了孩子的存在，大人与孩子间缺乏心与心的交流，造成孩子压抑，产生对立情绪。还有的家庭父母间不和谐，也不注意影响，经常恶语相向，甚至拳脚相加，搞得孩子很恐慌，无所适从。时间一长，孩子对这个感觉不到温暖的家，感情就会疏远，就会产生厌倦。

10. 不当的教育方式。学校和家庭呆板的、空洞的，缺乏科学性、艺术性的教育，脱离实际的教育，不合现在孩子们的口味，不易被他们接受，也容易造成老师学生间、父母子女间关系的疏远、不和谐，容易让孩子产生对立情绪。

根据孩子逆反心理的成因分析，家长可以采取相应措施，预防和消除孩子的逆反心理。

1. 学会理解、宽容。孩子的成长和成熟是一个过程，甚至是一个曲折的、复杂的过程，任何人都不能先知先觉，都有可能犯错误。现在的孩子们虽然生活条件优越，但他们面临的竞争激烈，压力增大，他们生活的环境也很复杂。家长要理解孩子内心的困惑、孤独和苦闷，理解他们生理和心理剧烈变化时期一些莫名其妙的，甚至是连他们自己也解释不清和难以控制的言行，对他们幼稚的、唐突的错误要尽可能宽容。在理解和宽容的基础上，要帮他们分析、化解烦恼，帮他们度过敏感和脆弱的成长期。

2. 多表扬、少批评，尊重孩子。当家长依然把孩子当"孩子"看待时，可孩子觉得自己已经长大了，有了尊严或者说面子的要求，您不要轻易批评他，尤其不要当着外人的面批评。孩子有什么问题，回家后给他细细讲解分析，孩子容易接受。可有的家长就爱犯在家惯孩子，在外批评孩子的毛病。

孩子缺乏各种知识、经验和处理问题的能力，言行中难免不足，做家长的一定要耐心分析其中合理的成分，给予积极的肯定和表扬，对不合理的成分，给予纠正和引导，告诉孩子为什么不对，怎样做才对。不打击孩子，更不讽刺、挖苦孩子。

有一个学生读高一时，化学成绩不是太好，他就找化学老师要求当了化学科代表。妈妈知道后问他为什么，他说："我想，当科代表跟化学老师就接触多了，问老师作业题也就方便些，我的化学成绩提高就快了。"

妈妈说："该问问题你去问就行了，干吗非要当科代表不可呢？况且当科代表为班里做事不是更耽误时间、影响学习吗？"

过了一段时间月考时，这个同学的化学成绩并没有明显的变化。于是，妈妈以为有了"理"："我说不让你当化学科代表你非要当不可，我一寻思你就不行，结果怎么样？不行吧？"搞得孩子很郁闷、很烦恼。

这位家长对问题的分析就不中肯也不全面，处理问题的方式也欠妥。

女儿读高中时，她一个同学的父母离婚了。父母的离异必然影响到孩子的心情，这个同学愁眉不展。女儿就和几个同学经常跟这个同学谈心，开导她，给她解困。可是，很长时间过去了，这个同学的情绪不但没有一点儿好转，反而比以前更忧郁了。女儿很苦恼，就问我："爸爸，我们劝她时，她也明白，可怎么效果越来越差呀？"

我对女儿说："飞，你和同学们愿意帮助同学的热心肠很好。帮助他人是一种美德，非常可爱，一生都要保有这样一颗善良的心。不过，光有善良的愿望还不行，还得要注意方式、方法，注意效果。你同学的父母离异了，在你们看来，这位同学很不幸，而这位同学自己的感觉，一定更是不幸、痛苦。而且，又不是一件光荣的事，一定也不愿让别人知道。既然你们已经知道了，别的忙也帮不上，劝劝她，表达一下安慰之情就足够了。如果你们一次又一次提起这件事，就必然会使她生活在痛苦的回忆和不幸的想象中，并使这种痛苦和不幸不断被放大。你们原本是希望她放下包袱，安心学习，结果是她的包袱越背越重，理所当然也就越没心思学习了。"

女儿问："那我们应该怎样帮助她呢？"

我对女儿说："我觉得你们最好都把这件事放一放，谁也不要提。你们的关注度降低，这位同学的痛苦指数也会降低，时间一长，她的痛苦、不安、自卑等就会慢慢淡化了。"

过了一段时间，那位同学的情绪明显好了起来。

女儿高兴地对她的同学说："我爸爸真好，我处理错了事，他不但没批评我，还表扬我的热情，教给我处理问题的方法，增长了我的社会见识。"

3. 不提过高要求、不絮叨。不要让孩子跟姚明比打篮球、跟郭晶晶比跳水、跟宋祖英比唱歌，那样会比得孩子没有了自信心和上进心。

家长要求过多过细，就会超出孩子的认知能力和适应能力。比如要求自己家整天东跑西颠的小男孩儿天天跟绣花的大姑娘一样仔仔细细，安安稳稳，会适得其反。教育孩子时别絮叨，尤其是男孩子，很不安分，常犯"错误"，"问题"会层出不穷。有的母亲一天到晚就絮叨孩子，这不对，那不行，整天让她生气，其实她也没真生气。这其中有许多人也知道自己说了白说，可就是管不住自己的嘴。我就见一位母亲几乎天天喊自己的儿子："小XX，快点回家写作业！"听口气很严厉、很生气，结果，儿子该玩儿还是低头玩儿他的，好像根本就没有母亲喊他这回事儿。喊了几句，不了了之，一切照旧。

家长絮叨的次数多了，时间一长，就会产生负面结果：轻则听得孩子耳朵生了茧子，家长的话成了耳旁风，所有的家庭教育都没了功效；重则孩子心生厌烦，产生对立情绪，让他上东他上西，让他打狗他骂鸡。我还见过孩子不听家长训斥跟家长激烈争吵的情况，离家出走的情况，甚至跟家长动手脚的情况。

我平时管教孩子，重点问题及时处理，一般的小问题、小毛病，我绝不天天说、日日管，而是注意观察，分类整理，然后有针对性、有明确要求、有方法、有措施地引导孩子改正。比如，纠正儿子写作业乱、做作业拖拉等问题我就是这样解决的。我这种处理问题的方式因为是在和儿子讲清道理后进行的，所以，不但不会引起儿子的抵触情绪，还得到了他积极的配合。

4. 放下架子和孩子交朋友。有的家庭等级严明，尤其是做父亲的，可以对上级笑，可以对同事笑，可以对朋友笑，甚至可以对陌生人笑，就是不愿对孩子笑。整天一脸严肃，大人孩子间，有用的话就讲，没用的话不谈，搞得孩子"规规矩矩"、"服服帖帖"。有的家长就以此为荣："我从没有打骂过孩子，但是，我的孩子也很听话。"

如果我们能听听孩子的心声，大多数的孩子还是不愿接受这种等级森严的教育模式的。自己不能说错话，不能办错事，甚至不能在家里随便说笑，一切都得要看家长的脸色。慢慢地，家长和孩子之间心与心本应通畅的交流出现了阻隔，家长有再"正规"的教育也难起到相应的作用。

孩子不谈心事不等于没有心事，不反映问题不等于没有问题。有的学生在学校出了问题，家长到校后就感到惊讶："我的孩子怎么会是这样呢？这孩子在家听话着呢！"很显然，家长根本就不了解自己的孩子。

我觉得自己做得比较好的一点是，孩子幼儿时我就很喜欢他们，逗他们玩儿，和他们一起做游戏，给他们讲故事，教他们认字、算数。等他们长大一些，和他们一起做各种户外运动，在家大家轮流讲笑话、讲故事等，很愿意和他们沟通。我在教育孩子懂得敬老爱幼的同时，更给孩子创造了一个温暖、和谐、民主的家庭氛围。孩子面对我们时，敢于给我们提意见，愿意给我们讲心里话。在这样的氛围里，孩子无从产生逆反心理。

5. 勇于向孩子请教。随着年龄的增长，孩子学会了许多家长不懂的知识，他们的思想也比家长要新，人生观、世界观和价值观也可能有很大不同。所以，遇到不同观点碰撞时，家长不要急于肯定自己，否定孩子，您不妨对孩子说一句："我想听听你的看法"之类的话。遇到不懂的问题，您也要虚心向孩子请教。我就没少向儿女们请教各种各样的问题，并且，随着孩子逐渐长大，这种情况会越来越多。在我们家的日常生活中，儿女们就是经常给我和我爱人答疑解惑的"小老师"。

我的心得是，向孩子请教非但没有招致孩子瞧不起我，反而更赢得了孩子的理解与尊敬，并因此多了一条和孩子沟通、交流的途径。

6. 引导孩子交友、阅读、认识社会。孩子还在成长期，思想还不成熟，良莠是非分得还不是那么清，所以家长要经常和孩子沟通，在聊天中观察孩子在交什么朋友，阅读什么书刊，给他们一些提示和引导。要教育孩子理解社会生活的多面性、复杂性，分清主流和支流。慢慢培养孩子思想上和心理上的免疫力，引导孩子做一个思想健康向上、心理积极阳光的人。

另外，现在的家长基本上都有一定的知识基础，有时间还可以学一些现代教育学、心理学等相关的知识。

抓反复　有耐心

我见过不少家长谈起自己的家庭教育很伤感，觉得自己也没少给孩子费劲，有的甚至付出了较一般家庭数倍的力气也没见什么效果，甚至还很失败，父母盼子女成龙成凤的一番美好期望成了泡影。造成这种不尽如人意的原因有很多，但我观察其中有一个很重要的因素，是有的家长在解决孩子反复出现的问题时，缺乏耐心与正确的方法。

家庭教育是一个过程，是一个漫长的过程，甚至要延伸至终生，家长不要有毕其功于一役的思想。不能设想，孩子有什么问题，家长说一遍，然后孩子记住了、改正了，再以后就不犯这类错误了。如果真能那样的话，家长们把可能犯的错误汇总成一个《训诫篇》，然后读给孩子听一遍，孩子们就都成了好孩子。那样一来，岂不人人都成了圣人，个个都成了完人吗？不可能的，没有那样的"好孩子"。不过客观来讲，确实有的孩子教育起来省力一些，有的孩子教育起来则需要花费很大的气力。

是什么原因造成有的孩子不顺家长的心，或是犯错一而再，再而三，出现反反复复的现象呢？我分析主要有以下几个原因。

第一，性格原因。人的性格千差万别，性格本身无所谓好与坏，但每一种性格却有其自身的优势与不足。性格是与生俱来的，我们很难改变。比如特别爱动不爱静的性格。有的孩子上课时如同身上生了虫、板凳上长了蒺藜一样，没一会儿安静。这种性格对学习就很不利，要改造起来就可能很费劲。

第二，受到不良教育或影响。不良的教育或不好的环境影响，也是孩子出现问题甚至是造成问题孩子的一个重要原因。比如有的孩子拉帮结伙，寻衅滋事，就是受到了社会上不良观念的影响，有的甚至还受到了家长的肯定，自己也觉得有利可图，有安全感，以力服人，有优越感。等到孩子走上这条道，出现严重问题后，家长再教育就很不容易纠正了。

还有的孩子小时候被大人们宠着、娇着，凡事以他为中心，慢慢培养出了孩子自私自利，只替自己打算，不为别人考虑的思维习惯，等到孩子长大以后家长再想改改孩子这个毛病也是很费劲的。

第三，孩子不正确的认识。孩子随着年龄的不断增长，慢慢就有了自己对一些问题的认识，如果家长的要求和希望与他们的理解不一致，他们可能就会坚持自己的一套做法。老师或家长批评的时候，孩子表面上或反驳或顺从，但实际上还坚持自己那一套。比如有的孩子不爱做作业，老师、家长怎么批评都不行，他就认为某某同学不爱做作业，依然考得很好，所以自己也可以不重视作业。虽然孩子没能正确理解问题的实质所在，但他依然还会坚持。

还比如有的同学在高一二时就是不努力，只想等高三再加油。他只相信自己初中升高中的"经验"——初一初二不怎么用功，到初三略一用力，就考上公费高中了。任老师、家长怎么解释初中与高中不一样，中考与高考不一样，他就不信那个理，等到高三时考试成绩一而再、再而三提不上去，等到高考成绩一公布傻眼了。

第四，孩子的自我约束能力差。有的时候，不是孩子对自己身上的毛病认识不到，主要是克制自身欲望的能力、自我约束的能力太差，管不住自己，因而一犯再犯。家长或老师在管理的过程中，如果灰心丧气、放弃努力的话，孩子自己也可能就更放纵自己。比如上网、爱动不爱静、爱玩儿、不用功等很多情况都是这样。

不论孩子的哪类问题出现反复的情况，纠正起来都很困难。很少发生孩子突然间顿悟了，很快就改正了的事情。所以家长要有耐心，要有解决问题的毅力,同时更要有解决问题的办法。下面我就结合自己的工作经验介绍几种解决这些问题的方法。

方法一:不一股脑儿批评。家长切忌用放大镜看孩子的缺点。孩子不能说不能动,一说一动,家长就指责这也不是,那也不对,仿佛孩子一身都是毛病,搞得孩子无所适从,时间一长,心远离家长,就不愿和家长沟通了。

对于孩子反复出现问题,屡教不改或收效不大,一般来说,家长都会很着急、很生气。但是,既然多次批评收效不大就不要再只是一味地批评了。批评多了,不但家长烦,孩子也腻,孩子听惯了,听麻木了,听见跟没听见一样,不应不答不辩解,我行我素,无所谓。

还有些问题也不是孩子一时能解决的。如网瘾、学习成绩差等。

清代教育家颜元说:"数子十过,不如奖子一长。"对于孩子,鲜花一定比鞭子会更有效。请您千万注意不要养成爱絮叨孩子、爱批评孩子的习惯,这起码也是教育方法上的错误。

方法二:要制怒,要有包容心,要有耐心,要给孩子足够的自由生长空间。我前面谈过,孩子成长是一个过程,在这个过程中难免要犯这样或那样的错误,甚至可以说这几乎就是一种必然。法国作家雨果说:"尽可能少犯错误,这是人的准则;不犯错误,那是天使的梦想。尘世上的一切都是免不了犯错误的。"不仅仅是孩子,即使是我们做家长的,谁又敢说自己不犯错误呢?所以,对一个孩子来说,他还缺少生活经验,还没经受过挫折,对于一些问题的体验和认识还处于浅层次的、不深刻、不全面、不成熟的阶段,犯点错误很正常,做家长的不要总生气,要有一颗博大的心、宽容的心,帮助孩子完成从不会走到会跑的成长过程,给孩子留足成长、成熟的时间和空间。

遇到易反复出现问题的孩子别着急,先静下心来,耐下心来,寻找原因,然后对症下药。要学会修正引导,孩子会慢慢成长、成熟起来的。

我见过不少家长到学校后一听孩子有问题,上来就是怒火冲天,把孩子先臭训一顿,甚至还动手,似乎根本就不会倾听、分析和劝导。原本能通过沟通解决的问题,也会被家长搞得僵化、复杂化、严重化而变得不好解决。

方法三:理解孩子。这一点儿也很重要,不要想当然地认为家长的观点就是正确的,似乎理在那儿明摆着,孩子不按自己说的去做,就是错误的,就该受到批评。家长有没有想想孩子为什么不按自己的要求去办？孩子的坚持有没有道理？孩子有自己的难处吗？如果家长设身处地替孩子想一想，体谅一下孩子的难处，有些问题解决起来可能就容易一些。

在对儿子玩电脑的问题上，我就掌握了一个不放纵、不隔绝、有限、可控的原则。孩子们都对电脑很感兴趣，家长要理解孩子的心情，不能因为有副作用，就不允许孩子接触，因噎废食。但是，这种接触必须是可控的，家长要有要求，孩子要能自控。我给儿子规定的是每周可玩 20~30 分钟，既能照顾儿子的情绪，又不致让儿子着迷，染上网瘾。后来，这个规定虽然不是被儿子执行得特别严格，但我觉得还是基本可行的，既没有引起父子矛盾，也没影响儿子学业和视力。

方法四：指出问题的同时，找出解决问题的办法。孩子在同一个方面屡犯错误，有的是认识方面的问题，还有的是能认识，但自己改正起来有难度。家长要具体问题具体分析，不能简单地一刀切，批完了事。重要的，不只是要批评，更要帮助孩子分析出现问题的原因，找出解决问题的办法。比如孩子作业质量低，我们可以找成绩出众、作业质量高的同学的作业本给孩子做示范。孩子结交不良朋友，我们要给孩子讲道理，举反面例子，举正面例子，举孩子崇拜的伟人的例子，帮孩子解除担忧，试着帮孩子调换环境等。

我们还可以试着换一种解决问题的方式——把用批评督促变成用表扬带动。比如孩子作业写得乱，但绘画好，我们就可以积极肯定孩子的绘画水平，然后鼓励孩子说，相信他的作业水平一定能像绘画水平一样高。这种方法就是要求家长用欣赏的眼光看孩子，发现孩子某些方面的成绩、进步、闪光点，及时给予肯定和表扬，激起孩子追求完美的上进心、荣誉感。

方法五：家长要能使孩子信服。打孩子、骂孩子肯定不是正确的方法。有的家长明白这个道理，对孩子不打不骂，可是同样还会有难题。常听有的家长这样烦恼："我给孩子把道理讲了一百遍，连我自己都听累了，可孩子就是改不了，你说怎么办？"我做学生工作的一个体会是，最怕一言不发的学生。学生如果有不同意见，能表达出来，甚至用激烈的语言表达出来也不要紧，不论对错，起码我可以知道他是怎么想的。如果说的想的不对，我可以和他讨论、辩论，帮他修正。说的想的正确，那我可以审视自己，修正自己。如果遇到一言不发的学生就麻烦了,讲了半天也不知道有没有讲到他心里去,很郁闷。

家长做孩子的教育工作也是这样,不论采取什么样的教育形式,最终,形式是为内容服务的,我们首先要重视的是家长要让孩子信服,家长讲的道理要让孩子信服。如果孩子不和家长交流,家长也不知道孩子是否信服自己,不信服家长讲的道理,那家长的工夫可真有可能就白费了。

我在给孩子讲道理时,注意让孩子感到爸爸值得尊敬,值得信任。我还注意努力贴近孩子的生活和思想,以一个又是长者又是朋友的身份,以关心、交流的口吻给孩子讲道理,孩子就易于接受,易于信服。

方法六:勤观察,及时修正。不同的孩子有不同的特点。有的孩子自律性强,有的孩子自律性就差一些。同样的教育,在一些孩子身上会有相对持续长久的效果,而在另一些孩子身上,可能只有三两天的作用,孩子很快就会管不住自己,又恢复成原来的"他"了。遇到容易反复的孩子,我想家长就要更辛苦了,您要打消一劳永逸的念头,对孩子要勤于观察、了解和汇总分析,发现问题及时修正,加强督促力度。不过这种修正不能只是絮叨、埋怨、指责、生气,更不能是贬低、羞辱、暴力。家长要有爱心、有耐心,既可以是批评,还可以是提醒、暗示、点拨、表扬、引导等多种更有效的方法。

第四章 培养孩子学习知识的能力

知识承载和传递着人类的智慧，知识引导着我们追求真理，奔向光明。

知识是永远难以衡量的财富，知识让人充实，让人自信，让人聪慧，让人高贵。

知识改变人的命运。

培养孩子的学习兴趣

圣人云："知之者不如好之者，好之者不如乐之者。"对于学习来说，了解怎么学习的人不如爱好学习的人，而爱好学习的人又不如以学习知识为快乐的人。把学习知识当做一种快乐，对学习有着浓厚的兴趣，那么这个人自身就会有一种强大而持久的内在驱动力，学习起来也会明显地高效。

兴趣是学习动机中最现实、最活跃的成分。

李四光小时候常玩儿的草坪上有一块跟周围地形很不相称的大石头，他很纳闷这块石头是从哪里来的。小四光去问村里见多识广的陈二爹，陈二爹告诉他，听别人说是天上掉下来的。小四光又去问爸爸："爸爸，陈二爹说草坪上那块巨石是从天上掉下来的，是真的吗？"

爸爸说："也有可能。天上的流星落到地上，就变成了石头，叫'陨石'。"

不过爸爸也不敢肯定。小四光很不满足，于是他就下定决心，一定要当个科学家，探求其中的奥秘。

后来，李四光留学日本，学造船技术，可是回国后中国根本就没有钢材建造船只。于是，1913年李四光又去美国学习采矿专业，他想回国后把铁矿采出来就有钢造船了。可是一年后他又改学了地质，因为他觉得，如果不知道矿藏在哪里还是不能开采的，这样地质学成了他的终生选择。回国后，在太行山山麓的一次地质考察中，李四光第一次发现了中国第四纪冰川存在的遗迹。这时，他意识到，故乡那块大石头也许是被冰川推移过来的。

1933年李四光回到故乡，对这块大石头进行了仔细考察，专门写了一篇《扬子江流域第四纪冰川》的论文。这个使他疑惑不解达四分之一世纪的问题终于有了答案。

用爱因斯坦的话总结李四光的故事，那就是"兴趣是最好的老师"。

在孩子身上，有着与生俱来的对外界事物的兴趣。有学者提出：儿童就是一个小小的科学家。但是，孩子这种天生的兴趣既可以增强，也可以减弱。如果后天的生活环境、教育方式保护了孩子的天性，那么这些兴趣就会被强化和巩固下来；相反，孩子的兴趣就会减弱直至消失。

要想让孩子有一个理想的学习成绩，那就必须调整好孩子的学习状态，让孩子变被人管着学为自己学，变被动学为主动学。家长要做的是努力培养和提高孩子的学习兴趣，充分调动孩子学习的积极性。下面，我结合自己的体会跟大家介绍几种方法。

一、兴趣正浓好学习

孩子小时候，注意力持续集中的时间比较短，兴奋点多变。家长要观察孩子的兴奋点，看看孩子现在喜欢做什么，是不是愿意学习。如果教知识时他很高兴、很兴奋，那么您就先放下别的活，专心致志教孩子，这时孩子注意力集中，兴趣高，学习效果一定好。如果家长空闲了，或者一时兴趣来了，可是赶上孩子没兴趣，或者兴趣没在学习方面，那么家长也不要强迫孩子学习。

我儿子小的时候这个特点就非常明显，他爱学习的时候，眼睛专注地盯着大人给他写的字、画的数，教他念字他跟着念字，教他数数他跟着数数，有时他的小手也跟着比比划划，问他个问题，他也会做出集中精力思考状并且积极回答问题。有时他的学习兴趣上来了，还会主动要求大人给他写个字认认，给他出道题做做。可是，如果教得时间长他学烦了，或者兴趣没在学习方面的时候，他就会把眼睛一闭，说什么也不再看你，这时候我们就不再强制教他，让他该玩什么就玩什么吧。

有的家长没注意研究孩子的这个特点，违背了孩子的学习规律，做法恰恰相反。孩子正愿学或正想学的时候，家长打断了孩子的学习或不给孩子的学习提供必要的条件。我给大家举两个典型的例子。

例子一，有一次我去一个农村的家庭办事，当时正是农忙时节。这家的孩子在院子里摆上小桌子，拿出书包来正想学习。母亲看见了，说："地里棉花一片白，咱家里花钱雇着人拾棉花，你哪里还有空学习，快收拾起书包拾棉花去，等不忙了再说学习吧。"无奈，孩子撅着嘴，收拾起了书包，跟着母亲下了地。

我想对这类家长说，千大万大，不如孩子的学习大；千紧万紧，不如孩子的前程紧。孩子的学业不是一天能突击完成的，它就在于十几年日积月累的细节中，每一天的学习都和孩子的将来密切相连。

您看这位母亲，在孩子正想学习的时候，败了孩子的兴。况且，一个孩子能帮您拾几斤棉花？因小失大，目光实在有些短浅。

例子二，我给您讲这个故事您都可能不相信这是真的，因为它就发生在一位老师妈妈身上。有一天，这位老师妈妈正在洗衣服，孩子拿着作业本问她："妈妈，这个题怎么做呀？"

她训斥孩子说："一边去，没看见妈妈忙着吗！"

我若批评这位老师妈妈无知，她肯定不会接受。不过，您细想一想，您这一句简单的训斥，就会伤害孩子的自尊心，就会打击孩子的学习积极性，从而减弱孩子的学习兴趣，在您这样的家庭环境中，怎么能够激起孩子的学习兴趣？就知识本身来讲，孩子在做题中遇到了困难，求助您解决时您不伸出援手，也会影响孩子的学习进程。回头再说，您洗件衣服能多么忙？放一放，给孩子点拨一下难题再去洗有什么不行？

我在这里劝这位老师妈妈和其他类似的家长，千忙万忙不如孩子的学业忙。孩子有兴趣时您不教，等到孩子没了兴趣不学习的时候，您肯定又会反过来着急，您说怨谁？

我有一句话送给大家：兴趣正浓好学习。

孩子愿学的时候不让孩子学不对，反过来，孩子不愿学的时候也一定不要强迫孩子学。有的家长强迫孩子做作业，强迫孩子机械记忆，学前教育小化、成人化，中小学期间家庭教育搞得孩子奴隶化、机器化。这样一厢情愿的教育，时间长了容易导致孩子产生厌学情绪，其结果可能会适得其反。

二、留心处处是教材

学校教育是在一定的教育场所和有明确的教育方针指导下，按一定的教育内容，运用各种教育方法对学生进行的有组织、有计划、有步骤、有考核的教育。学校教育有非常明确的目的性和计划性，这绝非家庭教育可以比拟。可是家庭教育也有自己非常明显的优势，其中一点就是不像学校教育那样，教材内容有很强的规定性，它可以不受地域、内容的限制，只要家长留心，处处都有可以利用的教材。

我对孩子这方面教育的零碎例子实在是太多了，比如做手影讲狼外婆的故事、老鹰捉小鸡的故事，边走边认字。看见人、物可以数数、算数，一支粉笔、一块墙壁就可以算有了教室……举不胜举。遇物则诲，太方便了。

家庭教育知识零散、不系统、没连贯性，为了克服这方面的不足，家长在孩子学前可以准备个笔记本，把孩子学习过的内容简单做些记录。这样，就可以对孩子学过的知识做到心中有数，既有利于系统复习巩固，又不简单重复而流于形式。

三、引导孩子实现从听书到读书的转变

孩子小的时候，家长就以讲为主，并且，要力求言语绘声绘色、生动形象。我给孩子讲故事还常常加上肢体表演。从心理学上说，幼儿思维具有形象性、具体化特征，他们思维中的各种感知与行动被简化压缩，内化为头脑中的表象，那些具体的形象性特征、比较鲜明的故事孩子爱听，兴趣浓。比如，我给孩子比划小猫钓鱼时怎么不专心，一会追蝴蝶，一会捉虫子；三只小猪怎么盖草房子、木房子、砖房子；两只小羊过河时怎么互不相让打了起来，怎么都掉到河里等。这些故事易表演，而且故事性也比较强，而想要说明的道理又比较浅显易懂，我都给孩子做动作讲解。所以，这些故事的教育效果都比较好。

不过要注意，给孩子讲故事从方式到内容都要符合孩子的年龄特点，不符合孩子认知特点的故事不要讲。我就有过深刻的教训：记得女儿四岁的时候，我给她讲了《画皮》的故事，结果不但没能让孩子明白怎么透过现象看本质的哲理，反倒吓着了孩子。

在一边给孩子口头讲故事的时候,我们还一边教孩子识字。我们把图画书引进来,给孩子讲故事看着图指着字讲,孩子边听故事边识字。再往后,我们就教孩子认字母学拼音,试着让孩子读着拼音认字,大人孩子一边看图画,一边共同讲故事。等孩子认的字多了,读的书多了,他们慢慢又发现,原来听爸爸妈妈讲的很多故事,比如《西游记》里的故事、《三国演义》里的故事,书上都有啊,自己读吧。我记得儿子四岁多的时候就开始自己读书了。有一次借的一本书上连插图都没有,只有带拼音的汉字,他也读得很入迷。

我们引导孩子从单纯听故事到简单识字、学拼音、自己看拼音认字读书,整个发展过程由易到难,由简单到复杂,孩子接受起来水到渠成,很自然。

当孩子有一定的理解能力的时候还可以试着让孩子评书。学而不思则罔。一个人如果仅仅是念书写字,那还不是完整意义上的读书,甚至可以说不是真正意义上的读书。学校里常有这样的学生:老师让背书就背书,老师让做作业就做作业,很听话,也很踏实、很勤奋,可考试时成绩并不理想。什么原因呢?其中有一点就是这些学生只会跟着老师的要求走,缺少自己的理解、分析。读书是以一种以自己为主体的积极主动的思维活动,书中的知识必须通过理解、分析才能转化成自己的知识并能得到进一步的升华。

让孩子评评书,孩子就不能只停留在知识简单的"有趣"的阶段,他们要对书中的内容作出分析,得出自己的认识结论,不论是具体的知识还是抽象的思想。总之,让孩子评书比让孩子听书、讲书有更高的能力要求。

女儿小的时候,给我讲了一个小画书上的"小猫钓鱼"的故事。讲完之后,我问她:"飞,小猫为什么钓不到鱼啊?"

女儿说:"小猫一会儿捉蝴蝶,一会儿捉蜻蜓,一会儿捉虫子,所以它才钓不到鱼。"

我又问:"小猫怎么错啊?"

女儿想了想:"小猫不认真钓自己的鱼。"

我说:"对,小猫这叫不专心。"

女儿点了点头。

接着我又启发女儿:"你的学习应该怎么才对啊?"

女儿回答说:"好好学习,不像小猫那样做事不专心。"

女儿读书读出了良好的学习习惯和认知能力。

四、让孩子有成功体验

培养孩子的学习兴趣跟培养其他任何方面的兴趣与能力一样，都需要让孩子有成就感，越有成就感，孩子这方面的兴趣也就会越浓，越容易在这方面出成绩。家长对孩子要多鼓励，多表扬，少批评。不要急于求成，不与别人比，不要总恨铁不成钢。有些家长挂在嘴边上的话就是："别人家的小子如何如何。""别人家的闺女如何如何。""你看人家考了多少分，你考了多少分。""都是两膀子扛一个脑袋，怎么人家行，你就不行啊！"这样的训斥似乎很有道理，结果是不问青红皂白，不帮孩子找原因、想办法，只会搞得孩子自卑、压抑、惧学、厌学，从学习中难找到半点情趣。

家长要根据孩子的情况，给孩子创造取得成绩的机会，哪怕这些成绩在成人看来是微不足道的，但在孩子的眼中就已经很伟大了。儿子小的时候，我为了培养他对数学的热爱，已经知道他能数十以上加数字了，还是对他说："东黎，你给我数数。"儿子就"一、二、三……"一口气数过了十。我装作惊讶地说："呀！东黎都能数过十啦，怎么这么厉害呀？"他会算加减法的时候，我鼓励他在人前表演，尤其是口算表演，我随即就当场夸赞，再加上别人一表扬，儿子脸上马上就能表现出一股英雄般的兴奋。我的鼓励表扬大大增强了儿子的自豪感、成就感。他还没入学呢，有一次竟对着妈妈说："妈妈，数学上没有我不会的题啦。"不管孩子的话多么稚嫩，从中能够感觉到的是儿子对数学的自信与热爱。

古希腊数学家希帕蒂娅童年时，有一次和她的父亲塞翁在草地上锻炼，小希帕蒂娅看到地上自己和父亲的影子，睁大眼睛问父亲："影子是挡住太阳光的物体形成的吗？影子有什么用处？"父亲就很好地保护了女儿对知识探求的兴趣，他说："问得好，我的好孩子，你不是常想测量金字塔的高度吗？想想看，能不能用影子来测量？"希帕蒂娅在父亲的鼓励和帮助下，用影子第一次测出了金字塔的准确高度。这次成功使希帕蒂娅对科学产生了浓厚的兴趣，也为她以后成为古希腊最有成就的大数学家奠定了基础。

五、培养孩子间接的学习兴趣

兴趣分直接兴趣和间接兴趣，我们在注意培养和巩固孩子的直接兴趣时，也要注意对孩子间接兴趣的培养。间接兴趣指的是如果一个人对某一件事、某一方面的工作等有意识高度关注的时候，也会引起相应的浓厚兴趣。我们对孩子学习兴趣的培养也是这样，如果我们把学习的目的、结果、长远意义等告诉孩子，让孩子理解，也能激励孩子积极、努力地去学习，引发孩子对学习的兴趣。一般来说，学校和家庭都不缺乏这方面的教育培养，不过，在进行这方面的教育时，要注意两点。

第一不要空。所谓"空"，就是指对孩子教育时，只讲远大理想，格调很高，但是偏离孩子的思想实际，和孩子的人生认识联系不具体，引不起孩子的共鸣。这样的教育就如同人们听一个乏味的政治报告一样，收效甚微。

第二不要俗。所谓"俗"，就是指只领着孩子在个人利益的小圈子里打转转，胸怀不宽，眼光不远。这一问题不论是家庭教育还是学校教育，都严重存在着。常听见有的家长训孩子："不好好上学，就等着将来给人家卖苦力吧！""俺辛辛苦苦拉扯大你为什么呀？你不好好学，将来找不到好工作，自己都养不活自己，怎么孝顺俺呀？"

我参加过一些班会，也和很多老师座谈过，有的班主任老师就认为，现在对学生进行理想教育过时了，要想鼓励学生的学习热情，报恩教育和利益教育是重要的教育手段。于是，班会上，老师、学生都大谈父母养育之苦，学生该怎么好好学习，要干一番事业，要报养育恩。又是标语，又是誓言，煞是悲壮，甚至有些血淋淋的味道。

对孩子进行感恩教育，让孩子奔个好前程，无可厚非，理由也很正当。可是，如果我们的教育目标仅仅局限于此，那就太小了，太窄了，也有些俗了。即使仅从培养孩子的学习兴趣、鼓励孩子持续地努力、坚持刻苦学习这个角度来说，这种教育方法也有缺陷。年级里那么多同学，不是孩子不想学好，即使人人都努力，也绝不可能人人名次都靠前，一旦努力几次名次上不去，一些学生倒会认为难报父母恩、难报师恩，自己没有什么前程。于是，更没了学习劲头。眼光放不开的孩子，就容易有挫败感。

我认为纠正这两方面的教育偏颇就是把这两个方面结合起来，二者兼顾，既有理想教育，也有前途教育；让孩子感到既有家庭责任，又有社会责任。

我在对孩子进行这类教育时，首先，是理智地告诉孩子，只有好好学习才是最有可能的出路。否则，难找一份像样的工作，安身立命都是问题，更不要谈其他。同时，我还教育孩子，人生不能仅仅为了吃口饭而已。一个人，尤其是一个青年人应该对社会有所贡献，并力争有较大贡献，而要想做出贡献就要有一个平台，如同唱戏要有戏台一样，这个平台就是职业。讲人人平等那是指人格，那是指法律地位，实际上不同的职业密切关系着一个人对社会的影响大小、贡献大小。比如一个工人和一个厂长不相同，一个文盲和一个科学家难相同，一个普通公民和一个总理也大不相同。所以，要想将来给自己搭建一个较高的平台，学生时代就要好好学习。

我感觉我这样的教育有大有小，有远有近，有情有理，孩子易接受，对鼓舞孩子持续努力学习效果较好。当一个人把自己的利益、自己的命运与一种事业、一种追求联系起来的时候，他就会欣然为此付出更多的努力，就会有更强的抗挫折能力和韧性。

六、创造有利于学习的环境

环境育人，合适的环境也会培育和增强孩子的兴趣。我们家做过的有：关注孩子的学习情况、学校生活情况，全家热情讨论孩子学习的一切，讨论文化知识的话题，在家给孩子设个书房，家长陪孩子一块读书学习，抽时间带孩子逛书店，带孩子到大自然中认瓢虫、认蝴蝶、认树叶……给书上找错字等，孩子能感觉到家长对知识的重视和热爱，能感觉到家庭中浓厚的学习氛围。

另外，家长还要鼓励和支持孩子参加一些如诗歌比赛、演讲比赛、辩论赛、作文比赛等各种文化元素较重的比赛活动，即使不能获奖，最起码孩子也会从对别人知识渊博的羡慕中，会从对自己知识浅薄的缺陷中有所触动，进一步激发他好好学习的斗志。

我再给大家介绍一下我对孩子学习的奖惩办法。有的家长在孩子考好了或者孩子在学习上值得表扬的时候，给孩子发奖金，买礼物。这些家长没想过，当您手里的金钱不能引诱"小鬼"推"磨"的时候，当"小鬼"厌倦了"推磨"的时候，学习的这盘"磨"就不容易再转起来了。还有的家长在孩子考不好、不好好学习或者孩子在学习上需要批评处分的时候，就惩罚孩子抄书、写作业。这些家长的做法很容易让孩子觉得学习是一种义务、是负担、是在受难，对学习的感觉很负面。

我的孩子考好了或者在学习上值得表扬奖励的时候，我主要的奖励形式就是口头表扬，或是领着孩子到书店看书买书，或是改善伙食以示庆贺。孩子考不好的时候我帮孩子分析原因，给孩子提要求，从没因此为难过孩子。如果孩子不好好学习或者做了其他错事的时候，我有时对孩子发出的警示是要剥夺孩子学习的机会。我的出发点是想要让孩子感觉到学习是权利、是快乐、是在享受，自己得要好好学习，珍惜人生最美好的青少年时光。

呵护好孩子的求知欲

本话题在内容上和上一个话题密切，也可以归入上一个话题，但是，我觉得求知欲对孩子学习的影响太重要了。所以，又把呵护好孩子的求知欲单独作为一个话题列出来，希望您在教育孩子时重视。

求知是每一个人与生俱来的心理需求。孩子来到了这个世界上，我们就能感觉到那一眨一眨的小眼睛中，满是对这个陌生世界的好奇、新鲜以及想明白这一切的渴望。孩子小时候问"这是什么？""那是什么？"这说明孩子发自内心地对于他面对的这个全新世界的求知和探索已经开始了。慢慢地，孩子又要问"这是为什么？""那是为什么？"这说明，孩子对于周围世界的了解已经从对事物的简单认识指向事物的内在道理，从事物的表象指向事物的本质特征，从单一事物指向事物之间的联系了。

幼儿简单的一问，不论其多么幼稚或是多么"不靠谱"，都是他在渴望认识事物，都是受到了学习原动力的驱使。家长千万不要忽视这简单的一问。如果最初的这份好奇心能得到精心呵护，那么，它就会被保留下来，再加上有利的后天环境，进而就会发展成为对事物认识强烈的求知欲，这也是我们希望孩子将来有个好的学习成绩而培养孩子必须具备的基础条件。如果我们忽视这一点，培养方法不得当，孩子的好奇心就有可能减弱甚至被磨灭，他们对周围事物就没有了探求的欲望。没有了问号，就会变得冷漠起来，科学知识对他们也就没有什么吸引力。

求知欲是人类认识活动必不可少的主观前提，它在鼓舞着人们去探索、去发明创造。一个有强烈的好奇心和求知欲的孩子就是一个小小的科学家，他与我们概念中的知识渊博的科学家和学者并没有本质的区别,并且这两者之间也没有不可逾越的鸿沟。

英国物理学家麦克斯韦少年时代被誉为"神童"。有一年在爱丁堡中学举行的数学和诗歌竞赛中,他夺得了两项冠军,同学们都非常崇拜他,可麦克斯韦自己却说:"我不是神童,只不过凡事爱追根问底罢了。"的确,麦克斯韦在孩童时代就爱向大人提出各种各样的问题,而且大人不解释清楚就"誓不罢休"。

有一天,麦克斯韦的姨妈给他带来了一篮子苹果。看着红得可爱的大苹果,他问姨妈:"这种苹果为什么是红的,而有的苹果为什么是黄的?"

姨妈被问住了,为了摆脱窘态,她赶紧去洗了一个苹果,然后领着小麦克斯韦又去玩儿肥皂泡。玩着玩着,小麦克斯韦又突然发现,在阳光照耀下,肥皂泡呈现出美丽的色彩。于是他又问姨妈:"为什么肥皂水是白的,而吹出的肥皂泡是五颜六色的?"

姨妈回答不了小外甥的连串提问,只好找姐夫来解围。看着对自然现象感兴趣又爱提问的儿子,老麦克斯韦心里有说不出的高兴。他是爱丁堡皇家学会(当时的科研机构)活动的积极分子,打这以后,他就常常带着儿子去听皇家学会的通俗科学讲座,而当时这位小听众的个子还没有讲台高呢!

生活中,部分家长没有意识到保护孩子求知欲的重要性。有的对孩子提问不理不睬,漠然处之,孩子问孩子的,大人忙大人的。有的觉得孩子的问题上至日月星辰、电闪雷鸣,下至山川河流、花鸟鱼虫,无边无际,看见什么问什么,想起什么问什么,并且缠着大人问个没完没了,于是烦心便起,"一边去,看不见妈妈忙着吗?""怎么这么啰唆!""哪来这么多话,找块胶布把你的嘴封住!"还有的家长觉得孩子问的问题太简单,蔑视孩子,"你怎么这么笨?这问题还问"!

家长种种不正确的处理方法慢慢就会降低和伤害孩子求知的积极性。做家长的要知道珍视孩子的每一问,孩子的每一问都是在攀登知识高峰的路上向前迈进了一步。

德国唯心主义哲学家黑格尔小时候有一次在妈妈身边玩耍。妈妈正在梳头,无意间,小黑格尔发现妈妈的一根头发落了下来。他就问妈妈:"妈妈,少了一根头发会影响您的美丽吗?"

妈妈随口答道:"不会。"

"要是再少一根呢?"

"还不会。"

"要是一根一根少下去呢?"小黑格尔接着追问。

妈妈一下怔住了,无言以对。

小黑格尔就是带着这个疑问,后来发现了量变与质变的关系。

家长要想保护和培养孩子的好奇心和求知欲,我觉得首先还是要自己解决一个认识问题,那就是要充分理解知识的重要性。

举世公认,犹太民族是一个非常聪明、非常会挣钱的民族,而在犹太人心中,最受尊重的却不是商人,学者的地位不仅高于商人而且高于国王。他们认为,一个学者死了,没人能替代他,而一个国王死了,所有人都能胜任。犹太作家茨威格说:"发财致富对犹太人来说是一个过渡阶段,而根本不是他的内在目标。一个犹太人真正的愿望是使自己进入到更高的文化层次……倘若在自己的家庭成员中有一个人当了教授、学者、音乐家,那么就会把这种荣誉头衔看做是全家的,仿佛他通过自己的成就使全家人都变得高贵似的。"

家长只要认识到了位,对孩子的这份好奇心,就不会再漠不关心,不会再嫌麻烦了。

其次,家长要和孩子交朋友。父母子女有天然的血缘关系,这份亲情谁也不否认,谁也割不断。可是,并不是所有父母和子女都能成为朋友。我们知道,朋友相处,轻松快乐,无话不谈。我就发现,有的父母,在孩子面前很是严肃,孩子不敢随便说话。还有的家长跟孩子的关系很僵,说话总不投机。

家长和孩子应该怎样和谐相处,那是另外的话题,我只是想说,希望家长多抽点时间来陪孩子玩玩儿,带孩子到大自然中转转,鼓励孩子发现问题,和孩子一起分析解决问题。精心呵护着,把孩子那份与生俱来的好奇心培养成对知识的强烈探求和渴望。

还有一点儿我想提示一下,就是在面对孩子发问时,家长既不要不理不答,也最好不要知无不言、言无不尽,能让孩子思考的问题最好引导孩子自己思考、解答。这样,一方面培养了孩子独立思考问题、解决问题的习惯和能力；另一方面，在孩子有了成功的喜悦体验后，必然会进一步激发他对新知识的探求欲。

儿子小的时候，有一天我领着他在外边玩儿。这时，邻居家的一只狗也在旁边转来转去寻食物，儿子突然对我说："爸爸，这只狗真难看。"

我问儿子："它怎么难看呀？"

儿子说："你看它身上一块一块的。"

我一看，原来是狗正在换毛，它后背和臀部还有几块没脱完的地方，乍一看是挺难看的。

我想了想，对儿子说："东黎，你仔细看着点儿，看看过几天以后它身上的毛有什么不一样，我再告诉你是怎么回事儿。"

过了大约十天半月的，我又问儿子："东黎，现在那只狗还难看吗？"

儿子回答说："不难看了，它身上的破毛都没了。"

我领着儿子到了邻居家，叫过那条狗来，它身上毛光油亮，还围在我们身边一边欢叫着，一边摇着尾巴，很可爱。

我问儿子："你前些天看到的哪几块破毛哪里去啦？"

儿子摇了摇头说："不知道。"

我告诉儿子说："狗到天冷的时候，身上的毛就会长得又细又密，等到了天暖的时候，这层又细又密的毛就会脱落下来，换成比较粗稀的毛，这种现象叫脱毛。"

接着，我又问儿子："东黎，你想想，狗为什么会脱毛呢？"

儿子想了想，一时想不明白。

我启发儿子说："你想一想，这些毛为什么冬天长，夏天落，它有什么作用啊？"

儿子忽然明白了："我知道了，狗身上长细密的毛就是为了冬天让身子暖和。"

我摸着儿子的头夸奖道："东黎，真聪明！想对了。狗身上的毛冬天又密又细，是为了保暖，让它暖和些。而夏天就变成了又粗又稀，散热快，凉快些。"

我接着告诉儿子："不仅仅是狗，还有牛羊等都换毛，道理是一样的。"

儿子觉得学到了知识，又受到了夸奖，很高兴。我一看儿子劲头上来了，就又问儿子："东黎，你知道有的动物换毛了，还知道有的动物会换颜色吗？"

"变色龙。"儿子随口就答了上来。

我紧接着问儿子："变色龙为什么要变颜色？"

儿子回答说："我知道，为了不被天敌吃掉。"

儿子可能是看《十万个为什么》或看"动物世界"栏目知道的。

我赶紧表扬儿子："又说对啦，东黎知道得真多！这叫保护色，保护色不仅可以保护自己不被天敌吃掉，还可以使自己在捕捉猎物时不容易被发现，有了它就能够更好地伪装自己。你看当兵的迷彩服，坦克、军车都染成绿色，也是为了伪装，不容易被敌人发现。"

儿子忽然觉得，生活中原来竟有这么多学问。从儿子的眼神中，我似乎能感觉到流露出的那种渴望探究未知世界的兴奋。

见到日食月食的现象，孩子闹不清怎么回事，我就找来地球仪。然后再用灯泡、乒乓球比划着模拟太阳、地球和月球的运行轨迹以及它们之间的相对位置关系，让孩子明白出现日食月食的原因。

我老家承包过苹果园，所以，我对苹果的生长情况比较清楚。领着孩子玩儿时，我就引导着孩子观察苹果树，看看各部位的苹果大小、色泽和口味的异同，然后再分析这些异同的原因。

天气转暖的时候，我引导孩子观察我们校园柳树发芽，迎春花开，我们还逮虫子喂鸡，我告诉孩子，春天来了。

……

我在领着孩子看似不经意的玩儿的过程中，就无痕无迹地呵护和发展了孩子的好奇心和求知欲，很自然就养成了孩子观察大自然各种现象的习惯，培养了积极探求各种知识的强烈意识，培养了孩子观察和思考的良好习惯。

培养孩子的想象力

想象力是指人对头脑中的表象进行加工改造，从而创造出新的形象的能力。有了想象力，才有了玉皇大帝、圣诞老人；有了想象力，才有了孙悟空、哈利波特；有了想象力，才有了"飞流直下三千尺，疑是银河落九天"；有了想象力，才有了飞机上天、飞船探月。想象是人类进步和幸福不可或缺的创造性思维，没有想象，人类或许还在原始农耕的状态下艰难度日。爱因斯坦说："丰富的想象力有时比知识更重要，因为知识是有限的，而想象力概括着世界上的一切、推动着进步，并且是知识进化的源泉。严格地说，想象力是科学研究中的重要因素。"是想象力这种创造性的思维能力助推了人类社会的进步和发展。

对一个人来讲，想象力也很重要。想象使我们的生活更丰富多彩，想象使我们能在生活、事业中有所发明，有所创造。

一个学生，没有想象力，就没有了文学作品的艺术形象，精美的语言就没有了光彩；没有想象力，数学、物理、地理中的空间关系就建立不起来；没有想象力，物理、化学、生物中的很多微观世界就不能呈现在我们的眼前……丰富的想象力，创造性的思维能力，是学习取得优异成绩的基本条件。如果一个学生局限于书本，受制于条条框框，总是师云亦云，那无论如何刻苦努力，其成绩至多也只是平平。

贝鲁泰斯说："想象是人躯体的肉，若没有想象，人生只不过是一堆骸骨。"

想象是在人已有的知觉材料的基础上产生的，它是人脑对原有表象进行的再创造。无论想象有多么奇幻，它都来源于现实生活。假若把一个婴儿一出生就放在地下室，切断他与外界的一切联系，那他无论长到多大，也不会有什么想象和再创造。我们培养孩子的想象力，第一要做的就是引导孩子热爱生活，到大自然中去，到生活中去，让孩子感知生活，在生活中积累大量素材，为想象打下坚实基础。

女儿三岁多的时候，有一次我骑自行车驮她回家，她坐在自行车大梁的小椅子上，我们一路走，一路说笑。忽然，一群鸽子从我们的头上低空飞过。女儿听见"扑"、"扑"声，抬头看见了向前飞去的鸽子，嘴里直喊："爸爸，抓住它们，我要鸽子！我要鸽子！"

我马上对女儿说："好！你的名字叫飞，你也可以飞起来。现在你就展开翅膀飞起来，咱们追鸽子去！"

女儿真的就在小椅子张开两支小胳膊，使劲地上下扇动起来。

生活中的素材很多，家长可引导孩子做一些相关的联系，培养孩子的思维习惯。比如，夏天的云形状多变，注意观察，也能让人产生无尽遐想。我领着孩子除了看云识天气，还常常看云讲故事。比如，这块云像羊群，那块云像恶狼，恶狼瞪着眼来吃羊群，这时，远处的猎人"砰"、"砰"两枪，恶狼的头碎了，身子也瘫成了一团，羊群就无忧无虑地到天边吃草去了……

有一次我们在老家住着，一家人正在吃饭，儿子抬头望着北墙上的小窗口，突然冒出一句："这不就是个田吗？"

原来，我们老家一带从前盖房都留一个后窗口以便通风。我家的小后窗户是用木材做的，一个方框，中间一个十字，整个后窗确实就像一个"田"字。一个两岁多点儿的孩子不但认识"田"字，还有这等想象力，真也不简单。一家人乐得合不拢嘴，直夸赞孩子聪明。

吃过饭，我又趁着余热，一边夸儿子，一边又教他认识"羊、月、山"等几个字，我一边教字，还一边带儿子想象着具体对应的事物，联系汉字结构与具体事物形状的相似性，让儿子对象形汉字有了初步感性的认识。

现在的孩子手头一般都不缺积木，家长陪孩子玩儿的时候，就可以一边讲与房子、城堡相关的故事，一边鼓励孩子想象设计一座房子或城堡，并让孩子自己动手"建造"。"建造"的过程，就是孩子根据自己的知识积累进行再创造的过程，也是培养和提高孩子想象能力的过程。没有积木也不要紧，砖头、瓦块、树枝、断木等都可以就地取材。

用故事培养孩子的想象力也是很好的办法。除去大人讲、孩子听的常见形式，还可采用其他方式。比如见景生"故事"，看见什么就即景现编故事。看见云朵就现编羊和狼的故事、孙悟空棒打白骨精的故事；看见小蜜蜂"嗡"、"嗡"地飞来飞去，就有了小蜜蜂任劳任怨、无私为人类奉献甜蜜的故事。

现编故事一般都是我和孩子共同编造、合作完成，看谁编得圆满，看谁编得情节曲折生动。

女儿小时候，有一年夏天的一个晚上，一家人吃了晚饭在院里纳凉，北屋的门灯是亮着的。女儿坐在小板凳上目不转睛地直盯着门灯下的墙面发呆。我母亲好奇，问："飞，你看什么呢？"

"看电影呢。"女儿头也不回,还是盯着墙面。

一家人都觉得女儿的回答很新奇,大家顺着女儿的眼光看过去,哦!明白了,原来,夏天的夜晚,有许多小飞虫和蛾子,看见灯光就飞聚了过来,围在电灯周围上下翻飞。而电灯附近的墙面上,又有五六只壁虎静静地伏着,在伺机捕捉落在墙面上的小飞虫和蛾子。整个情形有动有静,动静结合,煞是热闹,还真有一点动画电影的味道。

我母亲一看这情形就笑着对孙女说:"看蝎马虎(我们这一带称壁虎叫蝎马虎)还这么带劲儿。"

母亲的意思,蝎马虎吃虫子,太平常了,有什么看头儿?到底还是个孩子。

我把小板凳也搬到女儿旁边和她一起看起来。一边看,我一边对女儿说:"呀!飞,你看壁虎在直上直下的墙面上爬行,有时快,有时慢,怎么也掉不下来呀?"

女儿没思考过这问题,确实也不懂,她扭过头来问我:"怎么回事啊,爸爸?"

我对女儿说:"壁虎的脚长得特殊,它的上面有吸盘,能吸在墙面上,很安全,不要说在直上直下的墙面上,即使它仰面在房顶上爬行也不会掉下来。"

恰在这时,房檐下还真有一只壁虎伏在那儿,女儿赶快用小手指着那只壁虎对我说:"爸爸快看,房檐下那只壁虎腆着脸找虫子呢。"

我又问女儿:"飞,你愿意让壁虎逮虫子吃吗?"

女儿看着我,一脸困惑,看她的意思,既愿看有动有静、热闹精彩的游戏一般的场面,又替那些被捉住的虫子惋惜,一时不知如何回答我才好。

我告诉女儿说:"壁虎吃蚊子、苍蝇、小飞虫、蛾子,它吃的这些东西基本上都对人有害,壁虎是益虫,它吃虫子是在为人类做好事、作贡献。"

女儿一听被吃的这些小飞虫和蛾子都是害虫,顿时便没有了感情负担,看得更起劲了。

我又引导女儿说:"飞,你看这几只壁虎像一家人吗?"

女儿也来了情绪:"肯定是一家人呀。"

"哪一只是'爷爷',哪一只是'奶奶',哪一只是'爸爸',哪一只是

'妈妈'，哪一只又是'孩子'呀？"

"那一只是'爷爷'，那一只是'奶奶'……旁边那一只最小的是'孩子'，正在跟着'妈妈'学逮虫子呢。"女儿基本上是按着壁虎个头的大小给它们排了辈，分了角色。她的意思里已经有了"故事"的味道。

这时，壁虎"妈妈"正在盯着虫子。我对女儿说："飞，你看看壁虎'妈妈'肯定在悄悄地告诉它的孩子，'别说话，看我教你怎么逮虫子。'"

女儿跟着说："它的孩子一动不动在那儿学呢。"

一眨眼，壁虎"妈妈"跟前的飞虫没了，它的嘴角外，一边露着飞虫的头，一边露着飞虫的翅膀。原来，飞虫已经进了壁虎"妈妈"的口中。女儿真有点看呆了："爸爸，我只看见壁虎'妈妈'的头刚向前一动，还没够着飞虫呢，怎么飞虫就已经被吃进嘴里了呀？"

我告诉女儿："壁虎逮小虫子不是靠头向前用嘴去咬，它有一种特殊的本领，跟青蛙一样，舌头特别长，靠近猎物时，它的身体不动，不惊动猎物，舌头快速一伸卷住猎物，然后带回嘴里，整个动作就在一眨眼间完成，非常快，人的眼睛根本看不清。"

女儿"哦"了一声，明白了怎么回事。

一会儿，一只飞虫落在了离小壁虎不远的地方。小壁虎立刻精神起来，一点一点，慢慢向飞虫凑近。我对女儿说："飞，你看着，小壁虎也开始跟着'妈妈'学捉虫子了。"

女儿小手指往嘴上一放，"嘘——"，示意我不要出声，生怕惊跑了飞虫。

果然，小壁虎很快就捉住了那只小虫子。高兴得女儿直拍手："爸爸快看，壁虎'孩子'会捉虫子了。"

我也赶紧给女儿助兴："还真是，小壁虎真聪明！它很快就学会捉虫子啦。"

一会儿，又有一只飞蛾落在了壁虎"爷爷"和小壁虎"孙子"中间，壁虎"爷爷"上去猛地一口咬住了飞蛾，那只蛾子个儿大，小壁虎"孙子"慢慢往前凑，似乎想要分一份果实。我问女儿："飞，小壁虎想干什么呀？"

女儿答得还真有人情味："蛾子个大，它肯定是怕'爷爷'累着，想帮帮'爷爷'呗。"

第四章 培养孩子学习知识的能力

这时,壁虎"爷爷"头一晃,尾巴一摇,动作很大,吓得小壁虎后退了几步。我又问女儿:"飞,这又是怎么回事啊?"

女儿还挺能自圆其说:"壁虎'爷爷'摇摇头对小壁虎表示不用帮忙了,小壁虎就又捉它自己的虫子去了。"

看看天不早了,我问女儿:"飞,壁虎一家逮了多少虫子啦?"

女儿说:"好多好多呢。"

我对女儿说:"它们逮了这么多,肯定累了,让它回家休息,好吗?"

女儿已经看了很长时间,肯定也是累了:"行,让它们休息去吧。"

我们一家人也关了门灯,带着孩子休息去了。

女儿看了一场"电影",学了很多新鲜知识,她还按着自己善良的想象,演绎了一个勤劳和充满亲情的壁虎家庭的故事。

改编故事也是培养和锻炼孩子想象力的一个好方法。

女儿小的时候,我们家有一盒幼儿故事录音磁带,其中一个故事叫"小羊过河"。故事的大意是:山里有一条河,这条河上只有一条窄窄的独木桥,窄窄的独木桥只容得下一个人通过。河的东岸住着一只小白羊,河的西岸住着一只小黑羊。这一天,小白羊要去河的西岸看爷爷,小黑羊要去河的东岸看姥姥。同时,小白羊和小黑羊都走到了独木桥的中央,可是,因为它俩都挡住了对方的路,谁也过不去。小白羊对小黑羊说:"你退回去,让我先过,我要去西岸看爷爷。"

小黑羊对小白羊说:"你退回去,让我先过,我要去东岸看姥姥。"

两只小羊互不相让,就在独木桥上动手打了起来。结果只听"扑通"、"扑通"两声响,两只小羊都掉进了河里。

这个故事告诉了孩子一个道理:如果大家都自私自利,遇事都先替自己打算,最后谁都不会受益,都将受到伤害。

故事听完了以后,我问女儿:"飞,你觉得小白羊和小黑羊怎么样啊?"

女儿说:"它们是两只不懂事的小羊。"

我又问女儿:"你仔细想一下,假如那天正好有人从河边路过,把它们从河里捞了起来。后来有一天,它们又在桥上相遇了,它们要是懂事应该怎么做呀?"

女儿想了想说:"它们都知道自己以前做错了,这一次相遇,它们就相互谦让,主动退了回去,让对方先过。"

"再后来呢?"我鼓励女儿继续想象故事的发展。

女儿又想了想说:"它们经常在一起吃草,经常在一起玩儿,成了好朋友。"

"它们还经常一块去看爷爷、看姥姥,大人们都夸奖它们是好朋友、好孩子。"我也帮着女儿一块儿丰富着故事的内容。

这一结局就让人觉得快乐、美满了。

紧接着,我又进一步调动女儿的思维:"飞,为了让它们记住教训,永远做好朋友,同时也教育别人,咱们给这座独木桥起个名字怎么样?"

女儿一听来了精神:"行!"

"朋友桥"、"和平桥"、"顶角桥"、"碰头桥"……我和女儿一块给独木桥起了好多名字,最后,商量着给它定名叫"友谊桥"。

我还尝试着在给孩子讲故事时,留下悬念,让孩子续故事。章回体小说常见在故事精彩处戛然而止。我小时候在家听说书也总是如此,关键时刻,故事高潮处,"明晚接着讲。"总让人充满期待。只是当时没学会再进一步想象一下,故事该怎样发展下去。我受自己经历的启发,给孩子讲故事有时也是到精彩处收住,然后,让孩子猜猜接下去会怎么样。续编故事的过程,必然要调动孩子的创造性思维,培养孩子的想象力。

猜谜语也是培养孩子想象力简单有效的好方式。这也是我和孩子常做的游戏。

做家长的一定要珍视孩子的想象力,千万不要凭借自己所谓的"知识"、"经验"来衡量孩子的"胡思乱想",而把孩子的想象力扼杀。

有一次,我看见一位妈妈领着自己三岁左右的儿子玩儿,儿子低头在地上画着什么。妈妈问:"儿子,你画的是什么呀?"

儿子回答:"我画了一个大马。"

妈妈看了看"扑哧"一笑,随口说道:"画了个狗屁呀,一点儿都不像。"

不用猜,孩子当时是多么渴望自己的"作品"得到妈妈一句赞许呀,可这位无知的妈妈一瓢冷水浇凉了孩子真纯的童心,浇灭了想象的火花。

第四章 培养孩子学习知识的能力

假如这位妈妈对孩子说:"好!有了大马,我儿子长大以后骑上大马奔驰在蓝天白云下,奔驰在辽阔的草原上,奔驰在祖国的边疆。儿子就是英雄的解放军战士,保家卫国。妈妈该是多么光荣啊!"一边讲,同时还一边和孩子一起画蓝天、白云、大地、草原……无论画得像与不像,却是既保护了孩子的热情,又保护和丰富了孩子的想象力,培养了孩子的英雄主义情结。

有一个孩子面对着夜空发呆。妈妈问:"你在看什么?"

孩子说:"我想摘一颗星星玩儿。"

妈妈说:"别不着边际地胡思乱想了,该干点什么就干点什么去吧!"

妈妈所谓"着边际"的回答,让孩子的世界没了幻想,没了情趣。

假如这位妈妈这样鼓励孩子:"是啊,星星多美丽啊,妈妈也好想要一颗呀。你要好好念书,有了知识就造一艘飞天的船,你就坐上飞船到天上给妈妈摘一颗下来。"

孩子听了一定会很高兴,这些话也一定会成为孩子好好学习的动力。或许多年以后,这位妈妈的孩子真的就能坐上飞船遨游太空。

家长和老师常出现的问题就是思维教条,把孩子的思维禁锢起来,使得孩子没有了想象力,没有了活力,自然也就没有了创造力。

以老师的教学为例,经常见的是有意无意让学生以老师为真理的化身,以老师的答案为标准答案。比如"雪化了是什么?"是"水"就对,是"春天"就错;"弯弯的月亮像什么?"像"小船"就对,像"香蕉"就错等。

常听老师这样问学生:"我不是给你讲过吗?""书上怎么说的呀?"而不是问学生:"你是怎么想的?""谈谈你的想法。"

我上学的时候,听说有这样一位化学老师,自己知识不足,怕被学生问住,便总是给学生出示不知在哪儿搞来的所谓"标准答案"。学生做题不要讲别的,跟"标准答案"一样就对,跟"标准答案"不一致即错,根本不管学生是怎么想的,有没有道理。

家长在培养孩子的想象力时,要注意不能让孩子的思想被一些条条框框束缚住,鼓励孩子能独立思考,给孩子创造大胆想象的空间。

想象也许能成就孩子的未来。

— 183 —

持续、简洁、有效的教育口号

我有一个特殊的教育方式,想来应该是绝大部分家庭都不曾采用过的。现在,我把它介绍给大家。

我记得自己上小学的时候,抬头总看见教室的黑板上面,中间是毛主席像,两边是毛主席语录:"好好学习,天天向上。"这句话是什么意思呢?当时老师也没有解释过,自己说不懂吧,似乎也朦朦胧胧,知道个大概意思。说懂吧,确实又不能解释出来。于是乎,我就伴着这句毛主席语录,朦朦胧胧度过了我的小学时代。后来,随着年龄增长,慢慢领悟了这句话的含义。到了我走上讲台,从事了教书育人的工作,我才更加感受到,伟人就是伟人,一句看似人人都会说,人人都明白的话,包含了丰富的教育意义在里面。毛主席的很多语录都是如此,好像人人都能说出的道理,别人说出来却没有他那么简洁、通俗而又深刻、到位。

一个学生,应该认认真真地听、读、写,自觉接受思想教育,刻苦学习文化知识,积极参加实践锻炼,从而使自己的思想境界、道德品质、文化水平、身体素质不断得到提升,成为社会建设的有用之才。一句话——"好好学习,天天向上"。

我深刻意识到,家庭对孩子教育的要求和成才标准全部都融进了这句话当中。千言万语,反反复复,不如一句话表达得更明确、更到位,也更容易让孩子理解和接受。于是,从我儿子上一年级开始,我们父子俩就有了一个固定的对话模式和内容。我儿子出门上学去时,我们父子俩的对话是:我说一句"好好学习!"

儿子马上答一句"天天向上!"

自始至终,我都有一种发自内心的企盼:孩子高高兴兴上学去,修身养德,勤奋读书,好好学习;平平安安回家来,德性有加,学问增长,天天向上。每天都有所进步,每天都见成长,积跬步以至千里,成人成才。

从儿子一九九八年上一年级到现在读大学十多年了,我和儿子分别时一直保留着这个对话形式,我嘱咐一句:"好好学习!"

儿子表一句态:"天天向上!"

您千万不要小看这么形式主义的一句对话,就这么一句简单对话,却起到了很多复杂教育、专题教育等费工费力的教育难以起到的教育作用。

第一,可以振奋孩子的精神。我观察别人家的孩子出门时,家长多是:"路上小心点,注意安全。""在学校老实点儿,别跟同学斗气打架"之类嘱咐的话,或是"爸爸(妈妈)再见!""儿子(女儿)再见!"之类的告别话,即使有关学习的,一般也是泛泛嘱咐,笼统要求的话。比较平常的话,孩子听多了,听惯了,或无精打采,或充耳不闻,置之不理。显得比较麻木,效果不佳。

我和儿子的对话有自己的特色:不俗,不是一般家长的啰嗦话。没听说别的家庭用这样的方式。这句话,孩子感到既有意义,又新颖;既有我的要求,更是寄托了我的鼓励和希望,使儿子在学习中多了一份责任感;也包含着儿子的承诺,他的学习也多了一份主动性;这句话还是我检查孩子的标尺,对儿子的学习情况也有了一个衡量的标准。对完话后,我就感觉他的眼里多了几分精气神。我想,这时他的心里也应该多了一份决心,学习中想起这句话,也应该多一份干劲儿。

第二,可以安慰孩子学习受挫时的心。积极向上的人生就是一个不断奋斗的过程,人生的价值也是在这一过程中得到体现。做事如此,学习也是如此。奋斗有成有败,只要积极去努力了、付出了,那么,成也英雄,败也英雄。我就是用这样的心态要求孩子、评价孩子。

我周围的不少人说我儿子聪明,所以学习好。其实,我儿子也有考试失利的时候,也有考试不如意的时候,只是我们觉得自己见惯了学生学习成绩的起伏,没有大惊小怪,能冷静地处理,没让考试不顺的阴影罩住儿子,及时帮他总结了出现问题的原因,找到了解决问题的办法,给儿子指出了新的奋斗方向,让儿子又看到了新的希望,从而鼓起了更大的勇气。

儿子一年级刚入学第一个学期期末考试,考了全班第三十三名。原本他是希望能得一张奖状的,结果不但奖状没有,名次还这么靠后,可能觉得没法向家长交代,他拿着试卷走出校门时,脸色很不好看。我知道名次后问儿子的第一句话就是:"东黎,你好好学习了吗?"

儿子回答说:"好好学习了。"

我安慰儿子说:"只要好好学习了,考不好爸爸妈妈也不会埋怨你。"

一句"好好学习",一个简单的标准,就卸下了儿子的情感负担,就解开了儿子的心理结扣。慢慢地,儿子的脸色就缓过劲来了。随后,我们又帮他分析了原因,提出了解决办法,提振了他的学习信心。

有了这次教训,后来孩子再遇考试,我们就常常做考前培训和提醒,包括高考前。

儿子升入初三后,一个常考第一的同学和他分到了一个班。我激励儿子:"东黎,别人都说咱聪明,咱也没显出来过,这次遇到对手了,使使劲儿,超过她,怎么样?"

儿子也憋足了一股劲:"行!试试吧!"

结果,考试成绩出来后,那位同学还是第一,而我儿子成绩又靠后了一名。

回家后儿子很不好意思,那位同学还是女生,况且自己又后退了一名,他也没什么话了,场面很尴尬。

一看这个样子,我马上问了儿子一句:"东黎,你用功了吗?"

儿子纳闷地回答:"我也使劲学了,她一个女同学,怎么成绩这么好呢?"

我对儿子说:"首先,你只要好好学了就问心无愧。另外,女同学怎么啦?你姐姐也是女同学,不一样很优秀吗?你应该仔细分析原因,我觉得有两点,一是她一直踏踏实实学习,基础比你扎实。二是你用功她也没放松。所以,你应该回头看看基础,找出适合自己的学习方法,再加把劲儿,继续追赶这位同学。"

儿子深以为然,随即就有了精神。

儿子读大一时,第一学期考试成绩比较理想,成绩最差的一科也在全系的平均分之上,所有学科的成绩都在上游,有的比较难学的科还很突出,高出全系的平均分近二十分。到第二学期成绩出来时,我发现儿子的成绩基本到了他们自动化系的中游程度,有一科还落后了。我就问儿子怎么回事。儿子解释说,这学期原本为了表现得更优秀一些,以便将来就业有优势,因此多选了三科,结果精力达不到,顾不过来了。学分是拿到手了,分数、名次却降下来了，有点儿弄巧成拙。

我一听儿子的解释马上就安慰他说："你只要有这么一种积极进取的精神，我和你妈妈就很欣慰，不要把这件事看成是失败，这本身就是人生的一种收获，你逐渐成熟就是在向上。不要紧，下学期调整一下就行了。"

儿子也没了负担："行，我知道了。"

到学年成绩总评时，儿子的成绩是班里的第三名，拿到了两千元的奖学金，也挺让我们欣慰的。

第三，可以成为规范孩子学习行为的标准。我总在思考一个问题，管人管什么？根本的就是要管心，能管住人心，能让被管理者从内心认可管理者的标准，被管理者就会自觉地按照这个标准去规范自己的言行。那么，管理的效果也就会大大提高。

我就想，现在很多党的干部贪污腐败，是法律不严吗？是党纪有漏洞吗？这么一个准则，那么一个规定，哪个党的干部不明白？根本的原因就在于人心，这些人就是把个人利益置于了党和人民的利益之上，把党的宗旨早就抛到了脑后。如果人心正，根本就用不着给他规定应该怎么做，必须怎么做，严禁怎么做。只要他们心里装着党和人民，一句"为人民服务"，他们就知道应该怎么做，不应该怎么做了。如果人心不正，党纪国法再严再细，他们也会千方百计地去规避，甚至公然违法乱纪。

我把这种管理思考移植到对孩子的管理上，就是管孩子要管心，管住了孩子的心，标准就要简化，越简洁孩子就越明白，管理效果就越好。

有一次我听老师说，儿子上课时跟他的后桌两个人在课桌下手有小动作。儿子回家后我就问他这件事，儿子说是他的后桌在背后捅他，所以他才还了手。如果按着儿子的思路，我还得调查他俩到底谁先动的手，谁是自卫，太费时费力，还没解决思想问题。

我问儿子："东黎，你出门上学去的时候我给你说的什么？"

儿子回答说："好好学习。"

我严肃地对儿子说："你想想，自己应该怎么做？"

儿子想了想对我说："爸爸，我错了，以后我不再这样了。"

看到儿子认识了错误，我认为再追究下去就没必要了。

儿子高一文理分班时，总分考了年级第一。我怕儿子骄傲，就想给他敲敲警钟，这天我问儿子："东黎，你说考什么样才算考好啦？"

儿子刚考了第一，不知道我问他的用意是什么，一时也没答上来。

我又问儿子："你说考第一可以了吗？"

儿子还觉得不好回答，一直看着我。

我引导儿子说："你这次的第一，对于高考来讲，什么也说明不了。高考是全省几十万考生横向比较，枣中现在的第一不能说是现在全省的第一，更不能说是三年以后全省高考的第一。仅从高考应试的角度，你就不能有丝毫的骄傲情绪滋生，成绩优秀的学生无数，竞争激烈。况且，学问本身就是无穷的，永远没有最好，只有更好。"

儿子点点头。

接着我又问儿子："东黎，你说怎么做才能更好呢？"

儿子回答说："继续好好学习吧。"

我对儿子说："好好学习仅仅是一种态度，还要注重学习效果，怎么看效果呢？就是'好好学习'的下一句，'天天向上'。怎么才能天天向上、越考越好呢？你从现在起就可以把注意力从关注名次转移到关注分数上。平时的考试就要努力争取考到六百七八十分以上，把这些分数分配到各学科，发挥优势学科的长处，消灭弱势学科，争取到最后科科优秀，最起码不要有拖后腿的学科。"

我一席话，把儿子的眼光拉到了三年后的高考上，让他心中有了更大的目标，让他明白了现在还远没有喘口气骄傲的资本。

我们还常把"好好学习，天天向上"作为标准来抽查儿子的学习状况。有时看看他的作业本，学到什么地方了，学了哪些内容，作业题做对了没有，书写进步了没有。有时就口头问他"今天学了哪些，会了没有"？让孩子具体回答。有时出个小题考考。儿子学了新知识，掌握了，进步了，我们就及时予以表扬。孩子"向上"了，有了成就感，受了表扬，就更多了一份学习的兴趣和积极性。

第四，还可以培养孩子有一颗永远进取的心。在我们身边时，本来我发现儿子自律性比较差，所以对他的关注就要比对女儿的关注多，投入的精力相对来说也要大一些。他升入大学后我不能经常看见他、观察他了，怎么办？管不了人就力求管心吧，还是那句话：好好学习，天天向上。我要求儿子，你离开家了，从高中升到了大学，爸爸妈妈的管理目标和管理模式发生了巨大的变化，但基本宗旨不变，你一定要做好自己生活和学习的主人，一定还要好好学习，每天都要有新进步。

两年过去了，从学校的成绩单和儿子的状态等方面，我推知儿子是好好学习了，而且主动性还比较好。他还自己多修了课程，积极参加兴趣小组和科技活动比赛，积极勤工俭学。种种迹象表明，长期的学校教育、家庭教育，养成了他积极进取的良好心态，使他逐渐成熟了起来。

家庭辅导的方法

孩子文化知识学习的任务主要是在学校完成，但是，家庭作为一个必要的补充，也可以引导和培养孩子完成一部分知识的学习，教给孩子一定的学习方法和技巧，培养孩子形成一定的学习能力。这项工作大部分家庭都在做，并且也各有各的方法。下面，我介绍一下我家的几种方法。

一、注意循序渐进

孩子认识能力的提高是一个过程，由简单到复杂，由具体到抽象，由易到难。人类知识本身也是一个系统，有其内在的联系性，具有一定的顺序性。孩子入学以后拿到的课本，就是编者遵循了这些规律编写的，教师就是以课本为蓝本，按照教学大纲的要求，向学生传授知识，把学生培养成有丰富知识的社会建设所需要的人才。学校的知识教育就有明显的顺序性。

家庭教育的随意性比较强，又没有什么任务要求。有些家长可能会忽视这个规律，想起什么教点什么，看到什么教点什么，知识比较零散，没有系统性、渐进性。这个特点主要体现在一些家长对孩子的学前教育上。我举一个比较简单的例子。有的家长教幼小的孩子刚刚认识事物的时候，指着水杯说"喝喝"，拍着椅子说"坐坐"。以后再问孩子"喝喝"时孩子就指水杯，再问孩子"坐坐"时孩子就指椅子，一家人高兴得直夸孩子聪明。孩子可能确实很聪明，不过，家长却是教错了。幼小孩子的头脑中只有形象概念，不会有进一步的抽象认识。"水杯"、"椅子"是形象概念，水杯是用来喝水的，椅子是用来坐的，"喝喝"、"坐坐"是水杯、椅子的功能，可孩子还不能理解功能。所以，家长提到"喝喝"、"坐坐"时，孩子指水杯、椅子是孩子错把功能当成了名称。日后，孩子还得要有一个纠正错误概念的过程。这个问题的出现，就是某些家长不了解从感性认识到理性认识、从形象思维到抽象思维的渐进过程导致的。

　　我爱人是小学老师，所以，她对低龄孩子、学前孩子的教育相对来讲比较熟悉。我们教孩子的时候基本上就是遵循着循序渐进这个规律进行的。教孩子识字先教又形象笔画又少而且与生活关系密切的、常用的字。我们还准备了一个笔记本，让孩子一边学，一边复习巩固。现在书店都有看图识字本，也很方便。孩子识字到一定数量就可以教孩子读句子，读带插图的故事书，孩子就可以边学故事边识字了。有了一定的文字基础之后，我们就开始教孩子拼音，孩子学会了拼音之后，我们就教孩子查字典，等孩子再学会了查字典，他们自己识字、读儿童读物就能基本独立完成了。我儿子的这些任务都是在五岁半读一年级之前完成的。

　　教孩子数学，我们先拿具体的物体，比如苹果、糖块等，教给孩子一、二、三……让孩子建立物与数的联系。之后，逐渐去掉具体的物，让孩子建立抽象的数的概念，有了数的概念，再教孩子数的大小、多少、数与数之间的关系、加法、减法等运算方法。

　　有了这些语文、数学基础，孩子入学后的学习就非常轻松了。

　　这里还有两个问题需要说明。第一是，有家长问：听人说孩子在学龄前不必学习过多的知识？是的，现在官方的立场是反对学前教育小学化，主张着重培养孩子的学习兴趣，让孩子在游戏中学习，基本的思想是兴趣比知识更重要。我是这样理解官方立场的：兴趣与知识本身，兴趣更重要，不能让幼小的孩子因功利性、强迫性的知识灌输而对学习产生厌倦，失去了求知的兴趣。但是具体到某一个孩子，如果我们教他一些知识时，他愿意学，有兴趣，那就可以进行这方面的教育。说兴趣比知识更重要，并不是让我们机械地把二者对立起来。其实学知识本身也不是不可以培养和增强孩子的学习兴趣。如果能够做到在不影响孩子身心健康的前提下，既能使孩子增长知识，又能培养孩子的学习兴趣，家长还非要遵守死教条不可，显然那也是很可笑的。

家长要禁忌的，就是不要对孩子进行功利性教育、强迫性教育。为了让孩子多学一点儿知识而不尊重孩子的天性，不考虑孩子的兴趣爱好，只按自己的主观愿望行事，一旦导致孩子产生厌学情绪，肯定就得不偿失了。

第二是，有的家长问：孩子在学前都学过了，上学还学什么呢？孩子如果遇到学过的内容以后就不好好学习了，那不就成"学油子"了吗？其实，这就要看家长怎么引导了。孩子提前学了一些知识，入学后有了一些优越感，学得轻松一些有什么不好？主要是教育好孩子别浮躁、别骄傲、踏踏实实地学就行了。我以为，轻轻松松、充满自信地学习应该比吃力、费劲地学习的效果要更好一些。并且，孩子在学龄前学了一些知识并不就代表孩子入学后就没学的了。如果孩子确实有精力、有时间，还完全可以引导孩子学一些课外的知识，读诗、读史、读名著、读人物传记、学自然科学，可读的东西还多得很，不可能有穷尽，为什么一定要把眼光局限在课本范围内呢？即使从课本本身讲，有时间还可以引导孩子积极主动去预习，然后带着问题去学习，掌握学习的主动权，真正做学习的主人。

关于如何进行学前教育的问题，我和一些幼儿教师、幼儿园领导讨论过一些幼儿家教的问题，仁者见仁，智者见智。目前，这个问题也还处在一个探讨的阶段，并且可能永远也不会有一套每个家庭都能适用的标准模式。我个人的看法是，家长要教育的是自己的孩子，面对的是具体的个体，不像老师要面对一个群体。所以，完全不必拘泥于什么规定，什么教条、理论，不必只听别人怎么讲。理论的东西、别人的东西可以借鉴，家长主要还是应该从自己孩子的实际情况出发，循序渐进地进行教育。

二、注意因材施教

人的身心发展基本上都有规律可循，基本上都有相同的顺序和清晰的发展阶段。但是，具体到每一个个体，因受先天遗传因素和后天环境因素的不同影响和相互作用，使个体之间在身心特征上也表现出了彼此不同的现象。例如，表现在同一个发展方面，有的快，有的慢，有的早，有的晚，有的能力强，有的能力弱；表现在不同发展方面，有的数学能力强、绘画能力差，有的却是绘画能力强、数学能力差，还有唱戏、运动等诸多方面，也都存在差异；表现在

— 191 —

心理倾向上，我们更能看到不同的孩子有不同的性格，有不同的兴趣爱好。这样的例子俯拾皆是。

班级教育的出现是教育史上的一大进步，有很多优越性，但也有明显的弊端：过分关注集体，太同步化，个人的特长不易体现，受书本约束，个人的主动性、积极性不易发挥。而我们家庭的学前教育就大不相同了，家长的可操控性大大增强，灵活性也大大增强，家长可以根据孩子不同的特点、不同的兴趣进行不同的教育。

家长不能笼统地说有什么特点的孩子好，有什么特点的孩子不好。不同的特点有不同的优势，家长的职责就是要挖掘孩子的潜能，培育和发展孩子的优势。家庭教育搞得好，不但孩子的优势能得到张扬，甚至劣势也能变成优势。在这里，我给大家讲个寓言故事。

一个挑夫的两只水桶一只完好，另一只有点缝。他把水送到主人家时，好桶盛的是满满一桶，有缝儿的桶就剩下半桶了。

破桶为自己的缺陷感到羞愧，有一天，它对挑夫说："我很惭愧，我要向你道歉。"

挑夫说："为什么？"

破桶说："因为我一路不停地漏水而使你白白多付出了一倍的力气。"

挑夫慈祥地问这个水桶："你注意我们挑水路上盛开的鲜花了吗？"

破桶摇了摇头。

等他们再去挑水时一看，果然，路的一旁花朵缤纷。

挑夫又问这只水桶："你看到路两旁有什么不一样吗？"

破桶说："我正疑惑呢，怎么鲜花只在路的一旁开，而另一旁却不开呢？"

挑夫笑了笑告诉这只有有缝儿的水桶："我发现你有漏水的问题后，就在你漏水的那边路旁撒上了花种，我挑水回来时，你看到的是我白费劲挑着你漏了一路水，实际上是你替我浇了一路花。花开鲜艳时，我就采下鲜花卖给城里人家，美丽的鲜花装扮了城里人的生活。这其中也有你的一份功劳啊！"

这只水桶听了又惊讶、又高兴、又害羞地笑了。

这个故事告诉我们，世上没有十全十美的人不要紧，关键在于我们怎么去看、怎么去用。

发现女儿爱听故事、爱唱歌，我就给女儿讲故事，绘声绘色讲故事情节，还给女儿讲故事意思、故事的思想。她唱歌也不是让她随便哼哼，都是给她读歌词、讲歌词的含义。这些教育对女儿日后思想品德的形成、语文水平的提高、开朗的性格都有一定的作用。

我发现有的家长给孩子讲故事、教孩子唱歌，仅仅是任务性地哄着孩子玩儿，不注意进行思想性挖掘，不注意培养孩子其他方面的能力。因此，同样是讲故事，同样是教唱歌，最后的效果却也未必一样。

儿子不爱唱、不爱跳，但却爱做题，明显偏好数学。好，那我们就积极教他识数、算数。我们原来的邻居有一位韩姓老爷爷，他肚子里装着好多数学趣味题、智力题，我们两家关系处得非常好，我就常把儿子送到他老人家那里去玩儿，老人就常常出题考考儿子，儿子的数学兴趣和能力都很见长。这位老人家有一个外孙和一个外孙女，与我儿子年龄相仿，他们常在一起做做老人家的数学题。后来老人家的外孙考入了大连理工大学，外孙女被北京大学提前录取，成绩都很优秀。

如果没有这位老人家的教育，这几个孩子还能不能考上现在的大学我不知道，但可以肯定的是，老人家的教育确实培养了这几个孩子的数学兴趣和能力。2012年春节，我们几家人又团聚在了一起，几个孩子回忆起他们快乐的童年，还依然满怀着对老人家的深深感激之情。

同样的情况，如果孩子没有这方面的兴趣就不行了。当时，也有别的孩子去老人家里玩儿。可一旦老人出个数学题时，有的孩子就赶紧往外跑，根本就没有一点这方面的兴趣和钻研意愿。这时，如果拉着孩子再教就不现实了。还有的孩子，大人一说要给他出题，让他算个数，马上就"哇哇"大哭，或者表现得十分不情愿，家长若强制学习，效果一定不佳。面对这样的孩子，家长就需要先观察孩子的兴趣爱好，有针对性地培养，不论想让孩子学什么，都需要先从培养孩子这方面的兴趣开始。

我的孩子肢体语言方面既没天赋，也无兴趣，所以，我就不再从造型表演方面着力了。

三、注重启发引导

我在学校听老师讲课时，常见到有的老师满堂都在给学生讲，生怕学生不懂。自己讲得很累，学生也听得很累，效果并不好。其实，老师认为的难点不一定就是学生的难点，即便是难点，大部分学生也是愿通过自己的思考把问题搞懂，把知识梳理清，从而真正变成自己的东西，有的学生更希望通过自己的独立思考找出问题的新解。学生的这种自主性学习、创新性学习的欲望就是他们进行学习活动内在的原动力，而有的老师忽视学生的感受和作用，只从主观愿望出发，以自己为中心，突出强调自己的主导作用，非常不利于学生主动探索精神和创新能力的培养。这类课往往使一部分爱自主学习的学生不爱听，甚至反感。

我儿子读小学和中学时都反映过这样的问题。有时他放学回家了状态不是很好，我们就问他怎么回事，他就告诉我们：老师也不管会不会，上来就讲！原来，同学们课后作业或者课外资料上经常有些有点难度的题，有些学生已经自己看懂了，可是老师根本就不问问同学们懂没懂，上台就大讲特讲。

家长教孩子知识，对孩子进行辅导也是如此，尽量不要犯上面提到的老师在教学方法上的错误。

正确的做法是：首先，家长要做的是激起孩子浓厚的学习兴趣，调动起孩子学习的积极性，使孩子对知识产生渴求的欲望。然后，家长再给以适当的点拨和引导，让孩子的思维活跃起来。这样，孩子思考所得便是他自己理解的知识，也能真正掌握。圣人说："不愤不启，不悱不发。"意思就是"不到学生努力想弄明白但仍想不透的程度时先不要去开导他，不到学生心里明白却又不能完善表达出来的程度时也不要去启发他。"

我给大家讲一个真实的笑话。说它真实，因为这个故事是一位母亲讲她自己的故事：有一天，儿子被一道数学题难住了，来问她。她给儿子刚一讲，儿子就说："行了，下面不要讲了。"

她怕儿子不真懂，非接着给儿子讲不可，急得儿子两只手捂着耳朵，摇晃着脑袋："不听、不听、不听……"

这位妈妈还挺着急："我是为他好，怕他不真懂才想给他讲细、讲透，结果你看，他这是啥态度?!"

哎哟，这位妈妈恨不得把自己知道的都教给孩子。说她是真心、是好心，没有任何人会怀疑，但她是真的不懂得教育啊，好心做了糊涂事。孩子是学习的主体,是学习的主人,家长永远不应该,也不可能用自己的思维代替孩子的思维。尤其现在新的教育改革更加注重对学生独立分析问题、解决问题能力的培养和考察,单就从孩子应付高考升学这个角度讲,这种笨拙、落后的教学方式也应该受到批判和摒弃。

我们家教孩子知识,辅导孩子学习时,或者给孩子读读孩子没看懂的做题要求,或者给孩子提示一下思路,或者点拨一下思维误区,从来就没有把题给孩子从头讲到尾的情况,一次也没有过。

我们没有写日记的好习惯,当年给孩子具体讲过什么题现在也记不了那么详细了,我就给大家举一个类似的例子吧。

有这样一道数学题:某工程队要修一条水渠,第一天完成了水渠全长的$\frac{1}{8}$,第二天完成了剩下的$\frac{2}{7}$,第二天比第一天多修了30米。问:某工程队要修的这条水渠有多长?

孩子如果难住了,问妈妈。我爱人不是拿过题来就给孩子讲一遍,她的方法是把这个题分解成几个思维层次:

第一,要找准思考问题的切入点。本题中给出的唯一一个数值是30米,所以,要求水渠长度必须先从30米开始思考。30米是什么?是第二天比第一天多修的长度。

第二,比较$\frac{2}{7}$和$\frac{1}{8}$。已知第一天修了水渠全长的$\frac{1}{8}$,第二天修了剩下的$\frac{2}{7}$。需要比较出$\frac{2}{7}$比$\frac{1}{8}$多几分之几。

第三,明白如何比较。这两个分数的单位1相同吗?不相同,怎么比较啊?根据学过的知识得知,要统一分率。

第四,比较出$\frac{2}{7}$比$\frac{1}{8}$多几分之几。首先,看看第一天修了水渠全长的$\frac{1}{8}$,还剩下水渠全长的几分之几:$1-\frac{1}{8}=\frac{7}{8}$。接着,再看看第二天修的是水渠全长的几分之几:第二天修的是剩下的$\frac{2}{7}$,是$\frac{7}{8}$的$\frac{2}{7}$,统一分率,也即是水渠全

长的 $(\frac{7}{8} \times \frac{2}{7}) = \frac{1}{4}$。然后，再求出第二天比第一天多修几分之几，$\frac{1}{4} - \frac{1}{8} = \frac{1}{8}$（即第二天比第一天多修的长度：30米）。

第五，求出水渠全长。既然已经求出了30米是水渠全长的$\frac{1}{8}$，那么，求水渠全长就用已学过的知识：已知一个数（水渠全长）的几分之几（$\frac{1}{8}$）是多少（30米），求这个数（水渠全长），用除法，即$30 \div \frac{1}{8} = 240$。答案就是：某工程队要修的这条水渠全长240米。

这是一个逆向思维过程。我爱人的策略是，每一步都要让孩子独立思考，孩子的思维走到哪个点想通了就自己去做，想不通的时候可适当点一下。她就这么一步一步引导着孩子走，让孩子自己形成一个清晰、完整的解题思路。孩子这样掌握的知识就比较牢固了。

我还记得孩子在刚学鸡兔同笼类的趣味数学题时，遇到这样一道题：笼子中鸡和兔共有24只，鸡和兔的腿共有58条。问：鸡和兔各多少只？

如果孩子一时找不到解题思路，我爱人就先问孩子："假设都是鸡（或兔）应该有多少腿啊？"孩子一般就会有了思路。如果孩子还不会，我爱人会再问："假设的鸡（或兔）的腿数为什么会比笼子中的腿数少（或多）啊？"点到这一步如果有的孩子还不会的话，家长就可以进一步提问："一只鸡比一只兔少（或一只兔比一只鸡多）多少腿啊？"孩子到此就应该都能想通了。

我爱人引导解题的方向，孩子去思考应该具体怎么解，这样解出来的题还是孩子自己的劳动成果，也使孩子有了成就感，满足了孩子的表现欲。

四、形式灵活多样

家庭教育不受时间、地点、场合、人物等条件的限制，也不用考虑教育内容的计划性、连续性、完整性，抬眼所见，我们就可以教孩子识物、识字、算数、懂理。随遇而教，形式灵活多样，语言生动活泼。

女儿上二年级时，一次跟我睡午觉，睡床旁边的桌子上放着八块糖。我对女儿说："飞，桌子上有八块糖，如果咱俩平均分，一人应该分几块啊？"

女儿说:"一人应该分四块。"

我告诉女儿:"在数学上,把一个数平均分成几等份,用除法。咱们分的糖写出来是 8÷2=4,读作八除以二等于四,8 是被除数,2 是除数,4 是商。"我一边说,一边给女儿写了写。睡醒后我又问了她几个相类似的题,她都一一作了正确的回答。就这样,我女儿提前学会了除法。

有时带着儿子外出买东西,遇上几斤几两合几元几角几分的问题,我就说:"东黎,算算应该是多少钱。"儿子就赶紧帮着计算应该多少钱。这种方式既提高了他的计算能力,又让他多了一份荣耀,生活还变得很有趣。

我们家原来住平房,有一年燕子在我家大门洞口正中的位置做了窝。由于燕子免不了要拉粪,一家人的出入都得当心,夏天在大门洞里吃饭的习惯也受到了影响。在讨论要不要拆燕子窝的时候,女儿说:"我知道燕子为什么是益鸟。"

儿子说:"我知道燕子为什么春来秋去。"

女儿说:"我知道为什么下雨前燕子飞得低。"

说着说着,讨论会变成了知识竞赛。当然,燕子窝最后肯定是被保护下来了。

我们家有时要求每人讲一个笑话,有时要求每人讲一个智慧故事,或者时不时就给对方出道难题考考。既让大家从中学到了知识,受到了教育,同时还活跃了氛围,增进了家庭成员间的感情。

在给大家介绍了几种我家的家庭辅导方法之后,我再给大家提示几点辅导中需要注意的地方。

第一,教给孩子的知识一定要准确。家长在几岁的孩子眼里可能是无所不知、什么都行的光辉形象,可是家长掌握的知识要准确。家长不可能什么都懂、什么都会,也有解答不了的问题。家长要敢于说"我再查查"、"我再想想",不要忌讳说"这个问题我不会"。

孩子入学以后,老师们常发现有孩子在家里学习的知识是不正确或不准确的。比如有的写字笔顺不对,有的读书发音不对,有的拼音标调不对,有的做题方法不对等。孩子的第一印象往往很重要,家长教得不对的地方老师再纠正起来很吃力,有时甚至比新学知识还要困难。出现上述问题的原因或者是家长掌握的知识本身就是错误的，自己不清楚，或者是家长思想上不慎重，想当然，不翻翻书，不查查资料，总以为小孩子的这点儿知识简单，没什么，结果有时给孩子帮的是倒忙。

第二，学前知识要与一年级知识接轨。一般的家长在孩子学龄前总愿教给孩子一些知识，以便让孩子入学后占有一定的优势地位，这种想法很好，但是教什么样的内容却是家长应该考虑的。每一门知识都有自己的体系，每一个知识体系都有一定的顺序，学生的教材都是专家们按着不同年龄段的认知能力和认知规律编写的。有的家长不知道一年级的孩子学什么，自己在家就随意教。比如，有的孩子刚入一年级做数学题就用竖式，其实这是二年级才学的知识，一年级侧重于训练口心算，训练形式和训练重点不一样。家长如果没掌握好知识接轨，孩子可能是学了的用不上，没学的要从头来，家教效果也不算理想。所以，我提示您，如果家有学龄前的孩子，您又想进行延伸教育，可提前找学生课本做些了解，更可以找小学老师请教请教，以便您的家教有的放矢。那样，效果应该会更好一些。

第三，注意掌握学习规律。前面提到过，各门知识都有其规律性，造字有规律性，写字有规律性，拼音标调有规律性，算数有规律性等。教给孩子认识并掌握了这些规律，孩子学起来更容易一些，学得会更快一些。这是一种学习方法、学习技巧，也是一种学习习惯，更是一种学习能力。越到高年级，对孩子的这种学习能力的要求也越高。

您如果没有总结过这些规律，可请教一些有经验的幼儿教师、小学教师，有经验的老师很会教孩子。

第四，帮孩子选择课外学习内容。现在孩子可买的读物太丰富了，孩子可接触的各种媒体的信息太繁杂了。孩子在学龄前没有自主选择的能力，即使在小学、中学阶段，一般孩子的判断读物是不是适合自己的学习内容的能力、判断是非的能力、抵御不良信息的诱惑能力也有限，也是家长需要关注的方面。家长要做的是参与、引导，一是给孩子选择的学习内容要符合孩子的认知水平；二是要注意不要让孩子接触不良信息或不适合孩子年龄段的信息，孩子因为受不健康读物和不良信息影响而误入歧途的例子有很多。

我们在这一点上的做法是：给孩子买书、订杂志，或和孩子一块进书店选书,等孩子到了高中之后再逐渐放开;孩子上网不允许登陆有不良信息或不适合孩子年龄段的网络;孩子小的时候看电视,频道和节目的选择要经我们同意;孩子上网、看电视要有节制;注意对孩子接触读物和媒体信息加强思想教育和引导。

纠正儿子拖拉的毛病

《明日歌》
明日复明日,明日何其多!
我生待明月,万事成蹉跎。
世人若被明日累,春去秋来老将至。
朝看水东流,暮看日西坠。
百年明日能几何?请君听我《明日歌》!

《今日歌》
今日复今日,今日何其少!
人生百年几今日,今日不为真可惜!
若言姑待明朝至,明朝又有明朝事。
为君聊赋《今日诗》,努力请从今日始。

以上两首诗是我送给儿子用来纠正他办事、做作业爱拖拖拉拉的毛病的。

一奶同胞,两个孩子性格差别也很大。我女儿做事,从来都利利索索,能做完的事先做完,之后再说吃饭,再说玩儿;儿子是能玩儿先说玩儿,逼得没法了再说事儿。

女儿三年级的时候,有一次我带着她到我原工作单位的崔校长家去。因为还得和崔校长外出办事,我就告诉女儿:"飞,一会儿你把作业做完,明天咱们要去你奶奶家。"

"好!"女儿痛痛快快地答应。

我们出门后,女儿自己就从屋里把椅子、凳子搬到院里,然后拿出作业就

一双儿女，两个清华

做起来。做完后，把作业本整理好放进书包，再把椅子、凳子放回原处，就和崔校长家邻居的小孩儿玩起来。

崔校长夫人看到这个情况对我女儿赞不绝口："这孩子怎么这么听话，怎么这么懂事啊，这么好的孩子真少有。"

九年以后我女儿考上清华大学，崔校长夫人还对她们村的人们说起这事：邱晓飞这孩子从小如何懂事，如何在她家自觉做作业，这样的孩子考上清华大学是合乎情理的事。

我们家原来住平房时，邻居家有个外孙女，那个小女孩也有这个好习惯。每周五放学后，当天晚上先把作业做完，周六、周日两天在姥姥家踏踏实实、轻轻松松放开心情去玩儿，从来都是这样。这个孩子后来也被保送进了北京大学。

性格，从某种意义上讲，其实就是一种能力。

我儿子仿佛天生就欠缺这种能力。每周末的作业，我们如果不安排、不督促，他一定是要拖到周日下午或晚上才去做，前面的时间先说玩儿，能拖就拖，拖不过去再说。

他读小学五、六年级的时候，学校要求上午7：30前到校，可我儿子基本上就没有7：30前到过校。其中原因，一是我们并不十分认同学校这个规定。最主要的，还是我儿子起床慢慢腾腾，洗漱慢慢腾腾，吃饭慢慢腾腾。等他到校已是7：30以后了。他在到校问题上常常是起五更，赶晚集。

平时也是这样，只要我儿子做着积极性不高的事儿，你若安排他，他先"哼"着"哈"着，就是不做。一会儿你再催，他还是"哼"着"哈"着，还是不做。你着急了，他就说忙什么什么呢，或者说忘了，你如果不检查、督促，这个事儿可能就不了了之了。

怎么纠正儿子拖拖拉拉的毛病呢？我煞费了一番苦心。

一是剖析问题，敢于面对。把他的缺点贴上墙，我们共同努力克服，收到了一定效果。

记得儿子读初一的时候，有一次我问儿子："东黎，你想不想将来能成为一个与众不同、能有一番作为的人啊？"

儿子马上就回答："那还用问吗？谁都会有这份心愿。"

我对儿子说:"并不是什么人都可以随随便便成功的,谁若想将来有成就,成为一个有出息的人,他就必须有良好的品质和出众的才能,在他的身上有较多的优点、较少的缺点。"

儿子深以为然。

我又对儿子说:"东黎,我打心里也希望你将来能成为一个对社会有较大贡献的人。"

儿子说:"爸爸,我一定会努力去做。"

我鼓励着问儿子:"那咱们除继续坚持优点之外,从改正你的缺点开始,好吗?"

"行!"儿子立即同意。

于是,我们爷俩儿就坐在一起分析、总结他的缺点:做事爱拖拉;字写得不好;学习不够踏实;自我管理能力差。达成共识后,我们就把这几条写出来挂在了他书房的墙壁上。我告诉儿子:"做一个出众的人并不是多么难,你看你身上并没有多少缺点,并且,也不是什么了不起的缺点。只有下工夫改正,每一个缺点都不是不能克服的。你来做,我来监督,咱们共同努力行不行?"

儿子信心十足地回答:"没问题!"

"挂条督促管理法"效果非常明显。那一段时间,儿子的家庭作业总是很快就能做完。这之前可不是这样,常常周末不多的作业都要等周日下午或晚上做。有一次周末,我要求他做不完作业不能出去玩儿。他从周五晚上开始,周六一天,一直到周日下午,就在作业本上写了三行字。两天的时间一直坐在书桌前磨蹭,实在让人上火。

二是正面引领、反面批评。比如讲《明日歌》、《今日诗》,讲他姐姐的榜样,讲其他做得好的同学的榜样。我还给儿子讲"慢性子"的笑话:有一个慢性子的人到一家去串门,进门后看到人家正在吃饭,他就坐在了旁边等。人家问:"你有事吗?"

他说:"你们吃完饭再说吧。"

等人家吃完了饭又问他:"你有什么事?"

他说:"我刚才看见你家孩子在村边井台上玩儿掉进井里了,因此,特意给你们来送信呢。"

听完后,一家人把肺都气炸了。

故事讲的道理是,慢性子急死人、害死人。

正面的引导、教育是为了让儿子懂得,拖拉是一种很不好的习惯,它会影响一个人日后的社会生活能力。

三是培养竞争意识。劳动生产率低的年代,虽然生活清苦,但也有好处,生活节奏慢,心理压力小。随着社会的进步,人们的生活水平提高了,可竞争也越来越激烈了。在现代社会生存,没有竞争意识,就会有被淘汰的危险。

为了提高儿子的学习效率,我就变着法出题开展家庭竞赛。比如,平时划出一定距离,看谁走路快;还比赛看谁睡觉时脱衣服快,起床时看谁穿衣服快……让自己指五官中的哪个部位,自己就要迅速、准确地把手指点到自己五官的哪个部位上去。若是反应敏捷,指得又快又准便罢,两个人再重新猜拳。如果反应慢,指错位置或者指得不够迅速还要接着指,很好笑,看谁指得又快又准;做题比赛看谁算得又快又准;找规律游戏看谁找得又快又准;背书比赛看谁记得又快又准。还有猜谜语、脑筋急转弯、智力测验等。儿子做得好的时候,我们就及时给予表扬、夸赞。为了显示,为了荣誉,儿子做起来还是很有积极性的。不知不觉中,慢的习惯有所改变,快的意识有所加强。

我们做父母的,要明确地告诉孩子,时间就是效率甚至生命,就是分数,就是好大学;将来就是好工作,好人生。

四是巧用激将法。诸葛亮巧用激将法请出老黄忠勇夺定军山,我也如法炮制。有时让儿子做题,我就说:"东黎,给你出道题考考你吧。"儿子一听有难题,马上集中精力,认真做起来。一会儿做出来了,我们一夸奖,儿子马上成就感大增。

有时让他猜谜语,我说:"东黎,我给你出个谜语,你肯定猜不出来。"他憋着劲说:"试试。"结果又猜出来了。

有一次,我们坐车出去玩儿,邻居一个小妹妹提出让他猜谜语,东黎说:"猜谜语?那是我的强项,五秒钟我就给你猜出来!"你看这自信心。

小妹妹出的谜语是,"八、九、十,三点。打一字。"

东黎稍稍思考:"染。"

迅速、准确。

为了让他起床快，我和他妈一唱一和激励他。晚上睡觉时，我说："东黎，明天早晨我保证你还是起不来。"说完，我就忙自己的事去了。他妈妈故意神秘地小声告诉他："东黎，快点睡，明天早点起，让你爸爸看看。"儿子也就赶紧脱衣服睡了觉。第二天，果然早早穿了衣服起了床。我故意一脸惊讶："哈！东黎真起来了？太厉害了！"

五是合理安排时间，加强督促检查。为了预防儿子周末和大假期把作业推到最后再做的问题，我想了一个办法：儿子把作业带回家后，我就让他先把作业拿出来，看作业量，分析以他的做题速度（必须是认真的）推测作业总用时，然后制定完成作业计划。主要掌握的原则是劳逸结合，以"逸"促"劳"，以"逸"促"快"；计划要有剩余时间，有可调节性；作业质量要高，确保正确率。

仅仅制定了计划还不够，因为儿子有拖拉习惯，中间就少不了检查和督促，发现问题及时解决。及早发现，问题还小，解决起来相对比较容易，我总要求他今日事必须今日毕。如果缺少中间督促环节，没有过程管理，只有结果管理，到最后，问题集成堆，想解决，神仙也没法了。打孩子，父子侧目；不打孩子，大人干生气。

很多涉及男孩子教育的家庭都存在这个问题。

通过我们多途径、长时间、反复耐心地指导和督促，尽管儿子在做事的速度与效率方面还达不到他姐姐的程度，但有了明显提升，尤其是到了高中阶段已大为改观。

纠正孩子不踏实的毛病

不踏实也是我儿子比较明显的性格弱项。比如听课听到一半就开小差了，做题马马虎虎，有了成绩爱骄傲，讨论问题发表意见仓促……

性格也是一种能力。对于学生，性格也是分数，这是我观察了很多学生的情况后总结的观点。我熟悉考上清华的苏同学、许同学、张同学、边同学，考上北大的邱同学，还有很多成绩优秀的同学，都有踏踏实实、基础牢固、成绩稳定的特点。后来我了解到，不少小男孩都有这种毛病：出门忘带钥匙；回家忘带作业；放学后把书包丢在路边就玩儿，等进了家门才想起书包的事儿；试卷少看了一面；算数看错了小数点；审题看错了题目等。

家里有孩子爱犯这个毛病的家长该引起注意了。这虽然不是原则问题，不是品质问题，但习惯成自然后，它却明显的是能力问题。试想一想，有哪个单位的领导，企业的老板，愿意聘用做事毛手毛脚、提供数据经常出错的员工？

上过学的人大都知道苏武牧羊的故事。就是这位西汉著名的大臣苏武，他还有个哥哥叫苏嘉。苏嘉从小做事就不专心，总爱出错。为此，他父亲总是教导他，让他多注意，要他养成做事细心、稳重的良好习惯，不然，最终会因为小事犯大错误的。苏嘉呢，虽然嘴上答应着，心里却不这么想，他认为这些问题都是小事，无足轻重，做大事的人不讲小节。

苏嘉长大后负责给皇帝驾车。有一次，皇帝从长安出发到郊外的行宫去。当来到行宫门前要下车时，苏嘉不小心把车辕撞到了门前的柱子上，车辕被撞断了，皇帝受到了惊吓。在古时候这可是非常严重的事情，车辕折断就跟出征前旗杆被吹断一样，是不吉利的事情。不知道这位皇帝心里是怎么想的，反正结果是苏嘉被判对皇帝大不敬之罪，他只好自杀了事。

苏嘉就因为小小细节的不认真、不稳重而送了命。

怎样解决儿子不踏实的问题呢？我发现儿子这个不足主要存在于学习方面，在做事上倒是比较细心的。因此，我们也就主要从学习上着手对他进行纠正。

一、帮助儿子分析考试得失，给他指导考试注意事项

儿子小学一年级第一学期期末考试结束后，一脸高兴的样子。他告诉我说："爸爸，数学和语文我都做对了，肯定能得'双百'。"随后几天，玩儿了个开开心心。到放假那天，学生们都去学校搬凳子（学生用的凳子是自带的，放假后各自再搬回自己的家）、看分数、开放假会，儿子带着领奖状的心情进了校门，我和爱人、女儿一家人在校门口等他。一会儿，儿子出来了，脸色有点发黄，眼里含着泪。我们赶紧问："东黎，怎么啦？"

儿子低着头说："语文才考了90分。"

一细问才知道，儿子考试时匆匆忙忙，漏看了一题，因此少做了一道题，丢了10分，于是，期末也没能得奖。这也是他从上小学到高中毕业唯一一次没得奖的期末考试。

一看到儿子非常难受的样子,我们赶紧又哄又劝:不要紧,东黎,没做的题咱又不是不会,只是没看见,以后注意就行了。只要你好好学习了,没得奖状一家人也喜欢你。走,买好吃的过年去!

好半天,儿子的情绪才调整过来。

有了这次教训,儿子一、二年级每次考试前,我们都嘱咐他先看页面,做题时认真读题,读懂题再做,做完后要验算,要检查等,手把手教儿子怎么考。因为他妈妈是小学教师,对小学生容易出的错很清楚。所以,指导起来很有针对性,措施也到位,效果较好。

大家不要认为这样的低级错误只是低年级小孩儿才会犯,到了年级高了以后自然就会好的。其实不然,没有踏实细心的好习惯,参加高考的考生都有可能看不清全题,都有可能忘记写名字。一个细节,十二年的汗水付诸东流。现在高考都要求监考老师把每个考试科目的试卷页数、题数写在黑板上,就是预防有的考生出现类似的问题。

二、用高标准帮助儿子克服骄傲和浮躁

儿子从上小学一直到上初中,有一个明显的问题是,听老师讲课时,前半节认真,后半节浮躁。老师在台上讲着课,他常常在底下自己搞小动作,有时还干扰周围其他同学学习。小学时一个老师曾批评他:"一块肉搅得满锅腥。"

因他这个问题还有一个让人啼笑皆非的故事。初中时,有一个老师听说东黎学习成绩很好,于是就把自己的儿子和东黎安排成了同桌,希望让东黎帮带一下她的儿子。可是,一学期下来,这位老师的儿子的学习成绩不但没有提高,反而下降了。怎么回事呢?原来,东黎听一会儿课后就开始搞小动作,有时还骚扰这位老师的儿子,影响他听课。你想,这个孩子的成绩能不受影响吗?下一个学期,这位老师赶紧把他俩分开了。

分析儿子出现听课浮躁这个问题的原因,我觉得是多方面的。

有的老师讲得过多,有些知识并没有多么难,只要老师一点拨,学生就完全可以理解,但老师还是觉得不仔细讲不放心。于是,就在那里滔滔不绝地满堂灌了起来。老师用自以为是的错误的教学方法代替了学生的思维,打击了学生自主学习的积极性和表现欲,大大降低了学生的学习兴趣。我在高中阶段听课，时常也能遇到这种情况。

另有一点是孩子小，注意力的持续时间还没那么长。这与上一个原因直接相关，也不好一下子解决。因此，我要求儿子要学会尊重老师的劳动，要遵守课堂纪律，不能影响其他同学学习，要加强自律性，认真听课，好好学习。

还有一个重要原因是儿子有骄傲的思想。儿子从小表现出来的记忆力、理解力确实不错。因此，家人和周围的人，还有学校的老师、同学们对他多是赞誉、表扬，他不免有些"翘尾巴"，觉得我已经会了，老师再讲的我可以不听了，于是就"无事生非"起来。

为了割掉儿子翘起来的"小尾巴"，我也想了很多办法。我给他讲方仲永的故事：古时候有一个小孩叫方仲永，五岁就能作诗，且指定事物作诗立刻就能完成，诗的文采和讲的道理都有值得欣赏的地方，于是有人就送钱财和衣物请方仲永写诗。他父亲一看有利可图就领着他到处拜访同县的人，不让他再学习了。到后来，他的才能完全消失，就跟普通人一样了。我告诉儿子，"骄傲使人落后"，后天的学习和勤奋比天赋更重要。

我还以苏同学、许同学等人的例子教育他。这些学生上课都非常专心，她们从不放过老师讲过的每一个知识点。因此，基础知识掌握得非常牢固。最后，她们都以全省很好的成绩考入清华大学。我批评儿子说，反观你的学习态度，浅尝辄止，对知识把握不深透，似是而非。我用典型的例子告诉儿子，做人、做学问，都要踏实、虚心，"虚心使人进步"。

儿子很服气。

利用儿子做题出现的问题进行警训，也是割"尾巴"的好办法。儿子小考大考常常有会做而做错题的情况，我就问儿子："这道题会吗？"

儿子说："会。"

我又问他："会又为什么做错呢？"

儿子说："马虎了。"

后来到临考前，我就告诉儿子："东黎，以前你做错题说'马虎'了，这次考试，你要细心，不出现'马虎'错误，看看你能考多少分，行吗？"

儿子说："行。"

等考试结果出来后，依然有会做而做不对的情况。

我就把儿子叫到跟前对他说:"东黎你看,所谓'马虎'只不过是个借口,真正的问题在于你平时的学习作风浮躁,自我感觉良好,静不下心来,因而知识掌握得肤浅、不透彻、不熟练。"

我又给他举苏同学的例子,她基本功扎实,平时做题时都极少出现失误。苏阳做选择题,一般二十个小题的训练,她常常能全对,错一两个的时候都少见。

我还用跳水皇后的故事教育儿子。她把平时的训练就当成正式比赛,认真对待,严格要求,所以她的跳水动作极规范,零失误。

面对这些"高人",儿子自知不足,懂得了谦虚。后来他的试卷再出现问题时,就学会了不找借口、不找理由。

三、用典型事例训诫

为了纠正儿子不踏实的毛病,我还用经典事例教育儿子。

从前有一个叫吴同的人跟着一个手艺很高的人当泥水匠,他每次做事都草率敷衍,不肯从基本功练起。一次,师父考验吴同,要他在一星期内盖好一座房子。不到三天,吴同就把房子盖好了。可是第四天下了一场大雨,房子被冲塌了。吴同见自己的房子这么不结实,心里很懊恼和惭愧。

还有一个故事,我记得一个资料上说,英国一所著名大学桥梁专业的毕业生毕业时,学校会送给每人一枚铁戒指。因为之前,这个学校毕业的一个学生设计了一座桥梁,结果由于设计有缺陷,这座桥没用就塌了。这所大学为了不再有这样的耻辱,就买下了这座废桥,雇人把建桥用的所有钢筋都砸出来,全部运回学校,然后又把这些钢筋做成一枚枚戒指送给毕业的每一个同学,让他们永远记住这沉痛的教训。

我儿子从小的志向就是想当一名科学家。有时我说:"东黎,长大当官吧,比如县长什么的,有权有势,你看多气派呀。"

儿子说:"不当官,当官还得管人,怪麻烦的。"

后来我教育他就有话说了:"东黎,你光说愿当科学家,其实当科学家不只是很神秘、很光荣,也得很认真、很辛苦,做学问要求很严谨。如果你将来设计建造的房子、桥梁倒塌了,或者做事情常出错,是当不成科学家的。"

儿子听了我给他讲的故事很受教育。

四、通过抽查作业进行不定时督促

有时，我还在儿子的作业里打"虎"，找他的错误，让问题曝光，克服他"马虎"的毛病，培养他细心的习惯。

五、及时表扬，提高儿子信心指数

儿子考试满分或者做作业质量高时，我就给予儿子及时的表扬，鼓励他蔑视困难，培养他改正错误的自信心。

在我们家，不踏实的毛病主要表现在我儿子身上。女儿小时候偶尔也有过类似的问题，我们也都及时纠正了。

女儿上小学四年级时，数学成绩不错。当时，他们学校为对比同年级各班的数学成绩，就从各班抽出10名同学代表本班参加学校举办的抽测：各班这前10名同学集中在一起考试，统一考场，统一阅卷，然后依据分数比出各班高低。而不参加抽测的同学就留在本班教室考试，不参加统一阅卷，也不参加成绩比赛。

第一次抽测时，我女儿被数学老师选中，当了代表。可是，这次考试我女儿只考了75分，是她们班参加抽测的10名同学中考得最差的。

女儿把试卷带回了家。她妈妈一看，抄错数的、点错小数点的、少看一题的，原因都可以归结为一点：不认真，不踏实，马虎。

到第二次抽测时，数学老师就没再选我女儿。女儿回家后觉得一时脸上无光，心情很沮丧。

她妈妈一看这情况就对女儿说："飞，能不能代表班级参加比赛并不重要，关键是真能学得会、考得好。来，我教你考试时应该注意几个问题。"

说着，她妈妈就一点一点细细嘱咐起来：①看清题意。②抄对题。③点对小数点。④别漏题。⑤算数要验算。⑥做完题后认真检查。嘱咐完后她又让女儿一一复述了一遍。

最后，她鼓励女儿说："飞，咱不当代表也一定要考好，给老师做个样看看。"

女儿点了点头，信心十足地去了学校。

结果，第二次抽测，我女儿的成绩是满分，全班第一。之外再没一个满分的，包括抽出去参加比赛的10名同学。

如何面对孩子的弱科

现实中，极少有学生能做到科科突出，也即所谓的"全才"。绝大部分学生都存在着偏科的问题，只是有的比较轻一些，有的比较重一些。很多家长和孩子都很头疼，总想找到解决这个问题的"良方"。在这里，我谈一下自己对这个问题的认识。另外，由于我的两个孩子也都有过偏科的问题，自己也为此想过一些办法。因此，顺便也介绍一下我自己的做法。

我们先来分析一下弱科形成的原因。

其一，兴趣问题。孩子天性就不喜欢某一学科或某几学科，对它们毫无兴趣或兴趣不大。

其二，时间分配不合理。这一点与上一点紧密相连，很多孩子都有这个毛病：自己越喜欢的学科越愿学，投入的精力越多；越不喜欢的学科越不愿学，分配给这一学科的时间越少。时间一长，必然就会出现好的学科成绩越来越好，差的学科成绩越来越差。顺理成章，弱科就形成了。

其三，恐惧心理。不论是什么因素影响的，有的孩子某一学科可能有三次两次连续出现成绩不理想的情况，这个孩子就会对这一学科产生恐惧心理，认为自己在这一科上不行。于是，平时学习时排斥，考这一科时害怕。这样，也容易导致弱科出现。中学阶段的新增学科更应注意这种情况。

其四，天赋。每一个人都有自己的优势和不足。我们可能在某个方面天资聪颖，甚至可能无师自通，而在另一个方面就是找不到感觉。这是大家不能否定的客观事实，可以试问一句：谁能把动作拙笨的人培养成舞蹈家？谁能把五音不全的人培养成歌唱家？

其五，受与老师关系的影响。有的孩子情绪化学习的特点很明显，一旦与哪个老师关系出现问题，那就开始从厌烦老师延伸到了这个老师所教的学科，看见老师心烦，听老师讲课走神，不问老师问题，不愿做这科的作业。总之，就是不愿"给老师学了"，弱科也就形成了。

其六，受家长的影响。父母的喜好有时也能影响孩子的喜好。我爱人喜好理科，所以，在孩子们小的时候她就爱多给孩子出个数学趣味题、拔高题练练考考，孩子们也就在这方面着力，并能由此找到乐趣和成就感。到后来两个孩子都一致选择了理科，我认为有其母对他们从小的影响因素。

分析了弱科形成的原因，我再谈谈怎么有针对性地采取措施解决弱科问题。

一、给孩子讲明危害

尽管孩子对不同学科在感情上有亲有疏，但是，弱科知识也会影响他们今后在社会的应用和他们的全面发展。更现实的影响便是高考，高考科科计入总分，每一科的每一分都等值，都与高考录取密切相关。孩子明白了道理后，他们自己就要千方百计努力克服各种困难，强制自己在弱科上多投入。先不谈别的，就为高考也要知难而上。

讲到弱科的危害，我女儿还有一个小小的教训。她不爱好政治、历史两科，这两科成绩也很差。高一分文理科前，她平时考试，有时总分在班内排到了二十多名，可除去政治、历史两科，排名肯定在前几名。全省会考时，这两科一科 B 等，一科 C 等，并因此没能评上省级三好学生（当时省级三好学生会考成绩的要求标准至少要是 7A+2B，我女儿是 7A+1B+1C），高考时总分少了 10 分。

我儿子刚升入高中时英语是弱科，当时 150 分的题，考试常在 110 分附近徘徊。怎么办？我当时就和班主任兼英语课的李老师反复给儿子讲英语学科的重要性。告诉他，随着国际化大趋势的发展，英语应用也会越来越广泛。短期内，英语学分在高考总分中占的比重不会减小。另外，我们还告诉他，如果将来出国发展更离不开英语。所以，一定要好好学英语。李老师让东黎多读，多积累词汇。我记得，李老师当时还让我到书店给东黎买过两次阅读题进行专项练习。李老师和居老师鼓励、督促东黎，这样练下来，他的英语成绩就有所提高。从高中开始约 110 分左右逐渐考到了 120 分、130 分，到后来有时还考过了 140 分，高考时考了 129 分。

二、让孩子努力培养兴趣，加大投入

兴趣的培养必不可少。有时，即使是原本没兴趣的弱科，通过加大关注度和强化学习，成绩会慢慢有所提高，孩子可能也会因此克服自卑、恐惧等心理，增强自信心，并可能逐渐从中找到乐趣，对某一科的态度由没兴趣转变为爱好。

作为家长，要仔细观察孩子在弱科上的点滴成绩起色，并给予及时表扬，慢慢提振孩子的自信心。

儿子刚入高中时英语弱，我问英语老师怎么办？李老师说先让东黎多读多积累。过了一段时间，我告诉儿子：听老师说东黎英语读得还挺带劲儿。又过了一段时间，我又告诉儿子：听老师说东黎上英语课积极回答老师的问题，积极用英语跟老师交流了。到儿子的英语考到120分的时候，我就鼓励儿子说："咱这不是不围着110分徘徊了吗？下点工夫好好学，凭你的聪明劲儿，肯定还能进步！"到儿子的英语考到130分的时候，我夸奖儿子："东黎的进步真大，真了不起！"我还跟儿子私下悄悄合计：语数外三大科，都是150分，语文、数学知识量都大，知识难度都也大，占用的时间都很长，提分的空间都很小，相对来讲，还就是英语的难度小一些，提分空间也相对大一些。由此看来，抓好英语就是提高高考总分的一条捷径。等到儿子考到140分的时候，我高兴地对儿子说："东黎，老师说啦，以东黎的状态和进步趋势，到高考的时候考140多分，绝对能发展到这个实力！"

儿子高中的英语学习虽然没能达到亢奋的最佳状态，但是却实现了从发怵到愿学的转变，到后期，就明显地感觉了有很大的自信。

我还想提示一点，就是孩子很费力了，可能也无法培养起对某一科的热情和爱好。怎么办？我女儿的做法就是硬着头皮学。因为不学不行！这样学下来，初中的政治，高中的生物倒也取得了不错的成绩。高中的政治、历史虽然影响了她评省级三好学生，但会考还是顺利过关了，没影响正常的高考。

如果您的孩子也有类似的情况，我的建议就是劝孩子忍着点儿，多投入些时间努力学习。因为没办法，这就是高考。不这样的话，总想找点"方法"或"窍门"，指望孩子在这一科突然"开窍"了，成绩迅速提升起来了，有时可能也不是很现实的事。

三、教育孩子一定要与老师建立良好的师生关系

这一点对容易情绪化学习的孩子尤为重要。最起码，搞好与老师的关系不会负面影响自己那一科的学习。

我的两个孩子在这方面都明显受了益。女儿初中时烦政治，尤其不愿背政

治题，政治是弱科。哪知道政治老师却不放过她，时常把我女儿叫到她的办公室："邱晓飞，给我背背这个题"，"邱晓飞，过来我考考你。"女儿和政治老师的关系很好，看到老师这样关心自己，没办法，女儿就是为了应付老师也要努力学呀！

中考考政治学科时，女儿没提前到场（其他科考试也没提前到），当她按点进校门时，政治老师在校门口站着呢。老师一看见我女儿，马上又喜又急地说："邱晓飞呀，我早来等你啦，怎么才来呀！你可得给我考好哇！快进去吧。"结果是女儿的政治考得很好！

女儿读高中时，生物不爱学，成绩也不理想，欣喜的是沾了生物老师课前两分钟的光。

我们这里的高中一般上课前两分钟还有一遍预备铃，目的是提示师生们做好上课准备。学校要求老师预备铃前到教室，组织好上课秩序，要求同学们按时进入教室，准备好上课用的书、本、笔等用品，以免出现上课铃响后还可能出现的乱进教室、乱翻抽屉等乱糟糟的现象。女儿的生物老师，就是利用了这提前的两分钟，经常到我女儿的课桌前，让我女儿背一段生物。她看着书，我女儿背，也不让多背，就一小段儿。我女儿的座位又在第一排，老师也非常方便。没办法，一是感激老师一片好心，二是怕老师提问，女儿又硬着头皮学起了生物，该背的背，不会的问，慢慢地，生物成绩竟也提升了起来。

儿子的英语老师也是这样，经常检查我儿子的背诵情况，上课也经常提问，让我儿子用英语和他对话，发现我儿子有什么进步马上告诉我，我也及时对儿子进行表扬、鼓励，也终于化解了儿子英语学科的弱势。

我这两个孩子的情况，明显能看出老师的责任心、老师的热情、老师的关注对提升学生学习成绩的巨大作用。一句话，教育孩子搞好与老师的关系很重要。

从这里我还感悟出一点，那就是，督促检查很重要。您看，我上面提到的这几位老师也没用什么"巧"法，也没什么"灵丹妙药"，就是经常不断地检查、督促，一样也督查出了学生的好成绩。我就想，我们做家长的可不可以也学一学这几位老师，经常督促检查孩子的具体学习情况，同时再适当给孩子一些表扬、鼓励，孩子的成绩应该也会有所提升吧。

四、家长的期望值别过高

俗话说,"站着说话不腰疼"。当家长的责问孩子:你怎么不这么做?你怎么不那么做?其实,孩子比我们更愿自己的成绩好起来,哪个孩子不愿科科优秀?面对弱科,有的孩子付出了很大的努力,想了很多办法,甚至觉得用尽了办法也不见自己的成绩有什么大起色,他们比我们还着急呢。遇到这种情况怎么办?我给您提醒一点:学好任何一个学科都不容易,能把弱科学得不明显拖后腿就不错了。若再想把弱科变成强科,这种情况不能说没有,但也近乎一种奢望了。由此我也想到,家长应该努力发现和珍惜孩子的每一点成绩和进步,哪怕是微小的,都要从内心感到满足与安慰,同时再给孩子表扬和鼓励,让孩子在困难的时候能看到成绩,看到光明,受到鼓舞。

帮助孩子解决作文难

"作文难,作文难,作起来就没个完。"多少年来就有这么一句口头禅,人们可以从中深深体味到学生们对作文的畏难、厌烦情绪。

我的两个孩子都有不爱写作文的问题,都对写作文毫无兴趣。

在写作文上,他们共同的优点是由于小时候认的字比较多,语言文字基础比较扎实,所以,表达起来语句都比较通顺。至于存在的问题却是各有不同。女儿是有话可说,写得不少,不过常有提炼不出主题甚至跑题的情况,小学 30 分的作文有时只得 10 分。儿子绝没有抓不住主题的情况,可就是常常觉得落笔无言,无话可说。

根据两个孩子的不同情况,我们有针对性地进行了不同的作文指导。

我告诉女儿,写作文下笔之前,先要把作文题目看清读懂,先要理解这篇作文应该表达一个什么思想,围绕这个思想应该怎一步一步表达,选的事例能不能反映这个主题等,如此嘱咐女儿一番。让女儿先大概知道该怎么写,写什么。女儿写完作文后我就拿着老师的批语再给女儿重新分析一遍,一起讨论哪儿该略写,哪儿该不写,在前后比较中让女儿自己去体会,该怎样选材,该怎样做到详略得当。

记得女儿写过一篇作文叫《记一位可爱的老师》。她在文中写了正在教自己的一位老师如何深夜灯下批改作业，如何早到校晚下班等，因为是写自己熟悉的老师，内容倒是不少。我看了女儿的作文后问女儿："飞，你说说这篇作文是想让你写什么呢？"

女儿说："是想让我们写一位可爱的老师啊。"

我对女儿说："对，你想想重点应该写什么？"

"写老师"，女儿回答。

我笑着对女儿说："也对，你再想想，应该写老师的什么呀？"

女儿想了想，似乎明白了："应该写老师的可爱。"

我给女儿分析道："'可爱'，是这位老师的高贵品质，是你这篇作文要表达的中心思想。所以，你写作文前先要想这位老师是不是可爱，她怎么可爱，你写的事怎么能反映出老师的可爱。"

我接着给女儿分析："比如你写的老师深夜灯下批改作业，这其实是很多人都常写的表扬老师的例子，这样的例子让人觉得是在炒剩饭，不新鲜。"

"还有一点，你选的两个事例都不能算错，不过在写这件事的时候你要想想，老师为什么要这样做呀？是被人逼着去做还是自觉自愿呀？她克服过什么困难吗？"

我一边引导启发，女儿一边思考，我们再共同讨论、总结，最后描绘了一个比较完美的"可爱的老师"的形象：这位老师热爱教育事业，热爱自己的学生，为了能做好教育工作，把学生都培养成才，她不顾疲劳、耽误家务去加班加点工作。

我又告诉女儿：你作为一个学生，要感恩老师的这份奉献，并通过自己的作文表达出来，使读者也能受到感动，那你这篇作文的主题就提炼出来了。如果不带着感情去写，不去深层次挖掘主题，只是简单地记述这么两件事，就显得很平淡、很乏味。

经我这么一指导，女儿就觉得：哎哟，一篇简单的作文，原来还有这么多门道哇！不过，仔细一想，倒觉得思路清晰了，内容充实，更具体更好写了。随后，女儿又修改了一遍然后上交了作业。

儿子的作文没什么可写，最主要的还是没有兴趣，没有生活经历，只能靠凭空杜撰。

第四章　培养孩子学习知识的能力

我想起了自己小学刚开始学写作文的时候，有一次，老师要求写一篇《记一个好人好事》（大概是这个题目，现在记不很清了）。同学们写什么的都有，有的写"有一天看见一个双目失明的老大娘过马路，我赶紧上前把她搀扶过去了"；有的写"昨天，我看见教室的窗台坏了，赶紧从家里拿来两块砖补好了"；有的写"昨天放学回家的路上，我看见一位小朋友正在哭，就赶紧送她找妈妈去了"……因为大部分都不是真事，所以都写不了几句，很空。有的还闹出了笑话：一个同学，也不知道"贫下中农"是什么意思，她的作文写道："有一天我去割草，看见一个贫下中农正在吃麦苗，我就把他撵走了……"

小孩子写作文，先要孩子有事可写，有话可说，然后再去引导怎么写好，怎么说好。

儿子读四年级时，有一次老师要求写一篇《记一件难忘的事》的作文，他回家后坐在书桌前对着作文本就发愁。他妈妈见状走过去问："东黎，怎么不赶快写？写完了好出去玩啊？"

儿子愁容满面："不知怎么写。"

妈妈拿起儿子的作文本，见上面孤零零地只写上了题目，接下来还一字未写，就说："这不是让你记一件难忘的事吗？找一件对你影响大，让你印象深的事写写不就行啦？"

儿子说："我这不正在想吗？哪有这么一件事呀？"

因为是女儿刚考取清华大学不久，我爱人就问儿子："你姐姐考上清华大学这件事对你影响大不大呀？"

"大！"儿子眼前突然一亮。

妈妈启发儿子："想想你姐姐刚得到高考分数的那一天。"

说着，母子俩又一块回忆起了既激动又幸福的 2002 年 7 月 22 日。

因为盼着能早一会儿知道女儿的高考分数，我们家的电话预订了能提前知道高考分的热线电话。从 7 月 21 日深夜开始，我们就一遍又一遍打查分热线，查分的人太多，很难打得进去，即使打进去，得到的也是一次次相同的答复：结果还没出来，请等待。

我们就这么一遍遍问，焦急地等待着，盼望着，一直等了很长时间……

一直等到 7 月 22 日上午 9 点多钟，我家的电话突然响起，查分热线传来

— 215 —

了消息：邱晓飞考了 682 分，但不知在全省的排名。不过，已比我女儿自己估的 670 分高出了 12 分，我们全家人很高兴。一个常年关注高考的老师得知我女儿的分数后告诉我说："这个分数应该在全省前几名。"我们一家人听后更是兴奋不已。

当时，我们手中都提前留好了清华、北大招生老师的联系电话。于是马上就跟北大的老师联系，北大的老师说这个分数上北大没问题。

这天，我儿子的一个小表姐也在我家玩呢，两个人一听北大老师的话，马上跑出去到隔着我家两排房的前院给姥爷姥姥报喜去了，两个孩子在胡同里一边跑还一边喊："上北大没问题啦！上北大没问题啦！"

一会儿，我们又联系了清华大学的招生老师，老师答复我们，这个分数上清华完全可以。

于是两个孩子又一边跑一边喊着跟姥爷姥姥报喜去了。

回忆起了这些，我爱人问儿子："东黎，这下有写的了吗？"

儿子高兴地说："有写的啦"。

"不过"，妈妈把话头一转，对儿子说："你只简单写事还不行。"

"还应该再写什么？"儿子问。

妈妈对儿子说："你自己想想。"

儿子想了一会儿说："是不是再写上心情？"

妈妈高兴地说："对，你再把自己当时的高兴、激动，心里怎么想的写出来。"

儿子点了点头，刚要写，妈妈再启发儿子问："东黎，你想想还有可写的吗？"

儿子想了想摇摇头说："想不起来再写什么。"

"你当时想自己以后怎么学习了吗？自己长大了怎么样了吗？"

"想了。"

妈妈笑了。儿子兴奋地拿起了笔。

这篇作文交上去以后，被老师当成了范文并在全班把我儿子表扬了一番。

到儿子读高中后，我根据儿子在作文方面始终提不起兴趣，成绩始终突不出来的情况，就调整了指导儿子作文的思路。首先，从理解儿子的角度出发解决问题。既然他十分不愿写作文，我却逼着他写，还要写好，对他来讲实在是一件难以完成的任务。况且，现在的学生又是闭门读书，没有生活和情感体验，搜索枯肠也未必能写出好文章。那么我就降低一下要求，不再勉强他，不让他在作文上再多劳心费神。我给他定的标准是大体掌握到高考不拖分的程度就行了。我的做法说起来未免有点应考之嫌。我又和语文老师交流意见，针对我儿子的情况，提出适合他的指导要求：立意必须准确，必须能领悟命题人的基本思想，先保证考试时别跑题；架构必须完整；内容必须充实；各种文体的要素必须具备；逻辑层次必须清晰；语句必须通顺；字迹必须清楚；卷面必须整洁。不再要求观点、结构和素材的新奇，不再要求辞藻的华美等。标准一降低，儿子还是基本能达到这些要求的。这样一来，他也不再那么头痛写作文了。慢慢地，他在老师和我的引导下，写作的热情和自信心也都上来了，到高考前，自己也能主动看看范文，能主动写篇作文让老师点评了。高考成绩出来后，儿子推测自己的作文得分应该在52～54分之间，虽然没拿到高分，但还是达到了我们的期望值。

面对孩子的作文难，我们启发孩子怎么去想，指导孩子怎么去写，这份帮扶虽然最后没能让孩子实现由烦到爱的写作态度的根本性转变，但毕竟没放任他们由烦而恨下去，并且也没给高考拖后腿。

学习是孩子自己的事

学习，原本就应该是孩子自己的事，可现在很多家庭中，却成了孩子和家长共同完成的任务。这种情况有很多。比如，有的孩子遇到点问题就问家长，家长有问必答；有的家长只要孩子做作业，自己就在一旁陪着，孩子几点睡，自己才几点睡；还有的家长负责给孩子检查作业，负责给孩子削铅笔、收拾书包……家长给孩子一些指导和帮助很正常，并且也是非常必要的。但如果家长包办、代办或陪伴孩子学习，那就有些不可取了。从长远的观点看问题，这样做肯定会对孩子的学习产生一些负面影响。

第一，孩子可能产生依赖心理，不善于独立思考，影响孩子独立思考问题的能力培养和习惯养成。我在学校也常见这样的学生，学习中不懂就问，也比较勤奋用功，可成绩总是上不去。问题出在哪里呢？我分析主要的原因就是这类学生没有独立思考的意识和习惯，遇到难题自己不分析、不探求，拿起书本就去找老师，等老师一讲，自己似乎也懂了、明白了，这道作业题也做下来了。其实，对基本知识的理解并不透彻，对知识链的内在逻辑联系也并未真正掌握。所以，今后再遇到同类题或举一反三的题型可能还是做不来。

家庭对孩子的辅导也是如此，如果孩子一问就讲，甚至不问也讲，给孩子讲得过多过勤，家长只是一厢情愿地想努力帮助孩子提高学习成绩，最终有可能就会造成孩子对家长过分依赖，自己不愿想、不会想，淡化了孩子独立思考的意识，弱化了孩子独立思考的能力。

第二，不利于孩子磨炼克服困难的意志。孩子遇到困难家长都能及时出现并努力帮助解决，很容易养成孩子的惰性，面对困难自信心不足，依赖推拖。这种做法对孩子日后的生活观、事业观形成的影响是如此，对学习能力和习惯造成的影响也是如此。

第三，不利于建立相互信任的亲子关系。家长过多地对孩子的学习督促、检查、陪读，会让孩子觉得自己时刻都在家长的视线内、掌控中，会很不自在，有的孩子还会觉得家长对自己不放心、不信任，从而在内心疏远了与家长的情感。

造成孩子不能独立完成学习任务的原因是多方面的。有的是从小养成了家长包办、代办的习惯；有的是孩子成绩差或怕孩子成绩差，家长着急，于是就随时督促、指导；有的是孩子做作业慢，错误多，自律性差，家长加强管理；有的家长看到别人家的孩子有家长陪读，于是自己也陪读，才觉得踏实；有的是老师的要求，比如让家长在作业本上签字等。

无论什么原因，都不应该成为家长分担孩子的学习任务，造成孩子不能或不会独立学习的理由。对此，家长应该有清醒的认识，自己不可能陪伴孩子一生的学习，随着孩子掌握的知识越来越丰富，越来越新，越来越难，家长的帮助也会变得越来越难。作为家长，唯一正确的方法就是培养孩子独立学习的意识和能力，让孩子真正能够独立圆满完成自己的学习任务，这会让孩子终生受益，不论是学习还是在其他方面。

怎么培养孩子独立学习的能力呢？

我有如下建议：

一是加强思想教育。要和孩子讨论为什么学习的问题，要让孩子明白学习的目的和意义，要使孩子能把现在的学习与将来的发展有机联系起来，真正调动孩子学习的积极性。那样，离开父母的检查督促，孩子也一样会好好学习。要让孩子学会感恩，要让孩子明白自己享受的幸福来源于他人的辛勤劳动和奉献，一个人在享受的同时更应该懂得感激，懂得报恩，要感恩父母、教师，感恩社会，最好的报答就是现在好好学习，增知识、长本领，将来走向社会能有所担当，能多作贡献。

二是培养孩子的学习兴趣。单一地依靠思想教育可能会让孩子觉得学习很辛苦、很枯燥无味，要想让孩子好好学习，对孩子学习的兴趣与爱好的培养必不可少。适时给予孩子成就感，对孩子的学习多鼓励、多表扬，都能有效增加孩子的学习兴趣。当孩子陶醉在学习当中，把埋头苦读当做享受的时候，哪里还用得着家长督查、陪读？

三是涉及具体辅导时，家长不要有问必讲，也不要以讲代辅，代替孩子思考，要尝试着引导孩子学会用自己的头脑想问题。我举一个简单的例子，有这么一道小学数学题。

把下面的算式按得数从大到小的顺序排列起来：

$9-4 \quad 8+3 \quad 12-3 \quad 18-6 \quad 4+6$

当遇到孩子不会做时，有的家长也不研究孩子为什么不会做，上来就把做题要求给孩子一讲，然后就帮着孩子算出得数，再根据得数大小和孩子共同一排，任务完成了。孩子似乎也会了，其实这种辅导方式就是家长以自己的讲解代替孩子的思维，没有注意培养孩子独立思考问题的能力。

女儿读一年级时也曾问过类似的题，我爱人的处理方法是先让女儿读题目，如果女儿不认得"按"字是什么意思，就给她讲，"按"字就是按照、依照、根据的意思；如果女儿不理解"顺序"的意思，就告诉她是先后次序的意思。等妈妈讲清了含义，女儿自己再读一遍题目就明白做题要求了，然后根据做题要求就去做题了。

这道题本来应该排列成 $18-6 \quad 8+3 \quad 4+6 \quad 12-9 \quad 9-4$，可是，有的孩子可能就排列成了 $9-4 \quad 12-9 \quad 4+6 \quad 8+3 \quad 18-6$。

一双儿女，两个清华

显然，这是把"从大到小"的顺序马虎成了"从小到大"的顺序。有的家长可能要生气着急，批评孩子，脾气好的或者告诉怎么错了，应该怎么做，然后孩子改正过来。我爱人遇到这类问题不对孩子着急上火，她还是让孩子去读题目，去检查自己的作业，让孩子自己发现问题，自己解决问题。

我再举个数学判断题的例子：

求几个加数的和用乘法计算比较简便（ ）。

这个题可能有的孩子就判断对。我爱人遇到这种情况后，她不会告诉孩子错了，更不会给孩子指出错在什么地方了，她会让孩子先背一背乘法的定义，如果记不住就让孩子自己找书来看，目的是让孩子能真正理解乘法的含义，区分开加法与乘法的不同，以后再做题就不会犯同类的错误了。

总之，我爱人与有些家长在辅导孩子学习方式上的本质区别就在于她是在教会孩子学习，让孩子逐渐养成独立分析、思考的习惯，逐渐培养起他们自己的任务必须自己独立完成的意识，使他们真正能够成为学习的主人。

四是不包办、代办孩子的事。比如削铅笔、收拾书包、检查作业、准备考试用品等，不要认为孩子小、孩子忙、孩子总丢三落四。其实，家长做得多，孩子做得就少；家长做得越多，孩子的独立性就越差；家长包揽了，孩子就依赖了。

在我们家，我和我爱人从不帮孩子做他们自己能做的事，自己的任务就要他们自己完成，我们没有帮过他们的先例，他们也就没有得到帮助的奢望，从小到大，收拾作业睡觉，背起书包上学，小考大考，中考高考，所有收尾和准备工作都由孩子自己来做。从小养成的习惯培养了孩子独立的能力，经过这么多次大型考试，两个孩子都没出过差错。

学习，是孩子自己的事。家长应当关心，但不应该分担，更不应该替代和包办。

不必让孩子"头悬梁"、"锥刺股"

汉朝时的孙敬读书经常到深夜，为了防止自己打瞌睡，就在房梁上系一根绳子拉住自己的头发，这样，打瞌睡时一点头就会被绳子拉一下，惊醒后再继续读书。

战国时的苏秦读书也异常刻苦，深夜读书困乏了，就用锥子扎自己的大腿，以此激励自己振作精神、发奋读书，最后身佩六国相印，终成功业。

从古到今，不知有多少读书人以他们为榜样，发奋读书，学有所成。

问遍所有成功人士，不会有人说成绩是玩儿出来的。翻遍所有经验材料，也没有人否认勤奋刻苦是取得优异成绩的必要条件。那么，是不是只要刻苦学习就必然出成绩呢？一部分老师和家长给出的结论是肯定的：有播种就一定有收获！

他们就是这样教育自己的学生、自己的孩子，激励要求他们废寝忘食、刻苦攻读，不"虚度"每一分每一秒。操场排队拿本书，打饭排队拿张条，走路背单词，谈话讨论问题，大课间安排时间学，小课间挤出时间学。作为一个学生的任务，睁开眼就是——学、学、学！

我看见一个学生也给自己这样鼓劲儿：他在自己的笔记本上写到：父母送我读高中不易——拼了！

我在一则资料上看到这样的内容：2012 年 3 月 20 日在有关"世界睡眠日"的一次高峰论坛上，专家警告说，中国大陆中小学生由于繁重的学业和上学时间早，得不到足够的睡眠。

在"2012 世界睡眠日暨全球睡眠高峰论坛"上，上海市副市长沈晓明发表讲话说，他的团队对中国大陆 9 省市的 3 万多名 18 岁以下年轻人的调查结果表明，70% 的人睡眠不够。

2012 年离高考还有一个月，媒体惊曝了湖北孝感的吊瓶班事件：教室内猛一看像医院一样挂满了吊瓶，实际上是学生们正在补充着能量攻读！实在让人震惊！

我们的教育真有些"目中无人"式的变态。

有的老师和父母相信这样一个道理：只要功夫深，铁杵磨成针！批评学生和孩子的逆推理是：只要铁杵还没磨成针，必是功夫下得不够深。

可事实并不尽然。有些话，说的人多了，也未必就是真理。我上学时，班里有一个同学几乎是全班最用功的，可每次考试，成绩基本是倒着数。我走上教学工作岗位后也发现，确实就有一部分这样的同学，平时学习很用功，甚至可以说是非常用功，特别卖力，可就是成绩平平，不见起色。

还从上面这则资料来讲，从记忆力、注意力、语言与数学的学习能力、与同学和老师的交流以及学业成绩的角度讲，睡眠少的儿童表现得要比睡眠充足的同学差。

我曾经观察过一个高中学生，别人起床前他就早早起床读书了，课间也在学，午休时也在学习。我很惊讶他的精力："你难道就不困吗？"

他的回答更让我惊讶："困，有时上课都打盹。"

我有些生气地问他："那你为什么不休息好，然后精力充沛地去学习呢？你现在是上课听不懂，下课瞎用工，舍本逐末。因为去捡芝麻，反而丢了西瓜。不客气地说，这不是傻学吗？"

这个同学的回答真是让我觉得有些"不透气"："您一说，我也明白这个道理，可一看见有人学我就想学，有时就觉得守着书心里才踏实。"

真就像是庸医在看病：先抓一大把药吃，病人能否康复不管！似乎病人吃药就是好事。

有的家长可能要问："你说这话什么意思？你到底是什么观点？难道刻苦学习还有错吗？"

依我看来，在目前的高考模式下（当然，一部分高校正在尝试着自主招生，高考正在革新），哪个学生若想平时不付出，轻轻松松就想考出理想成绩，基本是不可能的。但话说回来，一个学生仅仅靠苦学还远远不够。要想有好成绩，勤奋是基础、是前提。然后，需要研究的是，如何把被动学变成主动学，把苦学变成乐学，把死学变成善学，怎样才能学出效率、学出效果。

我常常给同学们讲，现在高考录取人的原则是按分取人，不是看学习态度，高校的老师录取时不知道谁的学习更刻苦，他们也不给谁酌情加分。不管黑猫白猫，捉住老鼠才是好猫。把这句话套用到学习上，那就是不管你用什么方式学，掌握了知识，考出了成绩，那才是会学，那才是真学。只讲形式，不讲效果的学是傻学。

"头悬梁"、"锥刺股"作为一种精神，可以激励和教育孩子，要有志气，要发奋读书，不可浪费光阴，我们可以把他们作为典型的教育素材拿来宣传。但是，如果家长拿他们当教育样板，让孩子依样去做那就错了，最起码我是坚决反对的。因为这种方式完全无视孩子的健康需求，无视孩子的天性，把孩子当成了学习的机器，其结果往往是不但牺牲了孩子的身体健康，扼杀了孩子的学习情趣。而且，培养孩子的基本目标还难以达成。

作为家长，要理性认识刻苦学习和考试成绩之间的关系，从自己孩子的实际出发，把握一个合理的度，给孩子作出科学的规划。我觉得应该掌握以下几点。

首先，孩子的身体健康是第一要确保的

身体是本钱，知识靠身体来承载，身体一垮，也就谈不上学习知识，更谈不上成人成才了。这个道理，老师、家长可能都明白，可一到实际操作过程中，孩子的权利往往就被忽视了。

多少年来，社会就大声疾呼给孩子减负、减负！但是，受高考体制和某些教育管理体制的影响，受某些教师、家长片面认识的影响，孩子的"负"始终难减。还有一个原因，是受社会舆论的影响。在人们的评价中，教课的，学生成绩上不去，你就算不上好教师；办学的，学生考不出去，你就算不上好学校。一所学校，如果人们认为师资水平低、升学率低，就不愿把自己的孩子送到这里读书而选择主观认识中更好的其他学校。那么，这所学校不但发展受到了影响，严重的，生存都可能存在危机。所以，要想出成绩，学校就要找教师，教师就要找学生，从学生身上榨"油水"。只顾教师、学校和小集体的眼前利益，难顾孩子的长远发展。

有的小学就开始了月考，其目的就是要时时给教师和孩子敲"警钟"，时时提醒教师和孩子不能放松。小学高年级给孩子留家庭作业属正常现象。有的初中学校，孩子刚上初一，回家吃顿饭的时间，也得带着点儿"午作业"。至于到高中阶段，孩子跑着去食堂吃饭，跑着回宿舍休息的情况，更是常见。

在家庭作业方面，有的初中孩子晚上做作业做到十点、十一点，甚至做到半夜。孩子胆小，老师的作业不敢不完成。大人也糊涂，也无奈，就陪着孩子"熬夜"。有不少家庭有类似的经历。

我家的原则是，家庭作业必须在晚上九点以前做完，超过九点就不允许再做。这样要求，一方面，起到了督促孩子赶快做的作用；另一方面，如果孩子真做不完，说明老师留的作业确实多了。有时不同科的老师协调不好作业可能就留多了。怎么办？做不完不做。老师问的时候怎么办？有一次我给儿子编了个肚子疼的假条，其他时候就让孩子直接跟老师说："我爸爸不让做了。"后来儿子初中的老师也知道，多出来的作业"邱东黎的爸爸不让做"。我这么一坚持，小学、初中的那些老师倒也没难为孩子。

儿子读初三时，学校安排孩子上晚自习。同时，还带回了一张协议书让家长签字。我对儿子说："我不但不签字，晚自习咱们也不上。你到学校跟老师说：第一，来回路上太黑，不安全。第二，时间太晚，影响休息，爸爸不让我上晚自习。"第二天，儿子带回了老师的意见："晚自习有可能讲课，孩子不到会影响学习。"我对儿子说："初中这点儿知识如果白天还没学习懂，还得靠晚上加班，那可能是方法和资质的问题。真若是白天都学不会的东西，即使加一会儿晚班也照样学不会。咱们就是不去，你只要好好学习就行啦。"

为了能解决好这个问题，必须做好儿子的思想工作。我问儿子："东黎，如果不上晚自习你能好好学习吗？"

"没问题！"儿子很自信。

看到儿子的状态，我又进一步鼓励儿子说："咱就让老师和同学们看看，你不上晚自习也照样能学好！"

这件事我们就这样扛了过去。

过了一个月月考时，儿子考了年级第二名。事实证明，没上晚自习，没加晚班儿，儿子的成绩也没下滑。

无论孩子在外面读高中，还是读大学，我们对孩子一贯强调的是：身体第一，学习第二。注重身体健康，讲求学习效果。

其次，要让孩子从学习中体会到快乐

如果我们对孩子进行学习目的、学习意义的教育，告诉孩子没有苦就没有甜，苦尽甘来的道理，对调动孩子的学习积极性，激发孩子的学习斗志一定会有很大的作用。因此，这种正面引导教育必不可少。但是，如果一味地只是从这一个角度着眼，总让孩子感觉到学习是一件很苦、很受罪的差事，只是为了达成某种目标不得已而为之的事，那么，日久就难免让孩子生厌了。

并不是为了写这本书而说违心的话，我在读书的时代，确实读书读出了快乐。后来我总结，这种快乐主要来自三个方面：幸福感、收获感、荣誉感。

和我同时代的人,有的因家庭经济困难,有的因家长目光短浅,有的还有其他原因不能读书或者中途辍学。他们在人生本应该读书的美好时光,被迫去辛苦劳作,有苦无处诉,有泪无处洒,有梦无法实现,其内心的那份渴望、那份无奈、那份痛可想而知。我们村有一个和我年龄相仿的妇女,当年一天书都没能读。她就常说:"俺不会算账,一个字也不认得,真是闷死了。"毫无疑问,这份苦闷会伴随她一生。与他们相比,我就觉得父母没有因为家庭困难中断我的学业,我能读书就很幸运、很幸福。

我记得上学时,每逢发下新书,自己总会兴奋几天,到现在还依然清晰记得一遍又一遍闻新书书香的情景和拥有新书的那份激动。翻翻新书,我是多么渴望赶快学会书中的内容啊。听老师讲课,这节课学会了一个生字,那节课学会了一个算法,不断地,学会了加法、学会了乘法……就觉得自己总在收获,自己的学问总在增长。我有一次去一个小叔伯家玩儿,偶翻他的作业本,上面一道数学题:$5 \times 0 = 0$,老师在上面打了个对号。我当时就纳闷了:五乘以零怎么会等于零呢?起码还应该有五啊?后来我学了乘法的意义才恍然大悟。那份收获知识的感觉,那份成长的喜悦难以言表。

荣誉感一般源自考试成绩好,名次靠前,受到老师表扬、同学羡慕而产生的一种愉悦之情。

另外,孩子在体育、劳动、日常生活中有突出表现,受到老师、家长的表扬,也能产生相似的情感,并可能对学习产生正迁移作用。

我们推开教室的门,就会发现很多同学在那里专心致志地学习。看似都在学,但在这相似的表象下,内心的体验却不尽相同。有的同学是自觉自愿地学,他们对学习的体验是收获、成功等成长的兴奋感觉,是"甜"的感觉,他们的学习动力源自强大的内在积极性;而有的同学是别无选择地学,他们对学习的体验是乏味、头疼等受折磨的感觉,是"苦"的感觉,他们的学习靠的是外力推动,靠的是纪律约束。

靠内力推动的学习是主动的学习,靠外力推动的学习是被动的学习。孩子是学习活动的主体,只有让他们在学习中找到快乐,才能使他们的学习行为更持久,效果也才能更好。

鉴于对学习活动的这种理解,所以我们对孩子进行教育引导时,就尽可能

一双儿女，两个清华

让孩子能从学习活动中体验出快乐的滋味。

有的孩子因贫困不能完成九年义务教育，有的孩子因贫困不能跨进高中门槛，有的孩子因家里拿不出学费手捧大学录取通知书而无可奈何。战乱国家的孩子求学难，贫困山区的孩子求学难，生理有缺陷的孩子求学受限。许许多多让人同情、令人心酸的例子，都是教育孩子的生动材料。我常常把听到、看到的这类活生生的事例讲给孩子听，孩子就会觉得自己能读上书是一种幸福，就会身在福中也知福，就会因此而倍加珍惜幸福时光，好好学习。

我们经常关心孩子的学习情况，比如孩子放学回家后，就仔细问孩子今天学习了什么？会了哪些？把学会的知识拿过来"教教"爸爸、妈妈。这么变相鼓励，孩子就会感觉出自己每天的收获、每天的进步，而不会像有的孩子日复一日背起书包上学，收起书包回家，平平淡淡，没有感觉。爱钓鱼的人大都有体验，抛下钩去浮漂有一段时间纹丝不动，人就易烦，易觉乏味；如果不断上鱼，人就来了精神，等再长的时间也没有累的感觉。家长要发现孩子的进步，指出孩子的进步，让孩子有收获感，孩子就会兴奋起来，就会积极争取更大的进步。

儿子大学读了两年，四个学期的每个期末，我和儿子都会坐在电脑前把他当学期的学习成绩调出来——认真分析，遇到成绩突出的学科，我总忘不了好好夸赞儿子："哎呀，东黎真厉害！在清华大学读书成绩还这么优秀，你怎么这么能干啊？"儿子回答我的是自豪的笑容。我相信，这份自豪一定会有助于儿子把读书理解成人生的快乐。

读书原本就应该是一种享受，是一种快乐，如果您的孩子把读书当成了重压下的一种辛勤劳作，依我的理解，这种状态肯定会影响您孩子身心的健康发展，即使是对学习本身，也不能使之进入良性循环发展的轨道。苦学的孩子，重压之下，个别的还可能走上极端，令家长追悔莫及。

如果您的孩子没能把学习当成快乐，那您就一定先要帮助孩子调整好状态。

再次，要引导孩子把苦学变成善学

我先给大家列举几种不讲方法，学习没有效率的例子。

第一种情况，背书时断开句子，简单反复。比如要求背"曲曲折折的荷塘上面，弥望的是田田的叶子"一句。有的学生就"曲曲折折的"、"曲曲折折的"、"曲曲折折的"反复好几遍，然后再背"荷塘上面"、"荷塘上面"、"荷塘上面"……又反复好几遍，再之后依然是"弥望的"、"是田田的叶子"断开句子反复背诵。每篇文章都有内容和结构上的内在联系，都有语法上的造句规律，如果不能抓住文章内在的联系，只是简单机械地重复，记忆效果就会大打折扣。同样是背书，在相同时间内，这样的同学能背一篇，方法正确的同学能背两篇、三篇。最后，不会背书的同学即使费了九牛二虎之力背下来，对文章思想的理解也有限。不要认为这只是发生在某些小学生身上的背书现象，高三学生晨读也依然还能听见这样背英语、语文的声音。

第二种情况，舍本逐末。有的同学早起晚睡，甚至还有的同学晚上在统一熄灯以后还趴在被窝里打着小手电苦学，结果导致白天上课精神萎靡、注意力不集中。该听懂的没听懂，该记住的记不住，到做题时又不会。没办法，再加班儿，再影响听课……恶性循环。

这样的学生就不知道什么时候该好好学，什么时候该好好玩儿，要点在哪里。不知道文武之道，一张一弛。

第三种情况，不重基础。有的同学盲目跟着老师的作业跑，还有的同学喜欢做大题、做难题。而所有这些，都必须以牢固掌握基础知识为前提，没有这个牢固的基础，无论多么忙活，也是空中建楼，瞎忙一场。

第四种情况，学而不思。有的同学不善总结梳理，不善举一反三，不能把老师讲的知识变成自己的知识，不能把所学的知识升华成能力。这些同学，学习很卖力，而成绩却总在中游徘徊，即使复习一年，也没大起色，原因大致就在这里。

不会学习的情况还有很多，我难以一一列举，他们共同的特点就是外表看很卖力，实际上没效率。

学习不同于简单的体力劳动，比如原来人工挖河，谁出的力气大，基本上谁挖的土方就多。而学习是复杂的脑力劳动，单凭苦学并不一定能出成绩，成绩最好的也往往并不一定就是学得最累的。学习，要讲求方法，要注重效率。

家长在告诉孩子应该勤奋学习的同时，还应该告诉孩子注重基础知识，理清知识脉络，抓住知识要点，找准学习方法，劳逸结合，高效有序地去学习。

我是坚决反对"头悬梁"、"锥刺股"式的学习模式的。我觉得自己在这方面对孩子的教育思路还是很清晰的。

第一，不让孩子过度劳累。小学之后有中学，中学之后有大学，大学之后有工作。孩子成人成才是一生的事，不看重一时一次的成绩。不让疲劳战消磨了孩子的学习热情，不让消耗战拖垮了孩子的身体。

第二，引导孩子"我要学"。我就是着意培养孩子对学习的兴趣、爱好、热情，让孩子愿学，让孩子学起来不是感觉那么费劲。我在给同学们讲座时把这点叫做"调状态"。您也可以观察自己孩子的学习兴趣、热情、斗志等，家长难以掌握孩子学习的每一个细节，但可以把孩子的学习状态由"愁眉苦脸"调整到"欢天喜地"。这是家长应该关注孩子学习的重要方面。

第三，教会孩子"我会学"。从孩子最初认字、算数、学拼音，到后来听课、做作业、应考，我们在辅导孩子、指点孩子时，从来都不是只关注知识本身，更重要的是启发引导孩子总结规律、掌握方法。我跟孩子在一起讨论学习的时候，谈话内容一般关于微观的知识点少，探讨宏观的学习方向、学习方法、学习技巧多。所以，我就感觉到我的孩子能从宏观上驾驭学习，能从整体上把握知识。

如果您的孩子对学习的感觉总像是在痛苦的深渊里挣扎，那您就赶快拉孩子一把，教给孩子正确的方法，改正不良习惯，告诉孩子如何在知识的海洋里欢快地畅游。

智力因素和非智力因素的关系

有人对人的智力因素和非智力因素的关系作过一个比喻，大意是：智力因素像月球，非智力因素像太阳，月球只有在太阳的照耀下才能发出迷人的光亮。一个人只有把智力因素和非智力因素的能量都充分发挥出来，才能取得较大的成绩。

我的一儿一女虽然都考进了清华大学这所全国顶级大学，成绩都很好，都让我很高兴。但是，我观察这两个孩子走过的学习道路却有很大不同。女儿以性格的魅力、稳定的心理素质和良好的学习习惯取胜，主要靠非智力因素；儿

第四章 培养孩子学习知识的能力

子以突出的记忆力和较强的思维能力取胜,主要靠智力因素。而通过对他们两个的总结评价,我得出的结论是:要想有一个理想的学习成绩,智力因素和非智力因素都很重要,就绝大多数孩子而言,更应该注重的是非智力因素的培养。

我之所以这么讲是有我的对比依据的。

孩子们小的时候,我只听说过有智商测定一回事,可是压根也没想过要给孩子测智商,所以至今也不知在什么地方、是什么机构测试,不知道孩子的智商指数。不过从具体的事例对比看,儿子的智商指数明显高于女儿。

女儿到三周岁的时候,还数不清五个数。让她从一数到五,她就一、二、三、五或者一、二、四、五之类乱数一气,头脑中关于数的抽象概念根本就没建立起来。儿子还不到两岁的时候就已能准确无误地数过十以上的数了。接着我们再教给儿子,过了十,就是十一、十二、十三……也按一、二、三……的顺序数,过了一十就是二十,再就是三十,还按一、二、三……的顺序数下来,然后九十九、一百,过了一百是二百、三百……儿子很快就掌握了这个规律,轻轻松松就数过了一百,再之后就是往千、万方向的学习与理解。儿子不到三周岁的时候,口算加减法,就已突破十的大关,尤其是加法更突出,给他出个十以内的加减法小题想考考他,比如 $2+5=?$ 他都嫌"这个太简单了",要求"出个比十还多的"。

儿子五岁半入一年级之前,百以内的加减法都能口算下来,减法稍微慢些,加法还可越过一百大关。而女儿五周岁半入一年级之前表现得虽不是很笨,但也不特别突出。

儿子上幼儿园时,有一次周末跟我到我的工作单位玩儿,我的一个同事听说我儿子挺聪明,于是就出了两个加减法小题考他,结果他还真会做。我的这位同事一看我儿子的情况,就说:"加减法不用教了,我教你乘法吧。"说着,她还真的教起我儿子乘法来了。由于跨度太大,后来我也没有接着那位同事教下去。

有人说,男孩子在逻辑思维方面有优势,比如体现在数学、物理学科上;女孩子在语言、记忆方面有优势,比如体现在语文、英语学科上。我这两孩子的情况是,我儿子确实在逻辑思维方面比他姐姐表现出了非常明显的优势,可

一双儿女，两个清华

在语言、记忆方面也依然表现得比他姐姐出色。

儿子两岁的时候，我们教他认字，教他读两三遍他就能记得住，第二天再问还不会忘。一开始，我们给他准备了一个笔记本，记着他学过的字，也便于他复习巩固。这样，每天就教他认几个字，很快他认的字就过了百。后来，他妈妈看他认字很快，就在厨房里挂了张拼音字母表开始教他认拼音字母，他也很有兴趣。接着，又教他用拼音认字、查字典，不长时间，他妈妈就利用做饭、吃饭的空闲时间又教会了他简单的拼音知识，交给他认字的金钥匙。儿子到四岁多的时候，带拼音的儿童读物和报纸上的常见字基本上都能自己读下来了。

而依据一些人的理论，在记忆、语言方面本应该有优势的女儿却也还是没有表现出特别的天分，与我儿子比，我女儿还是有很明显的差距。

总的来说，从纯智商的角度来看，无论在哪个方面比较，我儿子都比我女儿表现得更优秀。据此推断下来，我儿子的学习成绩理所当然地应该比我女儿优秀，更兼还有人总结出这样的规律：男孩子的成绩到高中阶段比女孩子的成绩会更突出。

女儿参加高考前，虽然我们也和所有家长一样，盼望着孩子能考出理想的成绩，但也不知道女儿到底会考得怎么样，怕她因各种原因考砸。所以，也是天天盼高考，天天又怕高考。有一次谈起女儿的高考时，我劝我爱人说："算了吧，咱别整天操心啦，晓飞今年能考好当然更好，考不好，就指望东黎八年以后给他姐姐争气，给咱们全家争光吧。"我儿子比我女儿小八岁，低八个年级，按我当时依据两个孩子的智商情况的推想，八年以后，儿子一定能考出一个好成绩，分数一定比他姐姐考得高。

可后来的事实证明，我女儿反倒是比我儿子表现得更优秀，考试成绩更突出。中考都是全县统一阅卷，女儿是全县第一名，儿子是全县第三十四名（也可能是第三十二名，记不准了）。高考都是全省统一阅卷，女儿是全省第十二名，儿子是全省第八十四名。

为什么会出现和预期相反的情况？为什么儿子每次都考不过姐姐呢？我经常对比两个孩子的情况，分析这些现象背后深层次的原因。找出女儿身上的优点，还常常以此教育儿子，要求他努力向姐姐学习。儿子也很认可姐姐，很服气。直到如今，儿子在北京读书，离家很远，我们也不了解他的具体情况，难以及时掌握他的信息。因此，很难对他进行及时、有针对性的教育。我女儿马上就承担起了管理、教育弟弟的责任。说得不对，该批评就批评，做得不对，该训就训，弟弟老老实实接受姐姐的批评教育。

从对与学习直接关联的因素分析，我觉得女儿有几大优势或者说几个方面的优点值得后来的考生借鉴。

一、乐于助人

我女儿读小学时，就曾到讲台上给同学们讲题。读初中、高中时，基本上比老师还忙。每到课间，她的周围就围满了问问题的同学。因为同学们觉得问老师问题，如果老师讲一遍还没懂，再问第二遍就有些不好意思了。而问同学时，问一遍不会可再问，再问不懂还可以反复问，没有师生间的等级差别，很随便，问得也就更彻底、更明白。我女儿呢？在给同学们讲问题之前也没有备课，对所有问题她也不可能都理解得那么全面、那么细致、那么彻底，毫无疑问，她学的知识也一定存在着漏洞和误差。恰恰是同学们问问题，在帮助同学的同时，也弥补了她的不足。一个问题，多个脑袋思考，一定比一个脑袋思考得更全面、更细致、更深刻。正是由于同学们的询问，督促和帮助了我女儿思考，没想到的想了，想错的纠正过来了。帮助他人就是帮助自己，这是一条真理。生活中人与人如此，学习中同学与同学也是如此。

可是生活中就有人不明白这个道理，不肯帮人解围救难。学习中，也不是所有的同学都明白这个道理。成绩好一点，瞧不起这个，瞧不起那个，什么也瞧不起。遇到别的同学问问题时，态度冷淡，或轻描淡写不耐烦，或以自己忙推辞，或者干脆以不会为借口拒绝，生怕因为同学们耽误自己的时间，影响了自己的学习。还有的内心深处，生怕同学学会了以后超过自己，平时考试，自己少了光彩。高考时，好大学让同学占了，没了自己的位置。

这些同学不知道外面的世界有多么大，不知道全国的好大学有多少张桌凳，也不明白帮人是在帮自己，损人是在害自己的道理。他疏远了同学们，同学们也疏远了他。

我不曾发现有学生因给同学讲题讲得自己什么都不会了；我多见平时给同学讲题的学生最后考出了好成绩。

我女儿给同学们讲题的出发点倒并不是为了将来自己能考出好成绩，我可以说是天性和教育使然。这种品格还有一个好处，那就是能自然而然产生和谐的师生关系、同学关系。没有了闲杂事情烦心，也可以使她单纯而全身心地投入学习。

乐于助人的优秀品格无疑助推了女儿的学业。助人者，天助之。

儿子天性倒也不自私，有同学问问题也认真解答，也很热心，但不像他姐姐和同学们交流多，基本属一般情况。

二、踏实

女儿从小学习就踏踏实实。对老师讲的课，认认真真地听，对老师布置的作业，不折不扣地完成。整个中小学学习过程，按部就班，一步一个脚印走过来，每个脚印都那么踏实、那么清晰、那么端正。

儿子则不同，浮躁气较重。他常能考出比较靠前的名次，因此他认为自己不十分用功也能学会知识。尤其是姐姐考上了清华大学以后，他的身上似乎也被罩上了一层光环。老师夸他"天资聪颖"，同学们羡慕他"厉害"，有的老师对待他的作业"另眼看待"（其实是放松了对他的要求，惯着他的毛病）。这些似乎都成了他骄傲、浮躁的资本。上课听讲，听到半节课左右，觉得自己已经"会了"，下面就开始坐不住了，开始跟同桌、前后桌动手动脚捣乱，影响其他同学听课。后来到高中时，不再跟其他同学捣乱，但还存在注意力不集中的问题，有上课说话的情况，有上这科的课，看那科的书的情况。有一次生物自习课上竟读起了《红楼梦》。

听了一半就觉得"会"了，是真会了吗？我的评价是似是而非。如果说他没听懂，他确实基本理解了老师讲的主要知识，若当场提问，他也肯定能回答上来。这就给人以假象，似乎他没认真学就会了。其实，这时候学习的知识常常还不全面、不细致、不牢固，有时还没有掌握住知识的要点、基准点。很多同学平时考试有的题丢分就是这类原因所致，说不会吧，老师稍一点拨又觉得是会的。说会吧，就是出错。于是，有的老师、有的同学就误把它归类于"马虎"了，其实是没把握住或者回避了问题的实质所在。我分析儿子有一部分丢分也缘于这类性质的问题。

我们枣强中学的崔校长曾经告诫同学们说："不要轻易用'马虎'骗自

己,一加一等于二,你永远不会马虎成三,为什么出错?关键还是知识把握得不准、不牢。"

老师讲的课不可能前半节有用,后半节都没用。学生听课只听前半节,肯定会有丢失的知识,肯定会有把握不准、不牢的知识点。我们可以建议老师讲课尽可能精炼,但在老师改变他的教学模式(也很难做到能适合每一个同学)之前,学生应该学会做到首先改变自己。而要改变自己的学习方法之前,首先要改变自己的学习态度。

三、不拖拉

两个孩子在这一点上差别很明显。女儿是必须做的事先做,做完再玩儿,显得很轻松;儿子是能玩儿先玩儿,必须做的事先拖,拖不过去最后再忙活,显得很紧张、很吃力。

以做作业为例。每到周五,女儿的家庭作业在学校先就已经利用自习课做了一部分,下午放学回家后放下车子做的第一件事就是摊开书本做作业。她做作业的速度也快,一般来讲,晚饭前就能完成了,晚饭以后再做作业的情况很少,周六、周日肯定是轻轻松松玩儿的时间。

儿子就不是这样了,他放学回家把书包一放先玩儿,周五玩儿、周六玩儿、周日玩儿,若是不管他,到周日晚上,他才会想起还有作业。不用说,那心里也是不得已而为之。因为我们从不允许孩子熬夜,到九点,我们就要求休息了,所以,有时他的作业就不能完成。

暑假、寒假作业也是这样,女儿的假期作业每天完成多少都有计划,每天定量完成任务,最后总能剩余出几天时间,井然有序。

儿子则是先松后紧,先易后难。前期轻轻松松,时间还多着呢,不着急,最后几天打突击。他一般是把感兴趣的数学放在前面做,把没兴趣的语文放在后面做,尤其是最烦作文。最后一忙,忙不过来,就有完不成任务的时候。

平时的家庭作业,两个孩子也有着紧与拖拉的对比,情况大致相仿,不再举例。

四、规范、严谨

女儿对知识的把握力求准确、到位,不放过任何一个细节,答题的程序、解题的步骤、书写的工整度都严格按要求去做,不马马虎虎,不降低对自己的要求。自己会做的，就要做对，追求 100% 的正确率。读高中时，有一次考试，一道会做的题做错了，她就用圆珠笔扎自己的胳膊惩罚自己：会做的题为什么做错？

正是女儿平时养成的这种规范、严谨的学习作风和对自己的高标准要求，实现了她答题质量质的飞跃。女儿读高三时，学校举行了一次数学通测。考试后，另一个班的数学老师向我女儿他们班的数学老师要评卷答案，我女儿的数学老师拿起我女儿的试卷对那位老师说："邱晓飞的试卷就是标准答案。"

有人说女孩子到了初高中后学习成绩就不如男孩子，一般都会明显下滑，可我女儿的情况恰恰相反：从初一到初三，从高一到高三，都是越往后成绩越好。以数学为例，她尽管没有数学天赋，但中考时数学满分，高中平时数学考试也常常满分。高考时，也是为了追求满分，反误了十一分的必得分而留下了些许遗憾。

儿子就舍不得用姐姐这么高的标准严格要求自己，尽管他从小就在各方面表现出了较高的天赋，但始终没能走在姐姐成绩的前面。

五、稳定的心理

在这一点上我不把两个孩子对比讲，因为儿子的心理素质也并不脆弱，也没什么问题。我只是单说一下我女儿在这方面表现得尤为突出。

女儿简直就是一个考试型选手，空气越紧张，她越能稳定发挥，越大考她越能出成绩。我给您大致列一下她的成绩单您就明白了。

初一时，她的成绩在班里总是前五六名；初二时，在班里总是前三名；初三时，在班里总是第一名。

初三上学期，全县五大科竞赛，她是全县第四名；初三下学期，她是全县第三名；中考是全县第一名。

高一时，她的成绩在全校前几十名里转；高二时，是全校前十几名，最好时是全校第四名；高三时，一开始，在新生中排第三名；再往后，排新生第一名，加上复读生总排第三名；最后，她在所有学生中总排第一名；高考第一名。

高一入学后第一次考试，女儿在全校排第七十七名。她的班主任张老师是刚大学毕业第一年参加工作，他很纳闷：邱晓飞入学时编号是一号，中考成绩是全校最高的，怎么才考了七十七名啊？物理老师是一个有多年教学经验的老师，她告诉张老师说："这个学生到高三时成绩肯定就会上来的。"

女儿高考前在校园中偶然遇到当时的李校长，他们打过招呼后就各忙各的去了。李校长见到我女儿的班主任张老师时说："我看晓飞的心理状态没问题了，她今年肯定能考好。"

女儿高三和高考的成绩验证了物理老师和李校长预言的准确性，这让张老师和我女儿都惊讶不已：他们怎么这么神？！

我想，他们可能就是根据自己多年的教育教学经验，知道心理状态与考试水平发挥之间的密切关联性，从而给出了准确判断。

女儿说，她参加高考时，他们考场的一个女同学都进了考场了，又匆匆忙忙往厕所跑，其紧张程度可见一斑。大家想想，这样的心理状态又怎么可能不影响高考成绩？

有的同学进入高三后成绩越考越差，有的同学考试晕场，发挥失常。其实，很多同学失利的原因可能并不是他们的能力差、知识水平低，问题就是受到了脆弱的或不稳定的心理因素的影响。

家长在关注孩子学习的时候，千万不要单纯地以所谓"聪明"、"笨"来衡量和要求孩子，我们更要综合考虑影响孩子学习成绩的非智力因素，而这往往又是决定孩子学习成绩的关键因素。

打好进入高中第一仗

需要解释一下，本话题不是我的家庭教育的主要内容，只是因为我见到有不少下面提到的情况，也觉得很可惜。所以，我还是愿意把它写出来介绍给大家，以便家长在孩子即将升入高中和升入高中后一段时间内有针对性地给孩子做好工作，使孩子能够顺利渡过这个关键的节点。

学生在整个中小学的学习阶段有几个非常关键的时间节点，进入高中后的第一个学期就是其中的一个。有很多在初中阶段表现不错，甚至是比较优秀的学生，进入高中后适应不了高中阶段的学习和生活，很快就落伍了。老师和家长都很为这一部分学生惋惜。为什么会有不少原本很不错的学生刚一入高中就纷纷掉队呢？分析起来有几个主要原因，为方便起见，我也一并谈谈相应的解决办法。

一、知识量变化太大

几乎所有的学生谈起这个话题来都能感觉到升入高中以后，课堂的知识容量突然增大了许多，理解起来也难了许多，老师的讲课速度还加快了许多。初中阶段，教材内容相对较少，涉及的知识点也比较少，在一个知识点上老师有时间反复讲，学生也有时间反复练，并且知识本身需要的思维力度也相对较小，比较容易理解。这一突然的变化让许多学生感到措手不及，难以应对，上来就被高中的一记闷棍打懵了：原来在初中时觉得自己的头脑还行啊，怎么一下变得这么"笨"呢？

其实，不用说大家也知道，肯定不是学生的智商到了高中以后变低了，问题在于教材的编排。在初中阶段，教学的目的在于侧重训练学生的记忆能力，侧重于训练学生的感性认识，而高中阶段侧重于训练学生的理解能力，训练学生的推理能力，训练学生的理性认识。因此，教材内容无论是在容量还是在思维力度上，都有了明显的变化，都上了一个大台阶，而对学生各方面能力的要求，也就突然有了一个大幅度的提高。关于这一问题，我们学校王副校长作过一个形象的比喻：这就如同一个小孩子，在初中阶段像是引导孩子学爬，而到高中阶段几乎就像是直接要求孩子要会跑，似乎少了教给孩子学走的中间环节。所以，有的孩子没有学会跑就摔倒了。

有一个学生在谈到这个变化的感觉时这样说："哎呀，老师啊，我进了高中学了一段时间后有一次放假回家，又拿起初中的书本翻了翻，好像初中书本上核桃大的字就盛不了一筐。我就纳了闷儿了，就这么点东西我怎么还苦苦学了三年？"当然，这个学生的说法未免有些夸张。不过，我们却能从中理解到同学们就初高中知识量本身，在感觉上的巨大落差。

面对这突然增高的台阶，家长怎样才能使自己刚刚初中毕业的孩子能顺利地跨上去而不至于摔倒在台阶前呢？我有两个建议。

第一个建议是赶快调整学习方法。教孩子学会自己能读、能提取信息、能理解，而不再像是初中时代的背诵记忆了。

有一位家长在孩子准备文理分班时找到了我，问我他的孩子该学文还是学理。我问他:"您的孩子理科基础好还是文科基础好?孩子的意愿呢?"

他告诉我说,在初中时,孩子政治、历史成绩都比较好,并且也愿学文科,对理科不感兴趣。可是进了高中以后怎么背都不行,分班考试时,政治、历史都考到了千名之外,很不理想,搞得孩子自己也没主意了,家长也不知道拿什么意见。我对这位家长说,问题就出在这个孩子没能及时调整好学习方法。学习要求变了,学习方法没能做出相应调整,还只是一味地背书,显然就严重影响了学习成绩。告诉孩子马上调整学习方法,还是能够取得理想成绩的。

我不知道是不是所有的高中都搞这样的活动,我们学校在每年高一新同学入学之初,都组织有经验的老师和往届成绩突出的毕业生给新入学的同学搞学习方法讲座,这其中有很多宝贵的经验,新同学应该牢牢记住并尝试应用到自己新阶段的学习中。

第二个建议是高一入学前搞好预习。孩子初中毕业后暑期比较长,这段空闲时间可让孩子自己先借高一课本读一读,提前接触一下新知识,通过自学能学会其中一部分知识,不懂的知识点记下来,等老师讲课时作为重点学习的地方加以重视。预习可以让孩子入校后学习高中课程时有一定的熟悉感,还可以因预习中掌握了一部分知识而减少一些正式学习时的难度。有条件的家庭还可以请高中老师适量讲一点高中入门课,为孩子跨上高中大台阶提前加块垫板。我们学校有一部分老师对孩子进行过预习教育,效果也比较明显。一个佐证就是,这些提前做过预习的孩子入学后第一次月考在全校的排名,都或多或少的比中考时在全县的排名有所靠前(我校是我县唯一的一所重点高中,所以,学生在全校的成绩排名也基本等于中考时在全县的成绩排名)。

有的家长问过我这样一个问题:听说上面不让办课外补习班?我笑了。现在,各地相关部门明令禁止学校、老师利用学生假期办课外辅导班,其出发点,可能是为了真正减轻学生的课业负担,保护学生的身体健康,制止乱收费和纠正社会不良风气等。但并不是说,孩子们无论有多少闲暇时间,统统都去玩就是最好的。凡事应该正确理解,要吃透文件的精神实质。让孩子有时间自己学点儿、问点儿,我个人认为也应该没什么不可以,只是别让学习成为孩子的负担。

二、名次、地位有了明显变化

一所高中要面对很多所初中招生，原来每一所初中理所当然都有一个"第一"、"第二"、"第三"。而这众多"第一"、"第二"、"第三"来到一所新学校考试时，很明显也就只能产生一个"第一"、"第二"、"第三"。所以，在原来初中学校的那些"第一"、"第二"、"第三"，原来那些名列前茅的同学入高中后必然就有一部分的名次要往后排。尽管这些同学的思想水平、知识水平、个人能力并没有下降，可是因名次的靠后，表面上似乎就有了一个从"优秀"到"一般"的变化，学生可能就会对自己在群体中的地位、自尊等情感性的认识发生变化，这些变化又有可能逐渐影响学生的自我评价。在初中时，他们觉得自己是"优等生"，受到同学们的尊重和老师的宠爱，可到高中变成一名"普通生"后，就觉得再没人关注自己了，"失宠"了。自己就常常被"失宠"后的失落感困惑着，时间一长，学习的热情和兴奋度就会有所下降，更严重的是学习的自信心受到打击。当不良情感和情绪反过来影响到学习时，学习成绩就可能下降了。

对于进入高中后因名次、地位发生了变化而使自己的情感和情绪也发生相应变化的同学的家长，我也给出两点建议。

第一个建议是，给孩子的学习成绩一个客观的定位，定一个适合孩子实际情况的期望值。

有一个学生家长对我说，她儿子把入高中后第一次月考成绩拿回家后被她骂了一顿。原因是儿子原来在初中时名次挺靠前的，可升了高中以后下降了许多，她认为肯定是儿子离开了家长后贪玩了，没有好好学习。

没有调查研究就没有发言权。这位妈妈只知道孩子的名次变化了，却不知道引起变化的原因。在她心中，反正名次往后退就不愿接受。

希望上述这类家长多了解一下学校的整体情况，了解一下自己孩子的情况，勇于面对现实，从实际出发，帮孩子找出解决问题的方法，给孩子提一个既能调动他们的学习积极性，又不至于给他们造成巨大压力的适中目标，引导孩子积极追求向上。

第二个建议是，给孩子应有的关怀和理解。孩子肯定也愿往前考，名次后移，心里感到最压抑、最难受的首先是孩子自己。当孩子最需要别人理解、安慰的时候，家长几句体谅的话会给孩子以无限温暖。家长是孩子的亲人和依靠，您要学会给孩子战胜困难的坚毅和力量。

三、学习环境的较大变化

初三刚毕业的孩子一般在 15 岁左右，心理还比较稚嫩，也还不稳定。乍一离开温暖的家，离开熟悉的校园，离开父母和初中老师，来到了一个全新的环境中，如何处理好与老师、同桌、舍友、男女同学等的关系，对一些敏感、胆小和性格内向的孩子来说，可能就是一个难题，适应这个新环境就需要一个较长的过程。这个过程不顺，有的孩子就会对新环境建立不起亲切感，还有的孩子会有陌生感、孤独感。心理对环境的不适应也必然影响孩子的学习，严重的还会有转学、退学要求。

心理的问题就要用心来解决。家长无论自己的工作多忙，也要抽出时间来和孩子沟通，跟孩子谈心、谈生活、谈学习、谈人生，努力使自己能融入到孩子的生活和学习中，能和孩子做知心朋友。只要能做到和孩子无障碍交流，孩子就有了可以倾诉的对象，心中的烦闷和孤独感就会减轻甚至消失。家长能够融入孩子的生活，就容易引导孩子热爱自己的学校生活，热爱新的学校环境，有了这样的心理和感情基础，孩子的学习成绩就容易上升了。

四、初中"经验"推导出的错误认识

一部分学生在初一初二时不太用功，到初三下学期才卖力气，结果也照样考进了高中。于是他们认为，那些平日里刻苦勤奋学习的同学怎么样？自己不也一样和他们考进了同一所高中吗？平时瞎忙乎有什么用？

我们这里的高中录取学生时，每年都是市教育局下达录取指标，然后，县教育局再把这个指标具体分配到各初中学校，最后，高中学校按分数从高到低录取。比如说，某高中某年的录取指标是一千人。这一千人中的第一名和第一千名在初中阶段的学习成绩和学习能力会有很大差别，可是当录取到同一所高中后，似乎就站在了同一条起跑线上。

一些学生只看到了第一千名能和第一名升入同一所高中的表面形式，却忽视或故意掩盖了第一千名与第一名在初中阶段学习成绩和学习能力的巨大差距。

所以，有的同学又把初中的所谓"经验"照抄到了高中，也准备高一高

二玩儿着学,到了高三再加油。等这些同学到了高三成绩再赶不上来的时候,等这些同学明白了高考录取时是一分一档,高分低分意味着就读大学极大不同的时候就悔之晚矣。

针对这个问题,我给家长简单提个建议。您可以请有经验的高中老师给孩子讲讲初中、高中的区别,讲讲中考、高考录取的区别。另外,还可请高中毕业的学生给孩子讲讲经验教训。总之,要让孩子及早醒悟,不要让孩子在三年以后留下一声"悔不当初"的叹息。

家长的期望值要合理

因为这个专题是谈学习的,所以,本话题所说的"期望值"也主要谈家长对孩子学习方面的期望值。

望子成龙、盼女成凤,家长在孩子身上寄托了自己美好的希望。每一个孩子的身上,都承载着父母的梦。所有的父母都希望自己的孩子成才。谁不盼着一代更比一代强,一辈更比一辈好?

从理论上讲,心里装着家长期望的孩子也应该会发展得更好。因为家长的期望有以下作用。第一,有一定的目标导向作用。孩子知道自己的父母希望自己的学习应该达到一个什么高度,孩子会努力向这个目标奋斗,以期不辜负家长的辛勤养育之恩。第二,有助于孩子形成积极心态。家长给孩子描绘的都是美好的未来,这样的目标会引导孩子向上看、向前看,会让孩子不再向下看、向后看,不再自甘平庸。积极的学习目标能让孩子产生自觉学习的积极心态。第三,有一定的激励作用。孩子当学习平淡乏味的时候,当成绩后退的时候,当学习遇到困难想放弃的时候,父母的殷切期望可能就会重新振奋他的斗志,重新鼓起他学习航程的风帆。第四,有挖掘孩子潜能的作用。为了实现父母的期望,孩子就要发奋读书,就要开动脑筋想方设法去创造性地解决学习中遇到的各种困难,就会调动自身和相关的各种积极因素,努力达成自己的目标。

显而易见,要想使孩子学有所成,家长不可以放松对孩子的要求,更不可以对孩子没要求、没期望。我们相信不会有(也不应该有)父母对孩子这样说:"孩子,高高兴兴上学去吧,学好学坏是你的事,我不管,随便。"

第四章　培养孩子学习知识的能力

对孩子期望值太低，或者根本就没有目标要求，会让孩子觉得没有方向感，没有成就感，缺乏前进的动力和热情。孩子在这种状态下学习，一般也不容易出成绩。

家长没有期望值或者期望值太低不利于孩子学习成绩的提高。相反，家长不切实际，把期望值定得过高，同样也不利于孩子实现学习目标，这也是很多家长容易出现的问题，大都是犯"左"倾或"右"倾的错误。

有这样一位妈妈，孩子考了全班第四名，春节放假高高兴兴把奖状拿回了家，不用猜，孩子这时心中期待的无疑是爸爸妈妈热情的表扬和丰厚的奖励。绝没想到这位妈妈竟这样面对孩子优异（说实话，一个班六七十人，能考第四名已经很突出了）的成绩："怎么才考第四呀？怎么就考不了第一名？"这位妈妈还以为这是对孩子严格要求，是为了让孩子做得更好呢。

在孩子原来的自我评价中，感觉本来很好，对学习信心十足，有无限热情。妈妈迎面泼来的冷水，可能就会让孩子觉得：啊，原来自己还并不优秀。一盆盆冷水泼下去，孩子丧失自信，进而自疑自卑。妈妈错误的教育方式无情打击了孩子学习的热情，使孩子没有了向上的信心和胆量。或者，孩子认为自己费了很大的劲，考得这么好，竟然还得不到妈妈的表扬和奖励，也便少了荣誉感和成就感，进而可能就会对妈妈有所抵触甚至怨恨。

如果是我的孩子，我一定会先高高兴兴表扬、奖励一番，再对着试卷帮孩子分析错题原因，最后再鼓励孩子说："爸爸相信你下次考试的成绩一定会更好！"那样，孩子该多么带劲！

还有这样一位爸爸，他的儿子在我们衡水市很有名的一所高中读书。孩子进入高中以后成绩一直都是拔尖的。按这所学校往年的高考录取情况，他儿子的应该很有希望考取清华、北大。于是，他的期望值上来了，跟孩子在一起谈的总是清华如何如何，如何如何考取清华，考上清华如何如何。他对这份期望值的自信和准荣誉感也外溢在和周围人的谈话中。说起孩子，他便儿子如何如何，儿子的成绩如何如何。谈到高考，他更自觉自己儿子一枝独秀，一览众考生小："不就是个小清华吗？我给儿子准备好四年的学费了。"那口吻、那神气，好像清华大学求着他提前和他签订了录取他儿子的协议书，并且他还有点嫌清华大学太小，还盛不下他儿子似的。可是，因为他常在儿子耳边谈论清华长、清华短，还经常在人前自吹自夸，给儿子造成了巨大的心理压力。高考时，他儿子只考了620多分，离清华大学录取分数线还有几十分的距离呢。

过高的期望值搞得孩子精神紧张，想赢怕输，有巨大的压力感、恐惧感，考试不能正常发挥，结果是越怕输越输。

家长应该注意，孩子临到大考时，心理压力一般都会很大，有的甚至可以用巨大来形容。这个时候，家长无论心里多么渴望孩子考好，都要对孩子表现得淡定一些，给孩子定的期望值都要适当偏低一些。您对孩子的宽容和理解会减轻孩子的压力，会稳定孩子的心理，这种情况下孩子可能更容易出成绩。

家长生养孩子不可能对孩子没有期望值，有期望值是好事，而用期望值引导孩子发展则是一门艺术，这个值既不能太低，也不能太高。那么，多么高的期望值才比较合理呢？在如何给孩子定出期望值的问题上，我给您提出如下建议。

第一，要有依据

受教育者的理解力、记忆力、意志力、兴趣、基础水平、周围环境、家庭环境条件、教育者的水平、学校办学水平等，影响学习成绩的因素有很多，家长都应该有一个客观了解，综合分析。家长对孩子不论小学阶段，还是初中、高中阶段期望目标的确定都要有符合现实的依据，最好都要和孩子见面，都要跟孩子协商。对于孩子的学习环境、孩子的心理承受能力、学习能力、学习潜力等诸多因素，家长不会比孩子自己更了解自己。我就是这样，从不对孩子说："你这次必须给我考多少名！""你这学期考不了多少名就肯定没有好好学习"之类的话。

孩子也愿考好。一个班集体就是一个小小的社会团体，每一个孩子的学业水平、学习能力都影响着他在这个团体中的地位、荣誉等，影响着他的自我认识、自我评价，我们甚至可以这样认为，孩子比家长更愿考好。家长要了解孩子的心态，不必强迫孩子。所以，我对孩子提期望值时总问孩子："飞（黎），咱们这学期能考多少名呀？"孩子就告诉我估计能考多少名，然后再给我分析理由。或者，我提出我的期望值跟孩子协商。

儿子读初中时，有一次我问儿子："这学期能超过某同学吗？"

这位同学的成绩平时比我儿子的成绩要好，但比较接近。

儿子碍于面子，也心存希望，就说："能。"

我对儿子说："你要想超过她，就必须了解她，看看人家有什么优点，为什么比你学习更优秀。"

然后，我又把从老师那里了解的那位同学的学习更踏实、更认真的优点告诉儿子，要求儿子应该怎样向比自己优秀的同学学习。儿子那一学期的学习目标就盯准了那个成绩很不错的同学。

这样，一定的目标促进了儿子好的学习品质的养成，好的学习品质又为儿子学习成绩的提升提供了帮助。儿子那一学期的学习状态明显比较好。

第二，适时调整

孩子的学习是一个动态的过程，家长给孩子预设的学习目标也可以根据变化了的情况做出适当的调整。我们在给孩子制定学习目标，确定对孩子的期望值时，仅仅是依据我们当时已知的情况做出。实践中，孩子的学习状态是变化的，其他同学的情况也有很多是我们未知的，学校的环境影响，老师能力水平的影响也都是可以引起孩子学习成绩变化的因素。因此，我们可以不必拘囿于原来已设定的目标。如果孩子无论如何努力都达不到原来设定的高度时，家长不妨就安慰一下孩子，降低一点标准；相反，如果孩子达到原来设定的高度太轻松时，家长就要适当给孩子提高一下标准。总的原则就是既不要让孩子感觉到家长期望值太高，自己绝不可能达到，从而丧失信心；也不要让孩子感觉不用努力就能交代家长，没有一点压力，动力不足。让孩子既有一点儿能变成动力的压力，又能快乐地学习，调整到这个高度，就应该是最理想的期望值。这个高度，就是我们常说的"跳一跳，够得着"。

第三，要允许孩子平凡

有些家长容不得孩子平平常常，常挂在嘴边的话："人家是个人，你也是个人，都是两个肩膀扛一个脑袋，怎么就不如人家？"实际上，影响一个孩子学习成绩的因素太多太多了，一言难尽，绝不可以用简单的脑袋和肩膀数来对比。

还有的家长认为，你这一次考第 30 名，下一次考第 29 名，只前进一名还难吗？如果每次考试都能前进一名，每学期都有四五次考试，三年下来，你不就在前头了吗？这些家长的想法似乎有点道理，可是把这种想法落实到每一个同学身上，马上就变成悖论了：全班就一个第一，人人努力，但绝不可能人人第一。

拿破仑有句名言："不想当将军的士兵不是好士兵。"此时此地，我给这句话做的注解是：想当将军的士兵就是好士兵，想好好学习的孩子就是好孩子！人生的意义就在于奋斗的过程。

我还见过不少家长在孩子入学的时候，或者给孩子做思想工作的时候，总爱对孩子郑重地嘱咐："孩子，要好好学，一定要考到前边去，给爸爸妈妈争口气。"我说过，影响学习成绩的因素有很多，学习态度和学习成绩有一定的因果关系，但不一定就是完全正比例关系。学习成绩倒数第一的孩子不一定最不用功。给孩子提期望可以，但不要认为孩子没考好就是不争气。

总结分析各种情况，说到底，就是在有些家长的意识中，没有给予孩子平凡的权利。我们做家长的，绝大多数也不是总书记、总理，也没能当上元帅、将军，我们就是平凡人，生活中绝大多数也是平凡人，为什么孩子就不能是平凡人呢？在这里，我讲一个美国家庭父子间的一段对话。

一位爸爸对儿子说："林肯像你这么大的时候在班里考第一。"

儿子对爸爸说："林肯像您这么大的时候是美国总统了。"

爸爸无言。

我们不要认为，全省除去一个高考状元，其他人都没办法活了。要把心态放平和，只要引导孩子有一颗积极向上的心，刻苦努力学习，那么，在关于孩子的学习上，除去学习方法和学习技巧的指导外，家长就算尽职尽责了。家长不要给孩子定过高的标准，重压之下，一旦孩子的身体或意志力垮下来，事情就会向着和家长的期望相反的方向发展。

某电视台 2011 年 11 月 25 日报道，韩国一高考学生杀害了自己的亲生母亲。原因是该同学平时成绩很好，但其母亲总要孩子考第一。高考时，他考得也不错，但母亲要求他考第一。孩子不堪忍受，于是，悲剧就发生了。

我自己就是教育工作者，见惯了学生考试成绩的起起伏伏。我的孩子也有考不好的时候，也有考不到我的期望值的时候。从小学到初中、到高中，各个阶段都有过。我从没有因此打过孩子、骂过孩子，甚至也从没有因此责备过孩子,也从没说过"凭什么别的同学能考好你为什么就考不好"之类明显就是悖论的话。

遇到孩子考砸了的时候,我首先要做的是安慰孩子,因为孩子内心一定愿意考好。没考好,孩子最不是滋味。安慰好孩子的情绪后,接下来最主要的是要帮助孩子分析没考好的原因。对着试卷分析,有审题不清的时候,有看不全题、丢题马虎的时候,有分配不好时间的时候,有对本次考试不够重视的时候等,我都力求让孩子通过分析找到考试失误的根源,从而找到解决问题的办法。在此基础上,我再给孩子提出新的期望值。

我的体会是,家长平和的心态,正确的指导方法,有利于平凡的孩子考出不平凡的成绩。

我给大家讲个巴西足球队的故事。1954年巴西的男女老少几乎一致认为自己国家的足球队肯定能获得世界杯冠军。然而,半决赛时,巴西队意外地输给了法国队。队员们感到无脸见家乡父老,他们想象着国人的辱骂、嘲笑和汽水瓶子。可是,当飞机降落在首都机场时,映入他们眼帘的却完全是另一番景象:巴西总统和两万多球迷默默地站在机场,人群中还打出了格外醒目的标语——"失败了也要昂首挺胸!"

球员们顿时泪流满面,总统和球迷们都没有讲话,默默地送球员们离开了机场。

四年后,巴西足球队终于不负众望,赢得了世界杯的冠军。

理解万岁!

两名优秀学生的学习经验材料

在此,我热情推荐考取清华大学的张同学和被保送就读北京大学的邱同学的学习经验材料,希望读到这两则材料的高中同学能以张同学、邱同学为榜样,学习她们的品质,学习她们的精神,学习她们的方法,能够创造出更优异的成绩。

张同学的学习经验材料

注： 张同学是我教高一时的一个学生。她在高二时曾因病休学七个多月。就一般学生来讲，遇到这种情况，或选择留级，或随大流，学习成绩难再有大的起色。但是她没向困难屈服，没怨天尤人，也没留级重读，她凭借顽强的意志、刻苦勤奋的学习精神、清晰有条理的学习安排，短短一年多点的时间，硬是把落下的课程补了回来，并重又站到了学习成绩的最前列。2007年高考时，张同学以我校当年理科第一名的成绩被清华大学录取，创造了一个高中生学习的奇迹。

对于我的母校——枣强中学来说，我可能是一个特殊的例子。因为高二时我因病休学7个月，返校后，也没有留级补习，继续跟班上高三。可是，在2007年的高考中，我却以全校理科第一的成绩被清华大学录取，成为枣强中学当年唯一考上清华的学生。2011年7月，我在清华大学完成学业后如期毕业。

前不久，我高中时代的恩师邱老师向我约稿，让我讲讲我的学习经验，没想到却给了我再次回顾我美好的高中时代的机会。

我也谈不上什么经验，不过，如果我的事例，能给正在孜孜以求的学子们带来一点有益的启发，我将十分高兴。

相对于大部分同学，我感觉自己的优势是心态积极而平和，或者说有动力且不浮躁。当年我病愈返校后已到了快要升高三的时候，每个同学的时间都很紧张，而我还要自己补高二休学落下的课程。而6月7日这个期限已经刻在了日历上，我不能把时间变多，唯一能做的就只能是提高自己的学习效率。

我发现对学习效率影响最大的是精神状态。而人的情绪是周期起伏的，我十分注意调节它，时刻给自己积极的心理暗示，让自己保持最佳状态。如果我不累，课间也会学习，如果实在没有学习状态，自习课上我也会伏案小憩或者听音乐。我只休息需要的量，不会沉溺于懒散，所以我放松休闲时没有罪恶感。面对老师和家长，我可以理直气壮地说休息是为了更好地学习。

我有清晰的思路，十分清楚自己要做什么、在做什么，以及为什么这样做——我要做的是在高考中取得好成绩，拓宽自己未来的路；我在做的是努力地把每一个知识点掌握牢固，而且融会贯通；我之所以这样做，是因为高考是厚积薄发的过程，只有基础扎实，才能发挥出好水平。显然，我的目标只取决于我自己，与别人的成绩没关系，因此我从不和别人比较。

现在回想起来，高中时代的生活并不复杂，所学知识也并不高深。如果一个学生能做到发自内心为自己而学，不为家长，不怕老师，不因别人的成绩或喜或悲，那他或她在学习这方面该不会出什么大纰漏的。正常情况下，每个人都会遇到各种困难，我也是一样的。比如，有段时间物理课上完全不懂老师在讲什么，化学的推断题总是出错等，可是只要静下心来，认真地找出原因，问题就能化为最小。

我清醒地认识到自己的情况十分特殊，而学校和老师的复习方案是面向大部分同学的，对我并不适用。所以，高三一年的学习，我是按照自己的计划进行的，而且为了使时间得到最大限度利用而想了很多办法。比如，我花极少的时间学英语，只在早读时背一背，再定期做一份试题保持语感就差不多了，省下时间给数理化。因为高考英语试题全国相同，难度系数较小，大家的分数普遍较高，而且英语是我的强项，所以我的提分空间很小。另外，我用高三一年所有的零散时间来背生物的知识点，而像一整节自习课这样的"优质时间"都留给数理化。并不是我不重视生物，而是我发现生物和英语相似，知识点很小而且繁多，对记忆的要求甚于理解，因此用零散的时间进行少量多次的记忆是最好的。数理化就不一样了，思考这几科的问题时，思路最好不被打断。刚进入高三时，生物是我最差的科目，至高考前，我能把三年生物课本中的知识点按照先后顺序背一遍而不用看目录，考试基本都满分。

很多人想不通我怎么用一年的时间做了比别人多得多的事情，其实答案很简单，我相信任何一个人若能坚持像我这样做，都能做得到。我在清华见到很多"大牛"，他们身上的"天才"成分确实比一般人多很多，这些人的成功无法由模仿而复制，但我跟他们是不同的例子，因为我是很普通的人，只是找到

一双儿女，两个清华

了最适合自己的方法。

如果追问为什么我能有较好的心态，为什么我能找到好的、适合自己的方法，我能想到的后天原因有两个：一个是我的成长环境尤其是我的父母对我的影响；另一个是卧病的那段时间让我有机会理顺我人生的思路。

我的父母都非常开明，他们希望我善良、快乐和进取，不要求我取得什么成绩，只要求我不玩物丧志。在这样的家庭中长大，我所接受的评价标准是平时认不认真，知识有没有真正掌握，而不是一次考试的名次。

我的父亲也是我们枣强中学的老师，他很能理解学生的辛苦。因此，不但不给我加压，还时刻给我减压。他们从不辅导我功课，也不给我课外"加餐"，只是鼓励我遇到不懂的问题就反复思考，或者与同学讨论，再者向老师请教。他们认为这样完全够了，不需要家长额外辅导。也许就是这样，我养成了独立解决问题的习惯。我一直认为，作为学生，学习是我分内的事，要自己搞定。父母经常说，他们只是作为过来人，给我一些参考意见，不替我做决定。在我的印象中，除了关乎纪律或者道德的事情，父母很少强制我做什么。

高一结束的那个夏天做手术就是我自己的决定，这是关系到我自己人生的事，父母还是让我自己说了算。就是因为这次手术，我休学了七个月。十六岁的我，生活初次脱离正常的轨道，身体失去了自由，可我的大脑并没安分，正好得闲去"胡思乱想"各种事情。

有一段时间我的心情很烦躁，但是手术是自己的决定，我只能坚强地挺住。幸好时间充足，让我可以慢慢理顺自己的大脑，找到那些困惑的答案。父母的压力也很大，我要感谢他们对我的陪伴、开导、安慰与容忍，帮我顺利度过了这段我人生最艰难的时期。之后的我，性格变得更加沉稳、平和，调控自我情绪的能力明显提高。

后来我在大学期间读了一本书，叫《谁的青春有我狂》，是被称为天才小作家的子尤在十四岁时写的，他因患癌症不治在十六岁离世。书中有一段话激起了我的共鸣："独自一个人躺在床上，我可以阅读自己的心灵。直面自己，世界好像只为我一人存在。我学会了夸自己、欣赏自己。每个人都应该有一段在医院躺着的日子。身体是沉静的，安详的；思绪是飞扬的，澎湃的。"

我在床上躺着的日子，不是灾难，是上天变换了形式的恩赐。

邱同学的学习经验材料

注：邱同学是我原来邻居家的一位小姑娘。这个孩子从小学习踏实、勤奋、善于思考，她用自己的汗水和智慧换来了优异的成绩。2010年，被保送进了北京大学。

豆芽的成长故事

北京大学2010级城市与环境学院　邱同学

每颗小小的豆芽上辈子都是折翼的天使，他们努力地吸收着阳光雨露，不怕狂风的冲击，不顾大树的嘲讽，只向上爬啊爬，达到自己期望的高度。

当初的迷茫与思考

望着台下诸位大牛，我脸涨得通红，努力稳定紧张的心情，磕磕巴巴地做自我介绍，憋出一句"我就像一颗豆芽，希望在…新班级大家庭的…的…阳光下…成长…"然后在同学们善意的掌声中跑到自己座位上，过了许久心还在咚咚跳。

那是刚上高中的我，就像一颗刚出土的豆芽，在学校的沃土上，与很多很强的同学一起成长，一起竞争阳光雨露。好强的性格加上优秀的中考成绩，我选择了去市里的高中。这是一个藏龙卧虎的地方，每个人都是初中老师眼中的尖子生，环绕重重光环来到了这儿，而我这颗学习成绩中等又没什么特长的豆芽，在这个大花园里，格外的不显眼，格外的自卑。第一次调研考试，我拿到了班级12名，年级112名的成绩，这对于初中稳拿年级第一的我来说，犹如当头一棒，我变得更加自卑，一直在责怪自己怎么这么没用，后来的一个学年我的成绩一直不见起色。班主任每周都会开班会，要求我们确认目标，认真考虑自己的理想大学，我却一直不知道自己该何去何从。从小便向往北大，希望有朝一日能在美丽的未名湖畔读书。但现在，却没有了写下北京大学的勇气。

迷茫与压力几乎让我窒息，我不知道应该怎么做：继续努力吗？没有用的，咱不是聪明的人；放任自流吗？不行啊，爸爸妈妈都看着我呢！怎么办？我该怎么对付语、数、外、物、化、生、政、史、地？我是一颗豆芽，还没见到阳光，就被石头压弯了身。

高一的小豆芽，哭过、笑过、困惑过、思考过、放弃过、坚持过。时间过得真快，在我哭、笑、困惑、思考、放弃、坚持的时候，已经飞到了2008年夏，又是一年开学时。

当初的目标与信念

此刻的我们面临着同样一个问题——分班。话说第一次把奥赛生和非奥赛生分开，不同进度不同时间安排学习的创新之举，在学校引起了轩然大波，能不能做好就要看我们这些在紧张的正课学习中还要咬牙挤时间学奥赛的同学了。新的班级云集了各路奥赛大牛，尖子中的尖子。另外，要抽时间学习生物奥赛的课程，种种情况让我感觉自己前途无望，就要被压死在黑暗中了。每次班会，我都会思考自己的处境：当初是自己立志拼死拼活也要来市中学的，当初是自己一意孤行要报生物奥赛的，自己现在落成这样，学习没学好，奥赛也不行，真是"有心学习，无力回天"啊；反过来，我也会安慰自己，一切都会好起来的，只要认真学习，解析几何算什么！磁场物理算什么！

眼看就要奥赛考试了，就要上战场了，不能让自己全盘皆输啊，先打个漂亮仗鼓鼓士气！当我弄清楚这段时间的任务后，就不惜一切代价地把所有时间用在了奥赛学习上。考试前一个月的时间，没有迷茫，没有犹豫，下决心一定要拿一等奖！我要做题，要拓宽知识，要培养手感，每晚睡前我都会想，今天怎么样，对自己满不满意，对生物的感觉有没有减少，明天我要做什么。现在想起来那时候的冲劲，真是不可思议到后怕的地步！那时我的方法是猛做题，总结改错在小纸片上，第二天早读拿来背，一日事一日毕，就算不睡觉不吃饭也要完成。就这样辛苦了一个月，我换来了一等奖的证书，标志着我离梦想近了一步，也标志着我要面临更大的挑战——自主招生考试。

豆芽付出了汗水，冲破了第一层阻挠。

当初的疯狂与执著

接下来的生活算是高中三年最黯淡无光的日子。我用了三个月的时间拼命学习"正课",终于把成绩稳定了下来,这之中也经历过高一那段时间的迷茫,不过考过奥赛,我觉得整个人都变了,心顿时放开了好多,逐渐意识到苦学无用,要把学习当做生活的一部分,而不是全部。争取更多的休息,吃好喝好,保持一个良好的心情,我要去享受学习生活。

11月是正式报名自主招生考试的时候,拿着报名表,竟觉得自己真上了北大,那一股自豪感、荣誉感冲上心头,乱了心思,但转念一想,自己还站在北大门外。那场考试只有语、数、外、理、化,偏长生物的我感到压力很大啊!该怎么办?自招考试不像高考,没有定数,不知道会出什么奇怪的题目,就更不知道怎么准备。我觉得这个时候应该果断,拖一天,我的胜算就少了一点,于是急忙将理化的基础奥赛书借来学习,不会就问,不懂就学。有时候做梦都在想,投入这么多时间去准备一场没有定数的考试,这无疑是在赌博!有时候自己也会心虚,畏惧于赌输的巨大代价,但一秒钟后就重新建立信念:对,就是在赌一场,以自己的名义。我觉得这个时候我在逐渐变得不正常,疯狂地准备那场缥缈的考试,疯狂地坚信我能通过,脑袋里除了考试就是考试,晚上偶尔睡不着的时候还会流眼泪,为自己的疯狂叹息一两声。

当时不知道什么信念支持着我,让我在一个月内把两本奥赛书学完,仍然坚定地走这条与众不同的保送路。我不是大牛,我只是很普通的小豆芽,有了信念和志向,才能有力气冲破第二层阻碍,见到阳光。

回顾自己的高中生活:虽然在这个学习学习再学习的学校,没有丰富多彩的课余生活,但总体来说还是很快乐的,因为小豆芽无论做什么,都有战友陪伴,我们在同一条起跑线上,共同努力,共同收获,共同享受那些汗水,那些快乐。冲破土壤和顽石,迎接属于自己的一片蓝天。

第五章　加强父母自身的修养

父母的自身修养决定着孩子的发展能力。

绝大多数父母可能难以给孩子一个发展高度，但是却可以培养孩子一种发展的能力，给孩子一个正确的发展方向。而这一切又取决于父母自身的修养。

加强父母自身的修养对于做好家庭教育工作意义非凡。

父母要有责任心

结婚生子，人口繁衍，社会发展，再自然不过的事。有了子女便升格为父母，那也是很正常的事。

其实，一个新生命的诞生，不仅仅是为我们的家庭带来了欢乐，带来了希望，同时，也给年轻父母带来了沉甸甸的责任。有的年轻父母没有意识到这份责任的分量，他们说："我给孩子饭吃，给孩子衣穿，孩子上学给学费，孩子病了拿医药费，把孩子拉扯大，这不就是尽了责任吗？"

比起个别对孩子非骂即打，拿孩子当出气筒，任孩子浪迹社会，夫妻关系不好，吵架、分居、离婚，置子女于不顾，遗弃子女等，这样的父母基本上算是承担了法律上养育子女的责任。但是，这还远远不够，父母生育了子女，不仅仅是多了一个自然人，不仅仅是家庭多了一个成员。每一个孩子不仅仅属于家庭，更属于社会。父母不但要保证子女吃好喝好，给他们一个健康的身体，还必须要对子女进行终身培养教育，培养子女独立生活的能力、适应社会的能力，培养子女良好的道德品质和行为习惯，指导子女学习科学文化知识，最终把子女培养成能自立于社会并对社会有所贡献的人。

马克思说："家长的行业，就是教育子女。"古今中外，无论什么样的社会形态，教育子女的责任绝大多数是由父母承担的。父母与子女的关系是其他任何人都无法替代的，父母和子女朝夕相处、共同生活，对子女的影响力和感染力巨大而深远。

我们每一个人的成长，都离不开三个方面，即家庭、学校和社会的教育和影响，而家庭教育又是非常重要的方面。这是因为：第一，父母是最早的施教者。一个人来到这个世上最早接触的是家庭，父母是孩子的第一任教师，父母的一言一行、一举一动都无时无刻不在潜移默化地对子女起着教育示范作用，产生着或正面或负面的影响。我国宋代思想家张载就提醒："勿谓小儿无记性，所历事皆不能忘。"前苏联教育家马卡连柯也说过："在家庭里，人初次向社会迈进。"家庭是孩子社会化的载体，孩子从家庭了解和认识社会。不但家长的思想境界和道德品质对孩子有深刻影响，就连家长怎么接人待物、怎么说话走路、怎么刷牙、怎么写字等都可能成为孩子模仿和学习的对象。第二，孩子和父母最亲密。父母和子女是基于血缘关系建立起来的天然联系，这种关系最亲近，父母和子女心连着心，可以无话不谈。在我们的传统文化中，父母对孩子的影响太大了。父母之命难违，有违父母之命便被视为不孝。与父母关系不睦的人必被人鄙弃，他在周围也都很难找到知心朋友。父母在家庭中的地位，父母对子女的教育和影响作用是其他任何人和教育机构都无法替代的。第三，父母对子女的影响终其一生。父母子女的关系一经建立便牢不可破，任何人想割裂这份亲情都会变得难以想象。子女小的时候，父母要供之吃、穿、用，影响着他们的言行、认知、情感等。即便是子女长大成人独立生活之后，家庭也依然是他们心灵的港湾、一生的牵挂。泰戈尔说："无论黄昏把树的影子拉得多长，它总是和根连在一起。"

有远见、有责任心的父母，应该自觉地规范好自己的品行，积极主动地承担起教育子女的责任，培养孩子正确的政治思想、良好的道德品质、独立的生活能力，开发孩子的智力，给孩子提供良好的学习环境，提高孩子的科学知识水平。教育子女之于父母，天职天分，责无旁贷。

在如今独生子女和少子女的社会里，粗暴虐待子女、推卸抚养责任、遗弃子女等极端现象少见了，但仍有不少父母除了对孩子提供必要的生存和发展的物质条件外，不愿或不懂或忽视对孩子进一步履行教育职责。我们常见的情况有以下一些。

一、借口工作忙，减少和孩子相处的时间

一些家长工作确实很忙，确实很累。但我的观点是，再忙再累也要管孩子。孩子的教育是百年大计，时间无论多么紧张，也要尽可能挤出一些来陪陪孩子。想一想，我们能有时间陪领导、陪客人，有时间交朋友，怎么就不能抽时间和孩子交流？孩子承继着我们的事业，承继着我们的家庭，承继着我们的生命，代表着未来和希望，能有多少事比我们的孩子更重要？放着"未来"和"希望"不顾，您整天忙碌为了啥？

恩格斯说："一个没有时间照顾自己的孩子，没时间让孩子在初生的几年中享受最普通的母爱的母亲，一个很少能见到自己孩子的母亲，是不能成为孩子的母亲的，她必然会对孩子很冷漠，没有爱，没有丝毫的关怀，完全像对待别人的孩子一样。在这种条件下长大的孩子，以后对家庭是没有丝毫眷恋的，他们在自己创立起来的家庭里也永远不会感到一点家味，因为他们太习惯于孤独的生活了……"缺少父母的爱和关怀，在孩子的心灵中留下的阴影是终生难以抹去的。做父母的，必须克服千难万难，承担责任。以事业为重，以生活为重，更以孩子为重。无论同什么人、什么事相比，孩子的分量都更重一些。承担教育孩子的责任，履行教育孩子的义务是无条件的，也是最重要的。

总之，父母生育了子女，就应该认真负责地教育和培养他们成人成才。前苏联教育家马卡连柯告诉我们："父母对于子女所负的责任，是他对于社会所负责任的一种特殊形式。"

可遗憾的是，并不是所有的家长都能认识这个道理。我认识一个职位不高的小"官"，在外面很风光，整天东串西走，公事私事，非常忙。平时很少回家，即使回家也搞独尊，吃饭单摆一桌，平时除去板着脸教训，跟孩子没有一句话可谈。有时一家人热热闹闹正在聊天，他一进门便都鸦雀无声，真可谓"一鸟进林，百鸟哑音"。子女都畏之如虎。别人问他孩子的事，他还一副"摆谱"的样子："小孩子的事，太麻烦，归老师管。"好像他就只管天下大事。等到后来孩子学业平平，事业无成，便时常埋怨起他们的老爸了。您看，这个所谓的"官"儿就没有意识到自己家庭教育的责任，因而也更不可能履行好这份职责。

我和我爱人也都有自己的一份工作，可能还是由于工作性质的缘故，尽管有时我们也忙，但还不至于整天在家里见不着人影，总还能抽出点儿时间来教育孩子。除对孩子进行思想品德、为人处世教育外，孩子学龄前文化知识的学习、小学阶段的辅导、中学阶段的状态关注，我们还是不吝惜时间的，尤其是学龄前的文化知识学习，我们教得还算是比较多、比较成系统的。

二、把责任推给老人

现在各家孩子都少，爷爷奶奶、姥爷姥姥一般年龄还不太大，都还有精力、体力，加之他们又疼爱孩子，于是便或主动或被动地承担起了抚养孙辈的义务。一些年轻的父母也落得清闲，交给爷爷奶奶、姥爷姥姥又放心，又省力，何乐不为？哪里知道，一般家庭实在是难免"隔辈疼"，爷爷奶奶、姥爷姥姥这份疼，这份宠爱，除了能让孩子感受到一份浓浓的亲情在里面，更多的是会把孩子宠成"小公主"、"小皇帝"。最后轻则宠成责任意识淡薄，拈轻怕重，见困难躲着走和不能吃苦耐劳的人；重则宠成心中只有自己，没有他人，毫不利人、专门利己的自私自利难以融于集体和社会的人。

我就见过有一对这样的父母，孩子小时跟着爷爷奶奶，他们小两口吃喝玩乐，轻轻松松，了无负担，很逍遥自在，自以为过的是神仙的生活。及至孩子渐大，思想合不上同龄人的节拍，性格难与同龄人为伍，学业也因自闭跟不上同学们的水平。后来父母觉察到了问题的严重性，赶紧回头再来补课。岂知为时已晚，孩子已难再和他们沟通了。在培养孩子上非常失败。

我家孩子小的时候，我们双方的父母都也年龄不大，身体还行，并且也都非常喜爱我们的孩子。可是我们发现，不论女儿还是儿子，在老家住上十天半月再回来之后，脾气总是见长，稍不顺心就蹬、摔、哭、闹，有一次还学会了骂人。一看这个情况，我们就改变了策略，平时常常带孩子回家看看老人，以满足老人喜孩子、想孩子的心愿，只是不再把孩子长时间留在老家了。

三、把责任推给学校

学校是教书育人的专门机构，理所当然地承担着培养学生健全的心理和人格、健康的身体以及传授学生科学文化知识的重任。但是，培养教育孩子，让他们成人成才却又不是仅靠学校这个单一的教育机构就能够独立完成的。这是一项系统的、持续的、综合的伟大工程。有的家长看不到育人工程的复杂性，意识不到家庭的那份责任和意义。只是简单地认为，反正有学校呢，到时候把孩子送到学校就行了。孩子在思想或学业上出了问题，也多从学校方面查找原因，不注意从自己身上分析根由。

四、把责任推给社会

随着改革开放，人的思想早已打破了过去那种说黑即黑，说白即白，非黑即白的单纯、单一、僵化的思维模式，变得日趋复杂，人的价值取向也变得多元化。有的家长在思想上适应不了变化了的社会形势，不了解这纷繁现象之下的实质是什么，分不清主流与支流的关系。体现在对孩子的教育上，他们不知道该教些什么，教什么是对，教什么是错，哪些教育内容对孩子有什么样的实质性和永久性的影响。孩子出了问题多怨社会思想混乱，信仰缺失，道德滑坡，却少检查自己在家是怎么教育孩子的，自己把孩子领上了什么道。

五、把责任推给孩子

我们家乡有一句俗语叫做"管的不是人，是人不用管。"这句话非常典型地把家长的教育责任推给了孩子，认为从小能看大，三岁能看老，似乎一个人长大了什么样是从一出生就注定了的。

我们不否认人与人天生性格、兴趣、爱好等方面的差异，但绝不能说哪个孩子一生下来就是强盗，哪个孩子一生下来就是道德家。先天的秉性和素质对孩子的发展有一定的基础性作用，但后天的教育却是在规定孩子的发展方向上起决定性作用。父母作为孩子的第一任和终身教师，对孩子的影响巨大，甚至决定了孩子的终身发展。父母爱讲道理，孩子易文明礼让；父母重黑社会法则，孩子易专横跋扈；父母重视学习或指导有法，孩子成绩易好；父母轻视学习或指导无方，孩子成绩易差。诸如此类能反映不同父母的不同教育导致不同结果的例子太多太多了。这些例子是直接的、有形的、易理解的，还有许多间接的、无形的、不易观察到的。

所以，当孩子在思想行为或学业上有了问题时，不要首先想到的就是把怨气和怒气撒在孩子身上，对孩子冷漠、责骂、体罚，家长要做的是应该检讨一下自己的教育思想、教育方法有哪些问题，什么地方不适合孩子，应该怎样纠正以适应孩子成长发展的需求。

六、不懂却不愿学习教育的基本知识和技能

教育是一门学问，是一门艺术。有的家长可能要讥笑我了：别故作高深了，什么艺术呀？我们代代相教相传，不也都过来了吗？说实话，谈高深我算不上。不过，我一直在教育环境中工作，能够深切体会到老师和家长教育水平的高低极大地影响着学生和孩子的发展。

我们不要以为父母怎么管我，我就可以怎么管孩子。有人也许会说，我不是长大成人了吗？孩子也一样会长大成人的。时代变了，我们的教育理念和教育方法也必须随之发生相应的变化。我们应该反对经验主义，我们还应该反对教育方法天授的思想，认为生育了儿女就是父母，当了父母就会管孩子，一切都自然而然。我们应该反对各种错误思想和错误认识，提倡与时俱进，提倡贴近孩子的实际，提倡学习现代教育知识，更新自己的思想和教育理念，掌握科学的教育方法。这样，才能使我们的教育思想和我们的教育目标更相符，才能使我们在家庭教育中少走一些弯路。

有一次，我的一个熟人和我谈起家庭教育问题，他问我："邱老师，请您实话告诉我，您在教育孩子方面有什么经验？"

我如实地告诉他："要说经验，真不敢妄谈。不过，我可以跟您谈谈我们家庭教育的基本情况。我和我爱人都是教师，由于职业缘故，在教育子女方面，相对来讲，思想比较重视，投入比较充分，管理比较细致。我认为，我们是平民百姓家庭，如果希望子女有所发展，实在没有能力给孩子一个高度，所能做的，只有努力顺应社会发展的趋势，研究国家选拔人才的体制，尽自己所能，培养孩子一种能力，指引孩子一个前进的方向。从良心上也算对得起孩子投生我的家庭，跟了我一场。"

我的话，说不上境界有多么高，可也说不上境界是多么低。最起码，我意识到了家长对孩子应该负起的基本责任。

谈到父母应该履行对孩子的教育责任，我的本意还不是从法律和道德层面去谈，不是讲不履行责任应该受法律怎样的制裁，应该受道德怎样的谴责。我在这里是想提倡家长履行这份责任，不是要靠法律和道德去推动，它应该是建立在家长认识了这份责任意义的基础之上的积极主动、完全自觉自愿的行为。家长们如果能够积极行动起来，勇于克服困难，乐于承担这份责任，那么，孩

子甚幸、家庭甚幸、社会甚幸!

创设和睦的家庭氛围

家庭是一个人成长的摇篮,它对孩子的影响最早、时间也最长,对孩子成长的意义无可比拟。马卡连柯认为:"教育工作中最主要的在于组织家庭生活。""家庭集体的完整和团结一致是良好教育的一个基本条件。"俗话说,家和万事兴。要使对孩子的家庭教育能畅顺有效地进行,自然也一样离不开和睦的家庭氛围。

我们讲家庭氛围,指的是在家庭中,家庭成员间相互影响、相互制约的过程中形成的环境气氛和情调,如生活方式、生活环境、生活情趣、是非标准、言行规范等。在和睦家庭中长大的孩子欢快活泼、开朗大方、待人诚实、热情等,易形成许多优良的品质。相反,在不和睦的家庭中长大的孩子,易胆怯、多疑、孤独、粗俗等,易形成许多不良的品质,且易成为未成年人违法犯罪的诱因。

夫妻关系好是一个家庭和睦的基本条件。一男一女相识相爱,走进婚姻,组成家庭,由此开启了一个小家庭的新生活。在今后人生的岁月里,这个新的家庭能否有一个幸福美满的未来,主要是看夫妻二人的关系。夫妻关系好,就能团结带领一家人有福同享、有难同当,走过坦途,越过沟壑,相互搀扶,彼此给予温暖和力量,让全家人都能感到无比快乐和幸福。

人们常讲,勺子没有不碰锅沿的,夫妻间难免产生矛盾。想一想也是,即使我们自己,面对同一个问题、同一件事,在不同的时期,从不同的角度考虑,有时都会有不同的看法,得出不同的评价,有时这些看法和评价还是相互矛盾的,更何况不同的两个人,各有各的大脑,各有各的思想,看人看事必定会有不同之时,会有不同之处。于是,夫妻间有点矛盾,闹点别扭也就很正常了。其实上面这些理由并非就是家庭一定产生矛盾的根由和依据。夫妻二人有了不一致并不可怕,关键在于两个人能否找到共同点,调整自己的方向,化不一致为一致,尽量不让勺子碰在锅沿上,即使偶尔碰在一起,也尽量不要碰响。

有人问过我："勺子怎么可能不碰锅沿？天下哪有不吵架的夫妻？"说真的，生活中，我的身边还真有不吵架的夫妻。并且，我和我爱人两个人结婚快三十年了，也没吵过架，也没红过脸，这不也一样过来了吗？

就我个人的体会，建设一个良好的夫妻关系，说易不易，因为有很多事涉及家庭利益、个人感受，要一个人一辈子在这个家庭不说过头话确实不易；但要说难也并非就那么难，只要学会爱、信任、尊重，学会理解、宽容、奉献，那么，夫妻间就难有不和睦。

爱是组成家庭的感情基础，有了爱，才能赋予家一个完整的意义。随着时间的推移，即使没有了青春岁月的卿卿我我，但依然也是把对方牵挂在心头，把对方当做生命的一部分。当爱变成了亲情融进两个人的心头时，爱便得到了深化和升华。

情感能融化一切。记得我们刚结婚最初的几年里，我和爱人遇有说不到一块的时候，谁也不吵不闹，都把嘴一撅，谁也不理谁了。晚上睡觉的时候，我故意不盖被子在外面冻着睡，我爱人一看赶紧过来给我盖被子，而我却故意把被子一撩，问她："谁错啦？"

爱人也知道什么意思，逗着我玩儿："我错了，快盖上被子吧，别冻着。"

两个人和好如初。

像这么闹矛盾，不但不会伤感情，反而深化了双方的感情。

信任让两个人交心、知心、心贴心。有了信任，一颗心才能踏实；有了信任，对方才能成为自己生命的依靠；有了信任，两个人才能变成真正意义上的一家人。

有的家庭你嘀咕我，我嘀咕你，你背着我做点事，我背着你做点事儿，谁也不让谁走进自己的生活。举个典型的例子，有的人就是孝敬父母，给自己爹娘钱和给爹娘买点吃的，连世界上最应该光明正大的事都不让对方知道，以免惹麻烦。这类的事既可笑，却又常见，夫妻间实在是缺少了信任，缺少了情感。

夫妻间交心，其实就是一个自我实现的预言：你把对方当做值得信赖的人，对方就是一个值得你信赖的人；你认为对方是一个你不能以心相托的人，你们的心可能真的就疏远了。

我爱人掌管我们家全部的经济和生活，大事我们两人商量。我们探视对方老人都是催着对方去，催着对方多带些东西。在孝敬双方老人方面我们从没计较过多少，都是用心去做。

俗语讲："人心换人心，四两换半斤。"夫妻两个人应该学会相互尊重、相互理解、相互宽容、共同奉献。

尊重，是夫妻间人格上的相互需要，每一个人都希望被尊重。理所当然，我们也应该学会尊重对方，尊重对方就是尊重我们自己。从古到今，都有举案齐眉、相敬如宾的夫妻被人颂扬。我们在生活中基本坚持了有理好好讲，讲不通可以放一放的原则，无论当时心里多么不高兴，多么着急，绝对不要说过头的话，绝对不说贬低对方人格的话。

如果都能顾及对方的情感承受能力，都能爱护对方的人格和尊严，两个人的交流和沟通就排除了根本性的障碍。

我们的小家庭就是普普通通的平民家庭，在我记忆中，也没有经历过什么大的起伏，即便遇到小小的不一致，也很容易协调起来，即便发生小小的不愉快，也能一转身就忘掉，绝对没有爆发的可能。

理解是指夫妻对对方的了解和体谅。我们往往是基于自己的认知和经验去说话，去办事情。每一个人都有自己认识问题的角度，都有自己的生活体验，夫妻间不同的认知和经验就可能造成两个人面对同一个问题会有不同的看法和不同的处理方式。这时候，就需要双方能够切实从对方的角度着眼，多从对方所处的角色、环境想问题，努力理解对方言行中的合理之处。如果两个人都能做到换位思考，在很多问题上就容易相互谅解、相互理解，就容易达成一致。

宽容是为夫为妻者不可缺少的心胸和气量。天下没有不犯错误的神明，任何人都可能说错话、办错事。有时，因为夫妻一方某一句话、某一件事、某一项决策，可能就会给家庭利益造成损失。这时候，另一方就要表现出应有的宽容和大度，能挽回的影响和损失尽量挽回，已经无法挽回的别再埋怨、指责，与其埋怨指责，徒增烦恼与不和，倒不如给对方以谅解和宽容，给对方认识问题的台阶和出路，便于夫妻和睦共处，下不为例。

其实，大部分家庭生活中，夫妻间原本也没什么大不了的原则性问题。家庭是个重感情不太重讲理的地方，两个人也未必要分个是非对错，谁愿占点便宜就由他（或她）占去吧，吃点亏也并不意味着地位低下。讲不清理、蛮不讲理有时也是夫妻幸福生活的一部分。宽容对方也挺幸福的。

奉献指的是夫妻对家庭的责任和义务。说家庭是不太讲理的地方，还体现在家庭建设中只讲各尽所能，不讲按劳分配、多劳多得。对家庭所做的一切、对家庭履行的这份责任和义务完全建立在自觉和自愿的基础上。有时，对家庭付出了许多许多可能得不到任何回报，可我们却仍能心甘情愿地奉献自己的一切并为之幸福和快乐。夫妻都有对家庭多尽一份责任，多奉献一点的精神，家庭如何不温馨、幸福？

列夫·托尔斯泰说："夫妻间的和睦是成功地教育儿童的首要条件。"仔细想一想，在我们的身边，因为父母关系不睦而影响孩子发展的例子可能并不罕见。

家庭中，除了夫妻间的关系，还有家长和孩子的关系也是一对非常重要的关系。构建家长和孩子的和谐关系，也是和睦幸福家庭必须的一部分。有人说，这还用说吗？家长就是为孩子而生活和创造，谁不懂得？可实际生活中，就有家长忽视了这对关系的重要性，或不懂得搞好这对关系的学问和技巧，搞得家长和孩子的关系很冷、很僵，严重制约和负面影响了孩子的发展。更有极端者，孩子的人生不但没有因家长而升华，反而因家长而堕落了。

黑龙江齐齐哈尔一大学生，25岁，父母感情不和，父亲经常酗酒，酒后经常打他。有一天，父亲酗酒后把他赶出了家门。无奈，他住进了浴池，结识了两名社会闲散青年。为生活计，跟着他们上街抢劫，走上了犯罪道路。在潜逃了13年后于2011年12月被公安机关抓获归案。依法律专家意见，按他所犯罪行，应在10年有期徒刑至死刑间量刑。很大程度上，是家长害了孩子的一生。

家长和孩子的关系是基于血缘而自然建立的，但这并不等于有了儿女之后，每一个人都能自然而然地成为一个合格的家长。我们都见过逃避家庭劳务、对子女少有管教、不重视家庭的存在甚至轻易抛弃家庭的例子，这样的家长不但背弃当初组建家庭时的庄重承诺，没有尽心尽力履行好对孩子的责任和义务，更是对这种血缘亲情关系的冷漠和侮辱。

马克思说："还有什么比父母心中蕴藏着的情感更为神圣的呢？父母的

心，是最仁慈的法官，是最贴心的朋友，是爱的太阳，它的光焰照耀着我们心灵深处的意向。"父母爱子女，子女爱父母，一家人亲情如山似海。子女感觉到最亲的人是父母，最可信赖的人是父母。这样，孩子有心里话也愿意跟父母说，也敢于跟父母交流。父母跟子女的关系越亲密，对子女的感染力就会越大，子女也就越容易接受父母的教育和影响，他们的发展离父母的期望值也就越近，家庭教育的效果也就会越显著。

在我的家庭中，一般的教育过程都比较顺畅，即使遇到不同观点的碰撞，大家也都可以通过充分的解释，甚至争论，达到和谐统一。

"夫同言而信，信其所亲；同命而行，行其所服。"大家都知道，同样的话，关系亲近的人说出来可信度就高；一样的规章制度，领导威信高的单位贯彻得就好。我仔细观察过有些单位的兴衰，客观上也有其他因素，但主要的还是人的因素，是干群关系的因素。领导尊重群众，为群众利益着想，和群众关系融洽，那么，这个单位就上下一心，领导的意图就容易变成群众的意愿，从而形成向上的合力，众人划桨开大船，这份事业也会兴旺发达。相反，有的领导瞧不起群众，漠视群众利益，水平很低，架子却端得很大，得不到群众尊重、信任和拥护，领导的意图难以得到贯彻，这份事业就只有衰败。

家庭中的关系也是同理。因为我们的仁慈和关怀，一些小猫小狗都可以成为我们家庭快乐的一员，更何况自己的子女？只要父母舍得付出，那么，我们每一个家庭就可以充满亲情，充满爱。

从儿女们自小在我们身边生活，到他们长大外出读中学、读大学，到女儿成家立业独立生活，我和孩子之间始终总能有说有笑，有心与心的交流沟通，有幸福能共享，有苦难能共担。在我心中真能感觉到那种大人孩子一家人亲情大于天的幸福在荡漾。

家长要想和孩子构建良好的关系，除了自愿和勇于担当外，还要探究这方面的学问和技巧。我把我们家大人和孩子的关系给您介绍一下，供您参考。

有长幼尊卑区别的相互尊重

坦白地讲，在我的思想中，一些新的、时尚的东西还不能完全接受，旧有的、传统的一些东西，我认为是合理的、正确的就坚持。比如长幼尊卑观念，我就认为在家长和孩子间应该有尊卑区别，像谁大谁小，谁敬重谁，谁服从谁之类。不过我建立的，也不是封建社会的"父叫子死子不得不死"的那种令人恐惧的、蛮不讲理的尊卑，而是对孩子人格有充分尊重、充满亲情味而又有明显区别的不同家庭身份、地位的家庭尊卑长幼关系，在这种关系中，家长喜爱孩子，孩子敬重和乐于服从家长。我在要求孩子做什么和禁止孩子做什么之前，一定要给孩子讲清为什么要这样做，为什么不能那样做，一定是要把道理讲在前。孩子犯了错误的时候，我会严厉批评，有时甚至还有体罚（当然不对）孩子的情况，但绝没有过讥讽、侮辱孩子的只言片语，绝不伤害孩子的自尊和人格。有的家长训孩子："瞧你这个德行！""你狗改不了吃屎！"诸如此类的话哪像出自家长的口？对于稍懂点事的孩子，这类的话都远比打他们两巴掌更伤他们的心。当孩子感知不被尊重的时候，内心对家长也少了一份尊重，哪怕您是父母。千万不要在孩子身上做这个实验。

人格平等

有一次我对女儿说："我也不知做了几辈子好事，修行了几辈子才修来了这么个好闺女。"喜得我女儿心花怒放。一句肺腑之言说出了我对女儿的挚爱。在我的心中，一家人能聚在一起就是缘分。有人说，"不是冤家不聚头。"可我的心里话是"不是亲人不相见"。儿女来到我们的家庭跟了我们，就是我们夫妇俩生命的延续，就是我们家庭的希望。对孩子，我们有无限的爱意在心头，我们不但要管他们吃、穿、住，供他们上学读书，更要好好地把他们当人看待，认认真真地培养他们成才。

我的儿女在家中都能有说有笑，都能敢说敢笑。他们的意识中，虽然有家庭尊卑长幼观念，但他们也有坚持真理的权利，有坚持自己观点的权利，有敢于辩论说出心里话的胆量。在我们家，真理面前人人平等。我的儿女在我的家中不恐惧、不卑微，他们能踏实坦然生活，能挺直腰板做人。

充分信任

信任能拉近人与人的心理距离。对孩子的充分信任能让孩子感知父母以心相托的慈爱和温暖，父母的信任能升华孩子的责任感和自我约束力，能感化着孩子以心相报。

儿子年龄小的时候自我管理能力较差，在学校常和同学打闹，影响其他同学的学习。可我跟儿子谈这些问题时，不提及哪一次他犯了什么错误，哪个老师、同学说了他什么，我向老师们了解儿子情况时，也不打听儿子违反课堂纪律的具体细节。我不愿儿子有掩盖错误、对我说谎的情况，也不愿儿子感到爸爸有一双眼睛在时常监督他。我希望儿子能通过我的教育和引导，自己明白是非，能规范自己该做些什么，不能做些什么。我的这种教育方式随着儿子年龄的增长，教育效果越来越明显。到儿子进入高中后，就没有了他想背着我们做点什么事的感觉了。问他什么事，他当时怎么做的、怎么想的，都能坦诚地和我们交流，不论对与错，从不遮掩回避，也毫无必要遮掩回避。

儿女们小的时候，我们家的零钱摆在公开的地方都让他们可以随便花，给他们以充分信任。儿女们也非常珍惜这份信任，从不乱花钱。相反，有的家长背着孩子藏钱，倒激起了孩子对钱的欲望，变着法找家长要钱花，有的孩子甚至偷家里的钱花。

儿女们升入大学后我还是采用这个方法，对他们的具体花费不过问，要钱便给。我的管理只是交给孩子一个原则：我告诉孩子，咱们家是工薪家庭，不富裕，但钱也够供你们上学用。你们在外面读书，要保证营养，搞好身体，要保证读书等消费，大体掌握既不要过分节俭，也不要浪费的原则就行了。孩子们依据着这个原则，自己掌握得也都基本可以。有的家长把孩子在外面每顿饭吃多少，每个月有多少零花之类的都细化得非常具体，我就做不出来。我想，如果孩子懂事、值得信任，让他们知道应该怎么做，他们自己就应该能做好；如果孩子不理解家长，不值得信任，那他们在外面随便编个什么理由不能骗过家长？真出现那样的情况，要追究责任，至少还应该有一点是家长的不信任把孩子逼上了歧途。

畅顺的沟通

一个家庭要和睦，家长和孩子的沟通必不可少。没有沟通，情感就不能交流；没有沟通，心与心就不能贴近；没有沟通，家长就难以对孩子发挥有效的教育影响，家庭的教育目标就难以达成。

家长要想能和孩子沟通，除去前面提到的要给孩子尊重、平等和信任，我觉得还有几点需要注意。

第一，学会倾听

倾听是要求家长缓下面孔、放下身价、蹲下身子，真正用心去关注孩子的苦与乐，用心去听听孩子在想什么，在说什么。有的家长认为，一个小孩子会想什么，吃饱了、喝足了玩去就行了。还有的家长认为小孩子懂得什么，遇事大人发表一通"高见"，根本没有孩子表达的机会。

没有倾听就没有了解，没有了解哪来的沟通？

我们在子女还在襁褓中的时候，就注意观察孩子的神情，听孩子的哼哼声，努力搞清楚孩子想要表达的意思。孩子渐渐长大后，我们就问他们在外面和小朋友的故事、和同学的故事、和老师的故事，孩子见我们乐于听，也就愿意把自己在外面大大小小的故事讲给我们听。这一讲一听，我们就从中了解了孩子的言行，了解了孩子的思想。我就觉得，自己对儿女们在从小到高中毕业这一阶段思想状况的了解，似乎就像摸着自己的脉搏一样，完全能够感觉得到。所以跟孩子谈话、讨论问题、做思想工作，就能够做到有的放矢，解决问题很顺手。到孩子们上大学以后，离家远了，他们的世界也大了，跟他们的沟通也少了。慢慢地，也多少觉得在思想上有了一些距离感。

第二，多陪陪孩子

有的家长的确很忙，或为生活计，或因事业，恨无分身术。没办法，只能建议您尽可能挤出一些时间陪陪孩子。就绝大部分家长来说，还远不至于没时间陪孩子。有的家长存在思想认识问题，认为跟小孩子有什么谈的，有什么玩的？自觉不自觉地把自己和孩子分成了两代人，从思想上和孩子拉开了距离；有的家长没摆正是以自己还是以孩子为中心的关系；有的家长顾外不顾内，有了时间就往外跑，跟别人吃饭、喝酒、谈天说地，跟别人打牌玩乐等，一回家就没了精神，跟孩子在一起就没了精神。

千万不要以为小孩子什么都不懂，他们也一样有爱、有恨；有喜好，有憎恶；他们也一样能分清远和近。我给大家举一个非常可爱的例子：一个农村幼儿园的一位女老师天天和她的孩子们在一起，她很喜欢那些孩子，常帮孩子们系系扣子、系系鞋带、擦擦鼻子等，孩子们也都感觉得到老师对他们的真爱，纷纷向老师表达感恩的童心——"老师，我有了好吃的送给您吃。""老师，等我家卖了棉花让我爸爸给您买花棉袄"……童稚、童真感动得这位老师满眼热泪。

家长多一些时间陪陪孩子，和孩子多玩玩儿。您和孩子交朋友，孩子也会把您当朋友，朋友之间没有代沟、没有顾虑、没有隔膜，孩子会把心里话向您倾诉。和孩子是朋友，一家人乐融融、心相通，就是幸福的。

第三，培养和孩子的共同兴趣爱好

家长和孩子是不同年代的人，所处的社会环境，所受的思想教育，个人的社会经历各不相同，难免有代沟存在。我在孩子小的时候就曾想过，时代怎么发展，我就怎么去努力适应，将来不和孩子们产生代沟。可是十年、二十年过去了，现如今很多时尚的东西，比如一些人的价值观、审美观我就很难认同，一些人闭着眼、摇着头、听不清歌词的演唱我就不欣赏。想和孩子一点代沟也没有，有点不现实。

那么，怎么跟孩子接近呢？我就努力培养和孩子共同的兴趣。和孩子一起玩游戏，一起做一些活动等，玩孩子爱玩的，做孩子爱做的。在和孩子共同参与的活动中增进和孩子的感情，加强我和孩子间的相互了解、沟通。

我和孩子一起玩儿玩具、跳房子、看动画片、打乒乓球、打篮球、打羽毛球、游泳、钓鱼、下棋、打扑克、唱歌、放风筝、骑车远游……许多许多，直到现在，我和儿女们依然能组织很多可以共同参加的活动。我和孩子像伙伴、像朋友。这许多的共同兴趣爱好就能转化成我和孩子的共同语言，就为我对孩子的教育和影响搭建了很好的沟通平台。

和睦，是家庭育儿的基本环境要素。一个家庭，如果能创设出和睦的氛围，让孩子对家产生爱、产生依恋，对家有强烈的归属感，那么，对孩子所要实施的教育就不难进行了。

要有把控孩子心态的能力

首先要向大家说明，这里说的心态不单纯指心理学上的心理状态，我想要谈的心态，从我个人的理解，应该是孩子的人生观、价值观及这种人生价值观在孩子生活、学习中的心理状态反映，是孩子思想、精神、情绪、心理的综合表现特征。

我管理孩子有一个体会，孩子在生活和学习的过程中，大部分时间会脱离家长的视线，那么，该如何对孩子进行教育呢？家长可以通过与孩子短暂相处时观察孩子的言行和精神状态来推测和判断孩子的心理活动情况和孩子的思想状况,从而对孩子从根源上施加教育和引导。这种方法比较省力,效果也比较好。

有的家长看见孩子成绩下滑了着急,看见孩子学习不用功了着急……我不是说见孩子不上进的时候着急上火不应该,发现一个问题就应该解决一个问题。但简单地就事论事,看见什么说什么,未免就肤浅了一些,表面化了一些,治的是标。很多表象都有其深层次的原因,家长在处理孩子问题的时候,要透过孩子言行的外在表现,分析孩子深层动因,把握孩子思想脉搏。只要孩子思想健康、生活态度乐观向上,其他一些性格上的、方法上的、自制力上的等一时错误或失误都可以理解,解决起来也相对容易一些。家长如果能够从宏观上把握住孩子的心态,调控好孩子的大方向,使自己的意愿变成孩子的自觉行动,家庭教育就容易进行了。

有一位当妈妈的给我讲述了她教育儿子的烦恼:"儿子现在读高二了,学习成绩在班里排名很靠后。从入高中到现在,成绩一次不如一次,排名一次比一次后退。这孩子脑子也不笨,每次回家我们也讲道理,也批评他,也表扬他,各种方法都使尽了,不但不见效,反而越来越差,都快把我们累死了。"

我问这位家长:"孩子自己认为原因在哪里啊?"

她告诉我说:"他自己也说不出一二,每次我和他爸爸给他讲,看他的样子也听,可就是不见效果。"

后来,我见到了这个孩子,一米七多的个头,挺精神的。班主任老师说这个孩子哪方面都好,对老师有礼貌,跟同学关系和谐,还是班干部,班里的体育、劳动卫生等活动都积极组织,老师让干点什么活也非常痛快,可就是学习不行。典型的上课蔫,下课欢,学习没有一点积极性。

我和孩子谈了一次心,孩子跟我说了说他的心里话:"叔叔,一开始我根本就不愿读高中,我爸爸妈妈逼着我来读,没办法,我就来了。其实我从心里早就厌倦上学了,上课也尽走神,听不进去,越听不进去就越不懂,越不懂也就越听不进去,越到后来听不懂的越多,再后来就有点像听天书了。所以,现在干脆我也就不听了。表面说是在上学,可我的心里天天就像坐监狱一样憋闷。"

听了孩子的心声,我非常理解和同情他,我问:"孩子,那你为什么不跟爸爸妈妈讲清楚?"

孩子说:"我早就跟爸爸妈妈说过我不是上学的材料,自己打心里也不愿上,可爸爸妈妈说我又不笨,小时候比我们邻居家的孩子学习还好呢,人家还上呢,咱就得上。这就把我逼到高中来了。"

知道了事情的原委,我对孩子说:"孩子,既然如此,你还是应该把自己在学校的学习情况、精神状态、心理感受向爸爸妈妈倾诉倾诉,取得他们的理解。"

孩子说:"他们违背了我的意愿,我就不跟他们交流了。每次他们说我什么我就哼着哈着,也懒得反驳,回到学校该怎么着还怎么着,对付三年就算啦。"

我想了想,劝孩子说:"孩子,我想跟你说三个意思。第一,你真的需要用心去理解爸爸妈妈。天下所有的父母都希望自己的儿女成龙成凤,都会在儿女身上寄托许许多多美好的希望,并愿为此去努力,去奉献。这本身就是父爱母爱的体现。尽管他们可能一时忽略了你的意愿,而且这一点对做成任何事也非常重要,但这毕竟是爸爸妈妈全心全意在为你设计人生前途的过程中出现的失误,你已经大了,应该能理解。第二,我还要严肃地批评你。你这种混日子的心态太傻了,你现在的年龄是一个人生命中最美好的时光,一寸光阴一寸金。你得要有责任感,要对自己负责,要对父母负责,要对社会负责。怎么才能算负责呀?尽最大努力,把自己能做的做到最好就算负责。古今中外,无论什么形态的社会都不会欢迎寄生虫,任何一个人要想在社会上有尊严地生活,就必须对社会有所贡献。而要作贡献是要讲能力的,一个人两手空空,什么技能也没有就难有大贡献。你现在把学知识、学本领的时光虚度了,真会后悔一生的。第三,一定要尽快解决问题。你们家不缺乏爱,而是缺乏理解与沟通,希望你和爸爸妈妈坦诚交流想法,达成一致意见,做出全家认可的决定。"

孩子接受了我的意见。

然后我又给孩子的爸爸妈妈详细谈了孩子的情况和孩子的苦闷,指出了这是他们不尊重孩子,不与孩子沟通、理解而武断决策带来的危害。同时,告诉他们在不了解孩子思想,不了解孩子心理的情况下,仅凭想象、凭家长的主观愿望和推理去教育孩子肯定难达预期收效。

我也给他们提了建议：希望他们学会倾听孩子的心声，要了解孩子，与孩子沟通。首先要知道孩子在想什么，然后一家人再坐下来冷静而认真地讨论一下，看看什么样的道路才适合自己的孩子发展。

家长也反省了自己以前不当的做法。

这是一个家长盲目教育失败的例子。其实生活中这种情况还有很多，家长没少费力气，可孩子或叛逆或置若罔闻，家庭教育的收效很低。从这里我们就可以看出，家长不了解孩子的心态就不能对孩子有一个宏观把控，无法把控就不容易掌握家庭教育的主动权。

我管孩子时尽量做到少说话、多观察，掌握孩子心态，多从宏观上把控引导，少在具体细节上纠缠。

我看见孩子乐乐呵呵出门，高高兴兴回家，就推知孩子这时的生活态度乐观向上，生活学习中也没什么坷坎和困难，很顺利，出门时我就不再讲大道理，不再嘱咐。这就如同某些体育项目竞赛时，运动员打得正顺手时，教练不宜叫暂停指东点西。有的教练选择的时机就不好，己方运动员正在状态，形势正对己方有利时，莫名其妙地要暂停，结果形势发生了逆转。

我的儿女自己骑车上学都比较早，来回路上常常遇到刮风下雨下雪，很多困难得自己克服。我看到孩子回家后不怨天怨地，不撅嘴腆脸，就知道他们心理状态非常好。这种情况下，他们的生活学习肯定会是积极向前，不走歪路的。所以，也就不用再劳神费力、苦口婆心了。

看到孩子回家后按时做作业，时常说说学校里老师怎么样，同学们什么样，哪个老师的课如何，哪个同学不守纪了，哪个同学不好好学习了等，我就能感觉到孩子自己正在按部就班地生活、学习，没有这样那样的问题，无需调整。

当我看到孩子完成作业不及时的时候，写作业潦草应付的时候，谈起学校情况不顺畅的时候，就推知孩子在心态上可能有问题了，或懒惰，或骄傲浮躁，或在学校挨批了等。我就开始了解情况，着手做孩子的思想工作。

我解决问题一般不太纠缠孩子问题的具体细节，比如哪篇作业具体怎么写的、哪件事具体怎么做的等，主要是在孩子的思想根源上找原因，看看孩子为什么这样做，孩子是怎么想的。找到了问题的症结所在，给孩子讲清道理，让孩子自己明白应该怎么做，不应该怎么做，应该以什么样的心态去生活和学习就行了。

儿子大学放假回家了，好几天我也没见他写点什么，就问他怎么也不做作业。儿子说大学假期没作业，新学期的书也还没发下来。我想了想给儿子讲了两个故事。一个是他的张师姐，2002年江苏省高考状元，当年入清华报到后，当别人忙东忙西，环境乱哄哄的时候，她做的第一件事就是拿出英语书安安静静地埋头学习了起来。一个是数学家苏步青，60多岁了还在公共汽车上看书学习。我暗示给了儿子一个道理：上进，完全应该是一种自觉自愿的、积极主动的行为和思想状态，决不能等着任务和他人来推动。儿子一听，赶紧到书房看书去了。

现在我儿子在大学读书，他入学时我们也免不了叮咛、嘱咐一番，可离开我们的视野后怎么把控他呢？我了解他的心态也是从与他的言谈交流中去推测。他介绍了自己的上课、自习情况，他还说自己学会了双节棍、咏春拳，参加了C语言编程比赛、智能车大赛等，他还主动提前到校接新生，去清华附小当军训教官，自愿参加学校治安巡逻等。根据这些信息，我就推测他应该是在比较积极而忙碌地生活和学习着，心态健康向上，很好。儿子刚入学时，我曾经留了学校几个老师的电话，后来感觉到给老师联系别的事可以，儿子应该不用督查了。

我发现有的家长对上了大学的孩子在心态上就像对断了线的风筝一样，完全失去控制，也不了解、不教育。理由是，他在外边，说什么是什么，是真是假咱也不知道，很多事咱也不懂，好坏全靠他自己的了。这样的家长认为孩子是大人了，应该完全有自理自立的能力了。于是，把自己的责任定义为只是要钱给钱就行了。事实并不都是这样，孩子在大学里不好好学习的常见，甚至走上歧途的也不罕见。孩子出现问题了，家长不管控、不会管控也有一定的责任。

孩子远离了家长的视野之后，家长不管不问不对，不过如果还想再像管教幼儿似的，不分巨细逐一说教也已经不现实了，即使这样做能掌握孩子的具体情况也是太累太笨的教育方式了，并且还一定会引起孩子的不信任和反感。怎么办呢？我觉得其实只要从宏观上、方向上摸清孩子的情况，对孩子适当点拨和调控就可以了。

任何孩子的心态都会通过他们的言行举止表现出来，家长只要细心观察，只要能和孩子顺畅沟通，孩子思想脉搏的跳动、心态的起伏，家长都应该能感觉得到。

心态影响着孩子的为人处世，制约着孩子的学业水平，关乎孩子未来发展的高度。调整好孩子的心态，培养孩子有一个对他们的人生有重要影响的积极向上的良好心态，这也是我们家庭教育的重要内容。

每个孩子的生活学习都不会永远一帆风顺的，每个孩子都会有思想变化，都会有情绪起伏，每个孩子的心态都不会一生下来就是成熟、平稳的，都有需要调整的问题。

关于怎样调整孩子良好的心态，我给家长们提几条建议：

一、营造宽松、和谐的家庭环境，有利于孩子养成稳静、顺畅的心态。

二、注意调整好家长的心态。家长的心态影响孩子的心态。家长积极乐观，孩子易积极乐观；家长消极低迷，孩子易消极低迷。欲把控孩子的心态，先把控自己的心态。

三、学会帮孩子减压。少一点功利心，多一点平常心，给孩子的压力以能变成鼓励孩子前进的动力为宜。过小不好，过大更不好，它容易使孩子知难而退，意志消沉。

四、别常唠叨。多看少说，说关键的。说多了孩子会烦，烦多了还可能会叛逆。出现那些情况以后孩子就不会与家长沟通了，沟通一中断，家长就不知道孩子在想什么，何谈把控、调整？

五、开阔孩子的心胸。帮助孩子树立正确的人生观、价值观。比如鼓励孩子多参加一些公益活动、多做些好事等。人眼光一远，心胸就易开阔，心胸一开阔，心态就易积极、乐观和平稳。

面对孩子的问题要有解决的办法

我观察，在家庭教育中，还存在一个问题：教育内容空洞。有的家长在面对孩子的问题时，苦口婆心，讲得很累。可仔细分析，没有给出任何解决问题的办法和思路。

孩子的学习成绩上不去，家长训孩子："人家也是人，你也是人，怎么人家会，你就不会？"孩子不是不想学会，关键是他自己也不知道怎样才能学会，成绩上不去，他也很困惑、很苦恼。学校不停地周考、月考、期中考、期末考，班排名、校排名、短期目标、中期目标、高考目标，小会讲、大会讲等，一项一项刺激竞争的措施，孩子的心理压力已经非常大了。而家长的训斥除了打击孩子学习的自信心和积极性之外，没有给孩子提出任何能够使孩子走出目前学习的困境，看到进步希望，从而提振自信心的办法。孩子听了这类的训斥性"教育"能受什么益？又怎么可能心服口服？在孩子遇到困难或是出现问题时，家长需要注意的是力戒急、批、骂，最需要做的是想方设法帮助孩子解决问题。

孩子在从小到大的成长发展过程中，不可避免地要遇到许许多多这样那样的问题，有水平和能力同孩子一起面对并帮助孩子圆满解决，也是家庭教育中对家长素质的一项基本要求。家长的水平高，孩子的成长之路就会比较顺畅；家长的能力较低，孩子的发展可能就会多一些坎坷。家长自身解决问题的水平与能力，肯定会影响孩子的成长和发展。

为了提高家长们自身的水平和能力，我在这里提几个建议，咱们共同探讨，共同进步。

一、加强教育理论学习

教育者和被教育者不是天然而成的关系，做父母的并不因为有了子女就天然的是一个合格的教育者。教育是学问、是艺术，生气着急、喊叫打骂不能算作教育。我国现代教育学家陈鹤琴先生针对过去中国许多做父母的不懂得做父母的学问，而又不打算学习、钻研、掌握做父母的学问的问题，写了《怎样做父母》的文章，他指出："父母，不是容易做的，一般人认为结了婚，生了孩子，就有做父母的资格了，其实不然。我们知道，栽花的人先要懂得栽花的方法，花才能栽得好；养蜂的人，先要懂得养蜂的方法，蜂才能养得好；养蚕的人，先要懂得养蚕的方法，蚕才能养得好；甚至养牛、养猪、养羊、养马、养鸟、养鱼，都先要懂得专门的方法，才可以养得好。难道养小孩，不懂得方法，可以养得好吗？可是一般人对自己的孩子，反不如养蜂、养蚕、养牛、养猪看得重要。对于养孩子的方法，事先既毫无准备，事后又不加研究，好像孩子的价值，不及一头猪、一只羊……真是一件奇怪的事。"

教育有其自身的特点和规律，需要家长去学习和了解。家庭教育，应该是懂得教育的家长的教育。现在有的大城市开办家长培训班是很有必要的，孩子在每个不同的年龄段都有不同的特点，我们的家庭教育必须依据这些特点，顺应孩子的发展规律对孩子进行教育，不了解这些基本知识的家庭教育可能就达不到预期目的。比如有的家长见孩子完成作业不积极，就强制把孩子关在书房里，要求孩子半天半天地做作业。这样的家长就不了解孩子年龄小的时候，注意力集中的时间短、兴趣易转移的特点，一厢情愿地希望孩子长时间专注于学习。这样的关禁闭性的措施对孩子就带有了惩罚性，很可能就会降低孩子对学习的兴趣，甚至会引起孩子对学习的反感，还可能养成孩子学习起来磨磨蹭蹭、故意对付家长等毛病。

还有的家长不了解心理断乳期的孩子思想易自闭、言行易过激的特点，不知道和孩子交心，不知道对孩子安抚引导，教育方法简单粗暴，结果离孩子的心越来越远，有的还引发孩子强烈的逆反行为。

英国教育家斯宾塞说，父母缺乏抚养教育子女的知识和能力，"在儿童身体、道德和智慧的训练上，都是毛病百出。"前苏联教育家苏霍姆林斯基甚至主张："没有研究过教育学基本知识的青年公民不应当有成立家庭的权力。"

姑且先不讨论没有研究过教育学基本知识的青年公民有没有成立家庭的权力的问题，不过我倒认为，最起码，成立了家庭的青年公民确实应该学习和研究教育学的基本知识。

二、给孩子一些必要的知识辅导

单就孩子的学习来说，家长有一定的知识基础和懂得一些学习技巧，对孩子来说应该是一份幸运。给孩子答疑解惑，教给孩子一些学习方法，从而使孩子在目前竞争性学习的情况下占据比同龄人更具优势的位置，相应地也会更进一步培养起孩子浓厚的学习兴趣和学习积极性，强化孩子的自信心，鼓舞着孩子愿意向学习投入更多的精力。这就容易使这些孩子学习得更好，走上成绩越好越愿学、越愿学成绩越好的良性发展轨道。

提到这一点儿，我爱人在对孩子的家庭教育中功不可没。她是小学老师，对孩子在学龄前和小学两个阶段应该学什么、怎么学、家长应该怎么教等都比较了解，把握得比较到位，辅导儿女们这两个阶段的学习是得心应手，尤其是辅导数学，什么地方该点拨，什么地方该讲解、讲多么深，更是能把握住分寸。所以，我的儿女初始阶段的学习起步相对来说就比较高，为日后的学习竞争奠定了比较坚实的基础。两个孩子后来文理分科时都选择了理科，我觉得也与我爱人的数学偏好和对孩子的数学倾向教育有一定关系。

我建议家长们抽些时间来翻翻孩子的书，给孩子必要的学习帮助。

三、开阔孩子的心胸

孩子在优越的环境中，容易出现思考问题多考虑自己少考虑他人，只考虑自己不考虑他人，心胸狭窄、自私自利的倾向。因为家长的溺爱，一些问题不显山、不露水，可一旦融入集体生活，就会因这些问题与他人发生许多纠纷，产生无谓的烦恼。处理不好，因一句话、一碗饭、一壶水引起斗殴甚至死伤人命的例子在初中、高中学生中都不罕见。

培养孩子开阔的胸怀，教孩子学会站在他人立场上想问题，学会谦让和宽容，就等于家长教给了孩子解决许多生活问题的好方法。

四、和孩子交朋友

家庭教育是家长和孩子共同完成的事业，它离不开孩子的积极参与。家长一定要俯下身子和孩子交心、交朋友，了解孩子每天都在想什么。不了解孩子的教育一定会不知所措或瞎指挥，离开孩子谈教育也一定会空洞无物。把孩子当朋友，孩子也会把您当朋友、当帮手，会向您表露他的苦与乐，当他需要您的帮助时，您的办法才能有的放矢，也才能更可行、更有效。

五、虚心请教

任何人都不是圣人，任何人都不是完人，大家都有不懂不会的东西，在家庭教育方面也是如此。您在其他行业可能是能手、是佼佼者，但对教育孩子方面可能有欠缺，您对自己的孩子不可谓不熟悉，可您未必就真正能读懂孩子的思想。有时间多和有教育经验的老师或家长交流、探讨，有时他们的一句话，也许就能点醒您在面对孩子某种问题时的迷茫无措，与他们的一次聊天，可能就能使您少走一段教育弯路。虚心使人进步，在家庭教育方面，每位家长都不应落后。

在这个话题的最后,我再延伸一点:孩子有了问题,家长给不出解决办法不行,给出的"办法"不妥当更不行。不妥当的办法可能会使问题复杂化,使矛盾激化,因此可能更不利于问题的解决。比如有的家长看到自己的孩子和同伴发生摩擦,如果自己的孩子"沾光"便罢,"吃亏"则万万不可,找学校,找老师,找对方家长,甚至找对方孩子,直接参与到小孩子们的摩擦中,小事促大,大事爆发,结果对孩子的心理健康和孩子与同伴间的相互关系都会造成负面影响。工作、生活中我都见过一些这样的情况,希望家长们引以为戒。

父母的表率作用

在家庭教育的所有方法中,家长以身作则,家长的表率作用是最根本的方法,根本方法一错,其他任何方法都成了为说教而进行的说教,都失去了它们存在的任何意义。我也知道家长的表率作用对教育孩子的意义,因此在树立正确的世界观、积极的人生观方面,在积极做家务方面,在敬养老人方面,在积极学习方面,以及其他方面,也付出了一些努力,可是我总觉得自己的榜样树得也不是怎么好。因此,我主要就从自己对这个问题认识的角度谈,希望您能有所借鉴,能做得更好,能给孩子树一个好榜样。

一、思想要正面,人生态度要积极

社会处在转型期,思想多元化,价值取向多元化。以经济为中心,金钱的作用成了人们热议的话题,政治思想教育的内容不再被一般人提起了,"思想"一词似乎已淡出了人们的记忆。其实不谈并不等于不存在,思想是一个人的灵魂,言行受思想支配,任何时代,对人的思想熏陶和教育都不应该缺失。一个家庭也面临着把孩子培养成什么人的问题,思想教育同样也不容忽视。作为家长,一定要认清什么是主流思想,什么是非主流思想;什么是正确思想,什么是错误思想;什么是健康思想,什么是落后、腐朽思想。在大是大非面前,家长一定要保持清醒的头脑,秉持正面的思想,坚守道德底线,千万不要被纷繁的乱象迷住双眼。要知道,时尚的,未必就是好的;流行的,未必就是对的。家长如果思想负面，信仰缺失，道德滑坡，那么，他就会依据负面现象以偏概全去分析、评价社会，带着负面的心态去生活，人生大方向就会迷失。家长混乱了的、颠倒了的是非观、荣辱观必然会在家庭生活中有所体现，而这种负面思想一旦传导给孩子，必然会影响孩子思想的健康发展。

某电视台法制栏目讲了这样一个案例：儿子于某花30万元，利用网络雇佣凶手去杀害自己的亲生父亲和继母。其中缘由不提，他还真找到了凶手。然后，凶手还想从中提钱牟利，再雇下家。上家找下家，下家再找下下家，上下家共涉及五人。最后，杀人的意向还真付诸实施。涉案的这上下家五个人年龄最大的25岁，最小的18岁，他们既不认识雇凶的人，也不认识被害人。那么，是什么在蛊惑着这几个小伙子不问情由就去干这种伤天害理、草菅人命的蠢事、傻事呢？其中，一定有一条致命的共同理由，那就是他们的思想都被"铜臭"熏染了。他们的思想变质是不是家长影响的，节目中没说，我们也不可以臆断推导，但有一点可以断定，那就是在孩子成长的历程中，家长正面思想的影响和教育一定有缺失。

某电视台法制节目讲了一个让人难以置信的案例：某大学大四学生孙某人生价值取向发生偏差，仅仅因为手头暂时拮据，就在离大学毕业还剩下两三个月的时候，杀害了跟自己感情不错正在读大二的师妹，并企图向她家敲诈勒索八万元赎金。

改造人的思想，树立积极向上的人生价值观，先从家长做起。什么样的思想和人生价值观对孩子很重要，它影响着孩子的成长和长远发展，它还影响着孩子的人格层次。"染于苍则苍，染于黄则黄"。

有的家长工作挑三拣四、同事间磕磕绊绊、邻居间吵东闹西。社会不顺他的眼，生活不顺他的心，整日怨天尤人、唉声叹气，似乎满世界就没件好事、没个好人。感染得孩子出了门总低着头走路，学习不带劲，生活也没有激情。

还有的家长为了地位、金钱可以不讲原则、不顾声誉，甚至蔑视法律等，感染得孩子也是个人利益至上，为了自己的利益不惜采取一切手段。

家长对孩子施以正面思想影响，家长积极，孩子先进，谓之"近朱者赤"；家长对孩子施以负面思想影响，家长消极，孩子落后，谓之"近墨者黑"。其间因果关系虽不铁定，但必有关联。

二、以身示教

孩子是大人的影子,孩子是从小看着家长的榜样长大的,孩子越小,分辨是非的能力越低,对大人的依赖性、模拟性就越强,家长的一言一行无不对孩子产生着潜移默化的影响。幼儿时期的孩子,最崇拜的就是父母,在孩子的眼中,父母总是最正确的,父母是最理想的人物,父母怎么说,孩子就学着怎么说,父母怎么做,孩子就学着怎么做,孩子会有意和无意地模仿着父母的样子说和做。南北朝时期的颜之推说:"人在年少,神情未定。所与款狎,熏渍陶染。言笑举动,无心于学。潜移暗化,自然拟之。"古语"老子偷瓜盗果,儿子杀人放火"讲的就是这个道理。

我们都知道贪官反贪的现象。如果一个贪官,坐在主席台上,面对麦克风,大讲特讲反腐倡廉,什么反贪腐关乎党的生死存亡,是立党立国之本,党纪国法如何严肃。大道理讲了一通,字字在行,句句在理,可是听他讲话的人都知道他坐着名车,住着豪宅,吃着山珍海味,家中钱财无数,生活腐化堕落,这样的反贪教育有什么意义?圣人云:"其身正,不令而行;其身不正,虽令不从。"

家庭教育也是一样,我们教育孩子怎么做,自己首先要树好榜样。比如说,我们教育孩子多行善事,可我们自己却见落水的不救,见乞讨的不施舍;我们教育孩子要诚实,可我们自己却当有人借东西时明明有却说没有;我们教育孩子要遵守交通规则,可我们自己却闯红灯。如此之类心口不一、教正示反,让孩子学好还是学坏?苏联教育家马卡连柯这样告诫做父母的:"你们自身的行为具有决定意义。不要以为只有你们同儿童的谈话,或教导儿童、吩咐儿童的时候才是教育儿童。在你们生活的每一瞬间,甚至当你们不在家的时候,都教育着儿童。你们怎样穿衣服,怎样跟别人谈话,怎样谈论其他的人,你们怎样表示欢欣和不快,怎样对待朋友和仇敌,怎样笑,怎样读报——所有这些对儿童都有很大的意义。"

孩子和家长朝夕生活在一起,和家长接触最多,关系最密切,家长给孩子树立的榜样最直观、最具体,也看得见、摸得着,最易成为孩子模仿的对象。马卡连柯说:"一个家长对自己的要求,一个家长对自己家庭的尊重,一个家长对自己每一举止的注意,这就是首要的,最重要的教育方法。"家长如果能处处以身作则,给孩子以良好的形象示范,那么就必定能够进一步提高自己在孩子心目中的威信。这样,也更有利于掌握家庭教育的主动权,大大提高家庭教育的效果。

还有一点提醒家长:做到知错就改。有句名言,"人非圣贤,孰能无过?过而改之,善莫大焉"。一个人说句错话、办个错事再正常不过了,没什么大不了的。千万不要以为家长在孩子面前就是真理的化身,家长不应该也不可能有错,而一旦有了错误就文过饰非,无理也强讲三分理。这样做的结果可能会使孩子形成错误的是非观,同时,也会削弱家长在孩子心中的形象。相反,如果家长勇于承认错误,向孩子澄清是非,就不会给孩子造成不良影响。同时,还会使孩子更加尊重家长,因为知错就改本身就是一种良好的品质。

提到家长的以身示教作用,我顺便再给家长们提个相关的建议:还可以用名人、周围优秀人物给孩子树榜样。每个人的心中都会有一种英雄情结、名人情结。家长依据对自己的孩子设计的培养方向,找一些这方面的英雄、模范的事迹材料向孩子灌输,引导孩子沿着他们的人生轨迹成长、发展。除去英雄、名人,我们生活的周围,也会有许许多多值得敬佩、值得学习的人,思想品德方面的、学业方面的、事业方面的,同学、老师、朋友、亲戚、邻里、当地优秀的人物等,都可以成为孩子学习的榜样。

三、反对双重标准

这个内容与上一项内容有很多重叠之处,不再重复,我只谈谈它的不同侧重点。国与国之间、人与人之间,大到国际关系准则、党纪国法,小到为人处世哲学,相同的人和事都应该用相同的标准来约束、来衡量。一个人如果对己宽、对别人严,对己对人采取双重标准,双轨行事,必然会引起别人的反感和反对。在家庭中,有的家长就有这种霸道作风,自己在家可以为所欲为,孩子就要唯唯诺诺,看父母的眼色行事。这样的家长错误地认为,家长就是家长,孩子就是孩子。天然的,家长就是处在优势地位上,家长能说的,能做的,孩子说说做做就不行,不因为别的,就因为一个是家长,一个是孩子。

孩子也会看是非,也会讲平等。我儿子在很小的时候有一次就突然问妈妈:"妈妈,为什么大人能打孩子、骂孩子,孩子就不能打大人、骂大人呢?"

如果笼统地讲,打人骂人的行为谁都知道不对,大人一般也会这样教育孩子。可是一轮到自己身上，有的家长的观点就又变成了双重标准，其解释几近强盗逻辑：家长打孩子、骂孩子是在教育孩子，是为了孩子好。认为"打是亲，骂是爱，不管不教要受害"。而要是孩子打家长、骂家长，那一定就是不为世人所容、大逆不道的不孝之举了。

不用问，我一定不是在提倡父母如果打骂孩子，孩子就可以打骂父母。我只是想对这部分家长说，既然我们教育孩子不能打人骂人，我们自己就应该遵守这一是非标准，不打人骂人。

家长负责孩子的衣、食、住、行、上学、就医，负责监管孩子的一言一行，从法律层面，大家都知道家长是孩子的监护人，可从家庭的教育和学习层面讲，孩子也时时刻刻都在学习和监管着家长，孩子会用家长教给他的是非善恶标准反过来评判家长。比如，不许孩子吸烟，家长却是个大烟鬼；不许孩子喝酒，家长却经常醉酒；不许孩子赌博，家长却天天耍钱；要求孩子文明，家长却满口粗话等。朱庆澜先生说，家长那样做，"不但叫儿女疑心"，还"从此不信父母的话"，"看不起父母"，"做出不服父母，不孝父母的事"。

家长要给孩子做表率，那就要严格要求自己，禁止孩子做的事情，自己先不要去做；要求孩子做的事情，自己先要做到。正人先正己，"以教人者教己"。

四、丢掉不良习惯

有一次，我和一个退役军官在一起散步，远远看见有个人背着手朝我们这个方向走来，他告诉我说："我看不清这是什么身份的人，但我知道他一定不是军人。"

我很惊奇，就问他："你怎么知道的？"

他笑了笑告诉我："军队不允许有'三手'。"

我问："什么'三手'啊？"

他说："背手、揣手、插手（把手插在衣兜里），这在军队是被严格禁止的。"

不起眼的生活细节培养和塑造着军人的士气和形象。

由此我联想到教育孩子的问题，家长不但要在政治思想、道德品质等原则性问题上给孩子树立良好的形象，在生活的细节上也要注意严格要求自己，给孩子树立端端正正的榜样。

　　生活中有的人懒懒散散、随随便便，不修边幅，有许多毛病，还美其名曰"不拘小节"。实际上，是不愿严格要求自己，对自己过分宽容，不注意自己的形象。比如吸烟、酗酒、赌博，比如谎话连篇、言而无信，比如不讲文明、不讲卫生，比如不爱劳动、拖拉马虎等。许多不良习惯对孩子朝熏夕染，让孩子见惯不怪，习以为常，以为这就是生活，并受到传导，那么就必然会影响到孩子在社会上的形象。

　　家庭是个体社会化的载体，我们很难指望家长自己一身的毛病，培养出来的孩子却形象高大。

　　在和家长们谈起教育话题时，大家常问的一句话就是"用什么方法能把孩子教育好呢？"说实话，教育有方法，并且有许多。不过，教育虽然也讲究技巧，但遗憾的是，世上却没有这么一副"灵丹妙药"，让孩子一喝下去就变得完全如家长所愿了。马卡连柯告诉有这种想法的家长："所谓教育上的艺术，根本是不存在的。"我理解，马卡连柯在这里所说的"艺术"，是指有些家长不想从自身做起，只想找到纯粹的、形式上的所谓"窍门"。做父母的要想真心实意地把自己的孩子培养好，就必须丢掉幻想，准备付出，丢掉不良习惯，给孩子以正面、良好的影响。

　　如果说教育是一门学问、一门艺术，那么，家长加强自身修养，丢掉不良习惯，坚持以身作则，这本身就是最高深的学问，就是最精湛的艺术。

后　记

　　清华大学——多少学子遥不可及的梦想，而生活在我们身边的邱老师，他的一双儿女竟都考入这所全国顶尖大学。作为同事，我们着实地羡慕啊！很多人议论起此事也都不由自主地感叹："人家真会生，遗传基因好哇！"读了邱老师的书后，我们受到了很大的启发和触动。我们自己孩子的身上也许同样潜藏着优秀的遗传基因，可我们并没有能像邱老师那样充分地挖掘和利用起来。在这本书中，邱老师用通俗的语言和真实的故事介绍了他的家庭教育，让我们意识到了自己以及一些普通家庭在对孩子的教育上存在的一些不足和误区。

　　——缺少思想引导的意识。作为父母，我们常常会把更多的精力投入到关注孩子的吃穿住行上，对孩子的生活照顾得无微不至。现在我们一下意识到自己偏偏对孩子更重要的思想引导和教育没能引起足够重视。这个道理我们都明白，也都会说，可在实际生活中往往就会出现偏差。

　　——缺少潜移默化教育的意识。没有哪个父母不爱自己的孩子，几乎可以说，孩子就是我们的全部，我们都希望孩子将来有一个光明的发展前途。可我们跟邱老师比起来缺少把这份期盼落实到对孩子的具体教育的细致行动中。邱老师看见孩子饶有兴味地看壁虎吃虫子，他就凑过去和孩子一起边看热闹边编故事，他和孩子一起骑车追鸟想象飞的感觉……孩子乐在其中，无形中就培养了孩子的想象力和语言表达能力。我们平时也会在口头上对孩子嘱咐、说教，可那太多的是空谈，欠缺邱老师这种潜移默化教育影响的意识。

　　——缺少教育的指向性、系统性和长远性。一般家庭对于孩子的教育很多时候只是就事论事，处理完了事，没能像邱老师那样头脑中有一个对孩子教育的宏观思考，没能像邱老师那样把眼前对孩子具体的教育和引导跟对孩子长远发展目标的培养结合起来，我们一般的家庭教育有点头疼医头，脚疼医脚的误区，缺乏邱老师家庭教育的那种明确的指向性、系统性和长远性，他的教育因此是积极的、主动的和富有成效的。

——缺少引导孩子发展的均衡性。很多家长把衡量孩子是否成才的标准只局限在学习成绩的好坏上，不太关注对孩子的思想、品行、体能等全方面的培养，导致孩子发展失衡。邱老师在这方面给我们做出了榜样，他很注重对孩子的生活、习惯、思想、品行等进行正确引导，引导孩子全面发展。

此外，邱老师对教育方法的探究、自身榜样的树立等等，有许多值得我们学习和借鉴的地方，很难在此一一列举。

钱钟书说："天下就没有偶然，那不过是化了妆的、带了面具的必然。"邱老师的这本书恰恰是告诉了我们把培养孩子成才的偶然变为必然的密码。

教育是一门艺术。我们希望大家都能认真读一读邱老师的这本书，以使自己在对孩子的培养教育上少走一些弯路，多一份收获。

邱老师的同事

图书在版编目（CIP）数据

一双儿女，两个清华／邱立勇　著．
—北京：中国书籍出版社，2013.4
ISBN 978－7－5068－3402－5

Ⅰ.①一… Ⅱ.①邱… Ⅲ.①家庭教育—通俗读物
Ⅳ.①G78－49

中国版本图书馆 CIP 数据核字（2013）第 049187 号

一双儿女，两个清华
——谈谈我的家庭教育

邱立勇　著

责任编辑	邹攀峰
责任印制	孙马飞　张智勇
封面设计	耕者设计
出版发行	中国书籍出版社
地　　址	北京市丰台区三路居路 97 号（邮编：100073）
电　　话	（010）52257143（总编室）　　（010）52257153（发行部）
电子邮箱	chinabp@ vip.sina.com
经　　销	全国新华书店
印　　刷	北京温林源印刷有限公司
开　　本	710 毫米×1000 毫米　1/16
字　　数	240 千字
印　　张	18.5
版　　次	2013 年 7 月第 1 版　2013 年 7 月第 1 次印刷
书　　号	ISBN 978－7－5068－3402－5
定　　价	29.00 元

版权所有 翻印必究